❀ Die mit einem * gekennzeichneten Seiten laden die Schülerinnen und Schüler zum Weiterlesen und entdeckendem Lernen ein; sie sind als fakultative Angebote zu verstehen.

Die Angebote in *Actio* sind nicht obligatorisch abzuarbeiten. Die Auswahl der Texte, Aufgaben und Übungen richtet sich nach den Schwerpunkten des schulinternen Curriculums.

Zusätzliche Materialien zu *Actio 1* sind im Internet unter www.klett.de zu finden. Als Online-Link muss dazu **623110-0001** in das Suche-Feld eingegeben werden.

☚ Online-Link
623110-0001

Liebe Schülerin, lieber Schüler!

Du hast dich entschieden, Latein zu lernen, und fragst dich vielleicht, was dich wohl dabei erwartet. Zum einen natürlich die lateinische Sprache, aber nicht nur die, denn du wirst zugleich auch eine Welt entdecken, von der du möglicherweise schon manches gehört hast, und wirst viel über Rom und das Römische Reich erfahren. Und damit du auf jede neue Lektion gespannt bist, haben wir uns Geschichten ausgedacht, die dich fesseln, oft auch lustig sind und dir immer neue Einblicke in die Antike geben.

Zunächst entführen dich die Lektionen mitten in die Großstadt Rom, in die Zeit des Kaisers Trajan, in der das Römische Reich seine größte Ausdehnung hatte. Du begleitest dabei die Caecilia, Quintus und ihre Freunde im Alltag und bei Festen, aufs Land und zu den Gladiatorenspielen. Außerdem lernst du ihre Eltern kennen und erfährst so eine Menge über das Leben der Leute damals.

Dann wirst du einen Blick in die Sagenwelt der griechischen und römischen Antike werfen, hörst von gefährlichen Ungeheuern, Helden, weisen Frauen und mächtigen Göttern. Und du wirst am Ende des Bandes wieder in Rom ankommen, bei den Zwillingen Romulus und Remus und dem Kult der Göttin Vesta.

Damit du dich dabei zurechtfindest, sind die Lektionen immer gleich aufgebaut: Auf den lateinischen Lektionstext mit seinen Abbildungen folgen Informationstexte, die dir – natürlich auf Deutsch – das Thema der Lektion näher bringen.
Danach kommen die Grammatikseiten, auf denen alles Notwendige zu den Grammatikthemen erklärt wird. Hier kannst du alles Neue nachlesen und lernen.
Um das Gelernte dann auch richtig gut zu behalten, musst du es oft anwenden, und dafür sind die Übungen am Ende jeder Lektion geeignet. Damit es aber nicht gar so ernst zugeht, ist meist auch etwas zum Knobeln oder zum Schmunzeln dabei.
Auf den Seiten der Lektionstexte, der Informationstexte und der Grammatik findest du immer wieder Fragen und Aufgaben. Sie sollen dir die Anregung geben, dich mit dem, was du gerade liest und lernst, von unterschiedlichen

Seiten aus zu beschäftigen. Denn je aktiver du beim Lernen bist, desto besser kannst du die Dinge auch behalten. Außerdem gibt es besondere Kästen zum „Nachdenken über Sprache" und zur „Wortbildung". Mit ihnen kannst du dir das Lernen erleichtern und wirst beim Vergleich der Sprachen feststellen, dass Latein, Englisch und Deutsch viele Unterschiede, aber auch gar nicht so wenige Gemeinsamkeiten haben.

Am Ende des Buches sind dann die Lernvokabeln jeder Lektion in der Reihenfolge zusammengestellt, in der sie im Lektionstext vorkommen. Diese Vokabeln solltest du immer gut lernen; sie sind die wichtigsten der lateinischen Sprache und werden dir im Laufe des Lateinunterrichts immer wieder begegnen.

In unregelmäßigen Abständen kommen nach den Lektionen Doppelseiten mit der Überschrift „Extra" und „Methoden". Sie sind mit roter bzw. blauer Farbe hervorgehoben und sollen ein zusätzliches Angebot für den Unterricht sein.

Auf den Extraseiten findest du Wissenswertes zur lateinischen Sprache und Kultur, aber auch lateinische Texte, in denen du das Fortleben der lateinischen Sprache mitverfolgen kannst. Diese Texte sind nicht schwierig: Du kannst sie lesen, ohne neue Grammatik oder neue Vokabeln lernen zu müssen.

Die Methodenseiten sollen dir beim Lernen und Übersetzen helfen; sie geben dir nützliche Tipps, wie man das am besten macht. Du wirst sehen, dass das Vokabellernen und Übersetzen viel einfacher ist, wenn man es richtig angeht.

Wenn du etwas nicht mehr so gut wissen solltest oder dir nicht mehr ganz sicher bist, kannst du am Ende des Buches nachsehen. Dort findest du alle Lernvokabeln noch einmal in alphabetischer Reihenfolge und in den Tabellen auch die Formen der lateinischen Wörter. Außerdem steht dort ein Eigennamenverzeichnis mit allem Wissenswerten zu den Orten, Gegenden und Personen, die dir in diesem Buch begegnen werden.

Wir hoffen nun, dass du mit Actio gerne Latein lernst, und wünschen dir dazu viel Erfolg –

die Herausgeber und Autoren

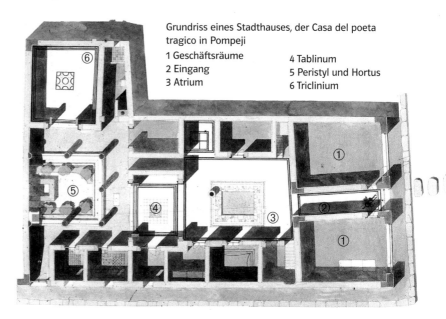

L Ubi Quintus est?

Im Hause des Gaius Caecilius Metellus und seiner Frau Iulia Sabina soll heute ein Festessen stattfinden. Wegen der zahlreichen Vorbereitungen herrscht geschäftiges Treiben im Haus. Auch die beiden Kinder Caecilia und Quintus sollen helfen. Deshalb sucht Caecilia ihren Bruder.

„Quīnte, Quīnte!", Caecilia clāmat.
Quīntus nōn respondet.
3 Iterum Caecilia Quīntum vocat: „Quīnte!"
Sed iterum frāter nōn respondet.
Caecilia frātrem nōn invenit.
6 Tum māter venit.
Fīliam interrogat:
„Caecilia, ubi est Quīntus? Cūr nōn audit?"
9 Fīlia respondet: „Fortāsse audīre nōn potest[1]. Fortāsse in hortō[2] lūdit."
Māter hortum intrat. Hīc est fīlius.
12 Quid agit in hortō[2]?
Quīntus nōn lūdit; sedet et tacet.
„Quid est, Quīnte?", māter fīlium interrogat.
15 Quīntus mātrem audit, sed tacet.
Iterum māter fīlium interrogat: „Quīnte, quid est?"
„Nihil, māter, nihil!", Quīntus respondet.
18 Nunc māter videt pilam[3] – et statuam.
Statua fracta est[4].
Statim māter fīlium reprehendit:
21 „Lūdere in hortō[2] nōn licet, Quīnte!"
Quīntus gemit[5]: „Sed lūdere in hortō[2] iuvat!"

[1] potest: (er/sie/es) kann
[2] in hortō: im Garten
[3] pila: Ball
[4] fracta est: … ist zerbrochen
[5] gemit: (er/sie/es) seufzt

Grundriss eines Stadthauses, der Casa del poeta tragico in Pompeji
1 Geschäftsräume
2 Eingang
3 Atrium
4 Tablinum
5 Peristyl und Hortus
6 Triclinium

Verstehen & Vertiefen

1. Gliedere die Geschichte in vier Abschnitte. Nach welchen Fragestellungen richtest du dich bei der Gliederung?

2. Wie hättest du an Quintus' Stelle auf die Frage der Mutter reagiert?

Modell der Casa del poeta tragico

ⓘ Zuhause bei Quintus und Caecilia

Quintus und Caecilia wohnen in einem Haus mitten in der Stadt Rom, das der Familie ihres Vaters seit vielen Generationen gehört. Das Haus ist zwar schon ein bisschen in die Jahre gekommen, aber den-
5 noch sind das Gebäude und seine Ausstattung sehr ansehnlich. Vor allem sind Quintus und Caecilia froh, in der Großstadt ein Einfamilienhaus mit vielen küh-len Räumen und einem Garten zu haben und nicht wie die armen Römer in stickigen, engen und dunk-
10 len Zimmern einer mehrstöckigen Mietskaserne hausen zu müssen.
Im Haus der Familie gibt es eine Toilette und ein Bad, die Küche ist geräumig, und einzelne Zimmer können im Winter beheizt werden. Der Unterschied
15 zwischen arm und reich, das wissen die Geschwister, ist in Rom nirgends deutlicher zu sehen als daran, wie die Menschen wohnen.
Wer von der Straße aus Einlass will, muss zunächst an der schweren Haustür klopfen. Durch den
20 Vorraum gelangt er in das ātrium. Das ātrium ist der Mittelpunkt des Hauses und zugleich der Lebensmittelpunkt der ganzen Familie: Es han-delt sich um einen großen, rechteckigen Raum mit einem Wasserbecken in der Mitte, in dem das
25 Regenwasser aufgefangen wird. Das ātrium ist überdacht, nur über dem Becken, dem impluvium, hat das Dach eine Öffnung. Um das ātrium gruppie-ren sich verschiedene Räume, die zum Wohnen und Arbeiten dienen. Dort haben auch die Sklavinnen
30 und die Sklaven ihre Zimmer.

Die wichtigsten und schönsten Räume liegen gegen-über dem Eingang; sie sind den Erwachsenen vorbe-halten. Dort gibt es den Empfangsraum, das tablī-num, in dem der Vater seine Gäste begrüßt. Durch
35 dieses nach zwei Seiten offene Zimmer gelangt man in den prächtigen hinteren Teil des Hauses.
Im Zentrum dieses Teils befindet sich ein Garten, der mit dem griechischen Wort Peristyl bezeichnet wird, weil er rings mit Säulen umgeben ist. Hier ist
40 auch das große Speisezimmer, das triclinium, das bei besonderen Anlässen genutzt wird und das wie das tablīnum des Vaters mit herrlichen Wandbildern geschmückt ist. Dieser Raum gefällt Quintus und Caecilia ganz besonders.
45 Im hinteren Teil des Hauses liegen die Zimmer von Quintus und Caecilia und ihren Eltern. Dorthin können sich die Geschwister auch zum Spielen zurückziehen. Durch die Zimmer und über die Gänge dürfen sie allerdings nicht toben.
50 Auch im Garten ist das Spielen verboten: Auf der freien Grünfläche wachsen immergrüne Sträucher, kleine Bäume und bunte Blumen, die nicht nieder-getrampelt werden sollen! Außerdem achten Vater und Mutter auf die beiden Teiche und besonders
55 auf die Statuen, die schon die Großeltern und Urgroßeltern gekauft haben. Den Wasserlauf, der die beiden Teiche verbindet, nennen sie nach dem mächtigen ägyptischen Fluss Nilus, obwohl er doch nur ein Rinnsal ist! Das finden Quintus und Caecilia
60 lächerlich.

Verstehen & Vertiefen

1. Vergleiche das Haus von Caecilia und Quintus mit deiner Wohnung.

2. Baue ein Modell eines römischen Stadthauses. Dabei helfen dir der Sachtext, der Grundriss und die Abbildungen.

3. Wo im Haus spielt sich vermutlich die erste Hälfte des Lesestücks ab?

G1   Satzglieder

1) Ein Satz besteht aus einer Verbindung von verschiedenen Gliedern, genauso wie eine Kette. Jedes von diesen Gliedern hat eine bestimmte Aufgabe und bildet zusammen mit den anderen die „Satzkette". In dieser Lektion lernst du vier von fünf verschiedenen Arten von Satzgliedern kennen; sie werden in unserem Buch mit unterschiedlichen Arten von Klammern gekennzeichnet:

das	[Subjekt]
das	[[Prädikat]]
das	(Objekt)
das	<Adverbiale> (Plural: die Adverbialia)

[Der Hund]
[[vertreibt]]
(die Katze)
<aus der Küche>.

Das **Subjekt** gibt an, worüber eine Aussage gemacht wird, und antwortet auf die Frage „wer oder was?".

Das **Prädikat** gibt an, was über den Satzgegenstand ausgesagt wird, und antwortet auf die Frage „was wird ausgesagt?" oder „was tut/ist das Subjekt?".

Ein **Objekt** gibt eine (notwendige) Ergänzung zur Satzaussage. Die häufigste Art des Objekts antwortet auf die Frage „wen oder was?".

Ein **Adverbiale** macht eine nichtnotwendige Angabe zur Satzaussage. Zum Beispiel kann es auf die Frage „wo?" den Ort bestimmen oder auf die Frage „wann?" die Zeit.

Subjekt:	Satzgegenstand
Prädikat:	Satzaussage
Objekt:	(notwendige) Ergänzung
Adverbiale:	freie Angabe

2) Jeder Satz enthält mindestens Subjekt und Prädikat:
[Die Kinder] [[schlafen]].   Die Kinder: Subjekt – schlafen: Prädikat.
Ob weitere Satzglieder dazu treten müssen (als notwendige Ergänzungen) beziehungsweise können (als freie Angaben), hängt von der Bedeutung des Prädikats ab. So ist etwa der Satz „Der Hund vertreibt" unvollständig; wir brauchen ein Objekt, das auf die Frage antwortet: „Wen (oder was) vertreibt der Hund?"

[Der Hund] [[vertreibt]] (die Katze).

Dagegen ist der Satz „Die Kinder schlafen" in sich vollständig, wird aber interessanter durch Hinzufügung einer freien Angabe:

[Die Kinder] [[schlafen]] <während des Unterrichts>.

1.1 Bilde jeweils einen deutschen Satz mit zwei, drei und vier unterschiedlichen Satzgliedern.

G2   Kasus: Nominativ, Akkusativ, Vokativ

Wie im Deutschen werden auch im Lateinischen Nomina in verschiedenen Fällen (die Kasus; Singular: der Kasus) verwendet. Im Deutschen hilft oft der Artikel, den Kasus eines Nomens zu erkennen, im Lateinischen, das keinen Artikel hat, sind die zum Erkennen notwendigen Signale nur in den Endungen enthalten.
Sie lauten

• für den Nominativ Singular (Wer-Fall)   -s oder -◦ (-◦ bedeutet **kein** Signal),

• für den Akkusativ Singular (Wen-Fall)   **-m**.

Kasus = Fall

2.1 Welche Fälle kennst du im Deutschen?
2.2 Bilde im Deutschen die Fälle folgender Wörter: der Bruder, die Tochter, das Haus.

13

2.3 Nenne den Vokativ zu folgenden lateinischen Eigennamen: Mārcus, Lūcius, Volumnia, Aulus, Lȳsander, Spurius, Caecilia.

Im Lateinischen gibt es einen eigenen Kasus für den Fall, dass man jemanden anredet: den Vokativ. Bequemerweise ist der Vokativ meist gleich dem Nominativ. Ein eigenes Vokativ-Signal, nämlich -e, gibt es nur bei männlichen Wörtern auf -us; dort tritt es an die Stelle der Endung -us. Bei männlichen Wörtern auf -ius „verschwindet" das -e im -ī.

Hier vier Beispiele für alle drei Kasus:

Nom.	fīlia	Quīntus	fīlius	māter
Akk.	fīliam	Quīntum	fīlium	mātrem
Vok.	fīlia	Quīnte	fīlī	māter

2.4 Suche aus dem Lektionstext alle Substantive (auch die Eigennamen) heraus und bestimme den Kasus.

 ## Verben: Stamm und Endung

Lateinische Verben bestehen aus einem Bedeutungsteil, dem Stamm (z. B. vocā-), und einem Signalteil, der die Endung und eventuell weitere Signale davor umfasst.

-t: 3. Sg.
-re: Infinitiv

Das Endungssignal	-t	steht für die 3. Person Singular (er/sie/es).
Das Endungssignal	-re	steht für den Infinitiv (die Grundform).

(Der Infinitiv zu est heißt esse.)

Nachdenken über Sprache

Wortstellung des Prädikats

a) Caecilia frātrem vocat.
b) Quīntus nōn respondet.
c) Iterum Caecilia Quīntum vocat.
d) Frāter iterum nōn respondet.

1) Übersetze diese Aussagesätze und vergleiche dann: An welcher Stelle steht das Prädikat im Deutschen, wo im Lateinischen? Stelle entsprechend Regeln für deutsche und lateinische Aussagesätze auf.
2) Überprüfe am Lektionstext, ob die von dir gefundenen Regeln ausnahmslos gelten.

G4 Satzglieder: Füllungsarten

Die Stelle eines Satzgliedes kann sehr unterschiedlich ausgefüllt werden. Folgende Füllungsmöglichkeiten für die verschiedenen Satzgliedstellen kommen im Lektionstext vor:

Subjekt:	[Substantiv im Nominativ]
	[Verb im Infinitiv]
Prädikat:	[[Vollverb mit Personalendung]]
Objekt:	(Substantiv im Akkusativ)
Adverbiale	<Adverb>

4.1 Stelle fest, mit welchen Wortarten und in welcher Form die Satzgliedstellen Subjekt und Prädikat gefüllt sind:
a) Fīlia respondet.
b) Lūdere iuvat.

 G5 „Verstecktes" Subjekt

a) Quīntus nōn lūdit; sedet et tacet.
   Quintus spielt nicht; er sitzt und schweigt.

Im zweiten Teil des lateinischen Satzes reicht das Endungssignal -t aus, um zu wissen, welche Person Subjekt ist. Im Deutschen dagegen muss das Subjekt durch ein Personalpronomen ausgedrückt werden, hier durch „er". Im Lateinischen ist das Subjekt im -t des Prädikats „versteckt" und muss für die Übersetzung ins Deutsche „entdeckt" werden. Das „versteckte" Subjekt können wir kennzeichnen, indem wir vor dem -t eine einfache eckige Klammer setzen:

5.1 Wie kannst du entscheiden, ob für das lateinische -t im Deutschen „er", „sie" oder „es" gesetzt werden muss?

[Quīntus] nōn [[lūdit]]; [[sede[t]] et [[tace[t]].
[Quintus] [[spielt]] nicht; [er] [[sitzt]] und [[schweigt]].

Aufgepasst! Manchmal steht in einem Satz mit „verstecktem" Subjekt am Anfang ein Akkusativ:
b) Māter clāmat. Quīntum nōn invenit.
In einem solchen Fall suchst du am besten zuerst nach dem Subjekt und dem Prädikat.

Ü1 Sklaven

Im Haus arbeitet nicht nur die Hausfrau, sondern arbeiten auch mehrere Sklavinnen und Sklaven.

Silvānus	bedient beim Essen.
Rhodia	frisiert der Herrin die Haare.
Germānus und Rūfus	tragen die Sänfte.
Crīspīna	spinnt Wolle.
Fortūnātus	geht zum Einkaufen auf den Markt.
Hilara	tanzt und spielt Flöte.
Atticus	begleitet die Kinder.
Lycus	besorgt den Garten und repariert die Statue.

Wer ist ein Mann, wer eine Frau?

Ü2 Hin & her

Vertausche Nominativ und Akkusativ:

a) fīliam
b) māter
c) hortus
d) frātrem
e) statua

Ü3 Satzglieder

Schreibe ab und bestimme die Satzglieder:

a) Caecilia vocat.
b) Quīntus nōn respondet.
c) Nunc māter venit.
d) Māter fīliam interrogat.
e) Nunc Quīntum vocat.
f) Māter fīlium invenit.
g) Quid agit Quīntus?
h) Quīntus nōn respondet, sed tacet.
i) Sedet et tacet.
j) Lūdere iuvat, sed lūdere in hortō[1] nōn licet.

[1] in hortō: im Garten

Ü4 Ubi est Quintus?

Keiner weiß, wo sich Quintus versteckt hat, deshalb fragen alle immer weiter. Setze die Kette der Fragen fort.
Beispiel: Crīspīna ... interrogat. (Caecilia)
→ *Crīspīna Caeciliam interrogat.*

a) Caecilia ... interrogat. (māter)
b) Māter ... interrogat. (Fortūnātus)
c) (Hilara)
d) (Atticus)

Ü5 Dies & das

Manche Dinge kann man gleichzeitig tun, andere nicht. Suche aus den folgenden Sätzen die heraus, die nicht stimmen können.

a) Quīntus sedet et tacet.
b) Māter videt et audit.
c) Caecilia tacet et vocat.
d) Caecilia frātrem invenit et interrogat.
e) Māter interrogat et tacet.
f) Māter fīlium invenit et reprehendit.
g) Caecilia sedet et lūdit.

Nachdenken über Sprache

L: Ubi est Quīntus? – In hortō est.
D: Wo ist Quintus? –   Er ist im Garten.
E: Where is Quintus? – He is in the garden.

1) Vergleiche die Antworten: Wodurch ist der lateinische Satz so viel kürzer?
2) Wo siehst du Vorteile, wo Nachteile einer solch kurzen Ausdrucksweise?

Wie sag ich's auf Deutsch?

Übersetze die folgenden Sätze. Achte dabei besonders auf die Übersetzung der Substantive: An welchen Stellen nimmst du einen Artikel, wo ein Possessivpronomen?

a) Caecilia frātrem nōn invenit. Frāter nōn respondet.
b) Et māter Quīntum vocat. Sed fīlium nōn invenit.
c) Quīntus mātrem nōn audit.
d) Māter hortum intrat et statuam videt.
e) Tum māter fīlium reprehendit.

 Memorabilia

Mit deinen Kenntnissen und einigen Vokabelangaben kannst du schon folgende lateinischen Sprichwörter übersetzen:

a) Tempus fugit.
b) Manus manum lavat.
c) Medicus cūrat, natūra sānat.
d) Sēnsus, nōn aetās invenit sapientiam.
e) Nōn dat nātūra virtūtem.
f) Fābula docet.
g) Barba nōn facit philosophum.
h) Dies diem docet.

aetās: das Lebensalter – barba: der Bart – cūrāre: pflegen – dare: geben – dies: der Tag – docēre: lehren – facere: machen – fugere: fliehen – lavāre: waschen – manus: die Hand – medicus: der Arzt – sānāre: heilen – sapientia: die Weisheit – sēnsus: der Verstand – tempus: die Zeit – virtus: die Tüchtigkeit

Wo könnten diese Sprüche stehen? Ein paar Vorschläge: an einem Krankenhaus, in einem Buch mit Fabeln, an einer Schule, an einer Sonnenuhr …

 Ein schwieriges Wort?

Übersetze:

a) Caecilia vocat, sed Quīntus nōn respondet.
b) Quīntus nōn lūdit, sed sedet et tacet.

 Rätsel

Wie viele lateinische Infinitive sind in dem folgenden Rätsel versteckt? Die Infinitive können von oben nach unten, von unten nach oben, von rechts nach links und von links nach rechts geschrieben sein.

v	o	c	a	r	e
i	s	a	u	t	r
d	e	g	d	a	e
e	s	e	i	t	c
r	s	r	r	u	a
e	e	e	e	a	t

✛ Am Ende sollten nur sechs Buchstaben übrig bleiben, aus denen sich ein lateinisches Wort ergibt, das sehr viel mit Quintus' Ärger zu tun hat.

Nachdenken über Sprache

Lehnwörter

fenestra – Fenster

Wie du an der Lautähnlichkeit erkennst, ist „Fenster" ursprünglich ein lateinisches Wort. Viele Wörter, die du benutzt, hat die deutsche Sprache aus dem Lateinischen übernommen. Solche Wörter heißen Lehnwörter.

Was bedeuten wohl die folgenden Wörter: vīnum – cāseus – saccus – cista – frūctus

 Geheimschrift

Welche von den unveränderlichen Wörtern verstecken sich in dieser Geheimschrift?
Beispiel: ▪ ▪ – et

a) ▪ ▪ ▪
b) ▪ ▪ ▪ ▪ ▪
c) ▪ ▪ ▪ (2)
d) ▪ ▪ ▪ (2)
e) ▪ ▪ ▪ ▪
f) ▪ ▪ ▪ ▪ ▪ ▪
g) ▪ ▪ ▪

Vokabeln lernen

„Bis morgen lernt ihr dann die erste Hälfte der Vokabeln von Lektion ..." –
das hört man im Unterricht immer wieder. Aber wie geht das eigentlich:
Vokabeln lernen?

Hier die bewährten Methoden und ein paar Tipps:

1) Lernen aus dem Buch

Lege ein Blatt Papier unter das Wort, das du lernen willst, denn so bleiben deine Augen auf der richtigen Zeile. Präge dir Wort und Bedeutung
gut ein, indem du beides mehrfach vor dich hinmurmelst, besser noch:
laut sprichst. Die Längenstriche helfen dir bei der richtigen Betonung.
Schau dann weg und überlege, wie das Wort hieß und was die deutsche
Bedeutung war. Lerne ebenso auch die Anwendungsbeispiele: Sie helfen dir, das Wort in einem Text wieder zu erkennen.

> Vorteil: Kein zusätzlicher Aufwand.
> Tipp: Statt am Schreibtisch zu sitzen, kannst du beim Lernen auch im
> Zimmer umhergehen und die Wörter rhythmisch sprechen.

2) Lernen durch Schreiben

Abschreiben kann eine gute Methode sein, sich Wörter einzuprägen.
Du benutzt am besten ein Vokabelheft, und zwar mindestens in der
Größe DIN A 5. Um das Abschreiben interessanter zu gestalten, kannst
du die Wörter anders sortieren als im Buch, z. B. nach Wortarten.
Immer nur schreiben ist langweilig? Dann denke dir doch zu den Wör-
tern Bilder aus und zeichne sie.

cōnspicere   dōnum   īnsula

> Vorteil: Durch Schreiben prägen sich Einzelheiten besser ein.
> Tipp: Ein Vokabelheft kannst du zum Lernen leicht mitnehmen.

3) Lernen mit Vokabelkarten

Du brauchst kleine Karteikarten, etwa 7–5 cm groß. Außerdem brauchst
du eine Schachtel, in der die Karten hintereinander stehen können, und
drei Karten, die soviel größer als die Vokabelkarten sind, dass du oben
auf den überstehenden Streifen jeweils einen roten, einen gelben und
einen grünen Punkt malen kannst.

Wichtig:
- Nie mehr als 5–7 Vokabeln auf einmal lernen.
- Vokabellernen möglichst über den Nachmittag verteilen: Dreimal fünf Minuten sind besser als einmal 30.
- Für äußere und innere Ruhe sorgen.

Auf die Vorderseite der Vokabelkarte kommt das lateinische Wort, etwas darunter alles, was sonst zu dem Wort dazugehört, etwa das Geschlecht. Auf die Rückseite schreibst du die deutsche Übersetzung und in die untere rechte Ecke die Nummer der Lektion.

Jetzt kannst du in drei Schritten arbeiten:

Schritt 1: Alle neuen Karten kommen ins rote Fach. Die lernst du, immer in kleinen Mengen, durch lautes Lesen, wie oben beschrieben. Alle Vokabelkarten, die du gelernt hast, kommen ins gelbe Fach.

Schritt 2: Die Karten aus dem gelben Fach werden einige Stunden später, besser noch am nächsten Tag kontrolliert. Das heißt, du schaust nur die lateinische Vorderseite an. Weißt du noch, wie die deutsche Bedeutung war? Schau nach: Wenn ja, kommen sie ins grüne Fach, wenn nein, müssen sie zurück ins rote.

Schritt 3: Die Karten im grünen Fach werden allmählich immer mehr. Da musst du mindestens einmal im Monat kontrollieren, ob du sie noch alle behalten hast. Das machst du genauso wie bei Schritt 2.

Vorteil:	Du lernst nur die Wörter, die du nicht kannst.
Tipp:	Bevor du eine Hand voll Karten kontrollierst, solltest du sie mischen wie ein Kartenspiel.

4) Vokabeln vergessen? – Vokabeln wiederholen!

Damit die Vokabeln nicht wieder aus dem Gedächtnis gelöscht werden, empfiehlt sich eins: Geduld und Wiederholen. Das heißt, du solltest Vokabeln wiederholen, auch wenn sie nicht „aufgegeben" sind, fünfmal in der Woche, immer dreimal fünf Minuten. Beim Arbeiten mit Karteikarten kannst du das allein; beim Lernen mit Buch oder Vokabelheft kannst du natürlich selbst mit einem Blatt Papier die rechte Spalte zudecken; besser ist es, du bittest jemanden, dich abzufragen. Jedenfalls müssen alle Wörter, die vergessen waren, neu gelernt werden.

Wenn du nach einiger Zeit bemerkst, dass du trotzdem bei den Vokabeln „Lücken" hast, machst du dir am besten einen Arbeitsplan, mit dem du systematisch wiederholst.

Trotz aller Bemühung wird es immer ein paar hartnäckige Wörter geben, die so gar nicht im Gedächtnis bleiben wollen. Die schreibst du am besten auf Klebezettel, die du dann überall dort anklebst, wo du öfters hinschaust: an den Türrahmen, den Badezimmerspiegel, den Bildschirm, das Bücherregal – sicher fallen dir noch mehr geeignete Stellen ein.

Mo.	4.11.	Vokabeln L. 1+2
Di.	5.11.	Vokabeln L. 3+4
Mi.	6.11.	Vokabeln L. 5
Do.	7.11.	Vokabeln L. 6
Fr.	8.11.	Vokabeln L. 7
Mo.	11.11.	1–7 überprüfen
Di.	12.11.	Vokabeln L. 8
Mi.	13.11.	Vokabeln L. 9

5) Welche Methode ist die beste?

Es gibt verschiedene Lerntypen; zu welchem du gehörst und was für dich die beste Methode ist, kannst du nur selber herausfinden. Am besten probierst du alle Methoden aus und entscheidest dich dann für die, die zu dir passt; das kann auch eine Kombination oder eine Variante sein.

Vielleicht könnt ihr auch einmal in der Klasse eure Erfahrungen austauschen.

Keine Zeit für Sextus

Sextus, der kleine Bruder von Quintus und Caecilia, liebt Geschichten,
die er sich von Geschwistern oder Sklaven erzählen lässt. Doch heute
hat keiner für ihn Zeit.

[1] mihi: mir

Sextus: „Nēmō mihi[1] fābulam nārrat. Caecilia! Quīntus fābulam
nōn nārrat, Silvānus fābulam nōn nārrat. Cūr nēmō fābulam nār-
3 rat?"

[2] cēnam dare: ein Gastmahl
veranstalten

Caecilia: „Hodiē pater et māter cēnam dant[2]. Hodiē nēmō fābulās
nārrat."

6 Sextus: „Cūr hodiē nēmō fābulās nārrāre potest?"

[3] occupātī sunt: (sie) sind
beschäftigt
[4] in triclīnium: ins Triklinium
[5] sternere: herrichten
[6] ōva ...: Eier, Fische, Salat,
numidisches Huhn,
Haselmäuse mit Mohn,
Äpfel

Caecilia: „Cūnctī occupātī sunt[3]. Silvānus servus est, et servī hodiē
labōrāre dēbent. Mēnsās in triclīnium[4] portant, lectōs sternunt[5].
9 Quīntus quoque labōrāre dēbet: servōs adiuvat."

Sextus: „Et Crīspīna? Cūr Crīspīna fābulam nōn nārrat?"

Caecilia: „Crīspīna serva est; servae cibōs parant: ōva, piscēs,
12 lactūcam, pullum Numidicum, glīrēs cum papāvere, māla[6]."

Sextus: „Et māter? Et pater? Parentēs servī nōn sunt. Cūr parentēs
nārrāre nōn possunt?"

15 Caecilia: „Sexte! Parentēs convīvās exspectant."

Sextus: „Quem exspectant? Quis venit?"

Caecilia: „Parentēs senātōrēs exspectant: Gāium Calpurnium
18 Flaccum et Titum Avidium Quiētum. Uxōrēs quoque veniunt:
Claudia Marcella et Aurēlia Faustīna."

Sextus: „Fortāsse senātōrēs fābulās nārrāre possunt?"

21 Caecilia (rīdet): „Sexte! Senātōrēs cibōs sūmere et sermōnēs habēre
cupiunt."

[7] Quid ...: Was, zum Henker,
ist hier los?

Subitō Caecilia et Sextus clāmōrem audiunt: „Quid, malum, agi-
24 tur[7]?", Crīspīna clāmat.

[8] in culīnam: in die Küche
[9] catulus: kleiner Hund
[10] iste: dieser

Statim līberī in culīnam[8] currunt. Hīc vident Faustum. (Faustus
catulus[9] est.) Et quid portat? Pullum portat. Crīspīna clāmat:
27 „Iterum iste[10] catulus[9] cibōs rapit."

Faustus fugit, serva clāmat, līberī rīdent.

Verstehen & Vertiefen

1. Welche Aufgaben hindern die verschiedenen Personen daran,
   Sextus eine Geschichte zu erzählen?

2. Wie würdest du Sextus charakterisieren?

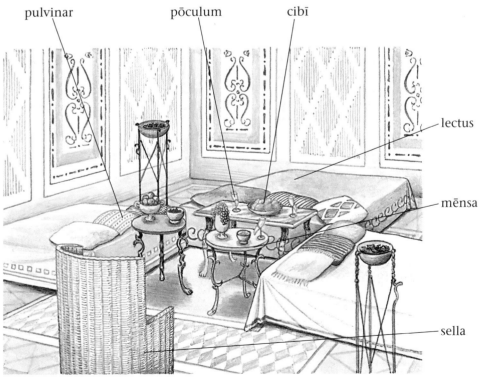

pulvinar

pōculum

cibī

lectus

mēnsa

sella

ⓘ Gespräch unter Sklaven

Der Sklave Lycus hat schlechte Laune. Seit den frühen Morgenstunden muss er im Garten Blätter aus den Teichen und dem Wasserlauf herauslesen, die Verzierungen aus Elfenbein und die silbernen Füße
5 der Liegen im triclīnium vorsichtig reinigen und körbeweise Lebensmittel, die der Händler angeliefert hat, in die Küche schleppen. In einer ruhigen Minute fragt er seinen Mitsklaven Silvanus: „Sag mal, ist hier immer so viel los?"

10 S.: „Ja, weißt du denn nicht, dass diese umfangreichen Vorbereitungen immer dann anstehen, wenn unser Herr senatorische Freunde zum Gastmahl geladen hat?"

L.: „Ich bin doch erst vor kurzem aus meiner kleinasi-
15 atischen Heimat nach Rom verkauft worden und noch nicht lange in diesem Haus. Bei uns gibt es so etwas nicht. Daher musst du mir schon erklären, wie ein solches Essen aussieht, für das wir uns alle so abmühen müssen. Du bist immerhin
20 hier geboren und aufgewachsen, und du kennst dich in solchen Sachen aus!"

S.: „Also gut, aber unsere Pause darf nicht zu lange dauern, es ist noch viel zu tun. Die Hauptmahlzeit heißt hier cēna. Sie wird am späten Nachmittag
25 eingenommen. Deshalb müssen wir uns beeilen. Auch das Silberservice muss noch geputzt werden!"

L.: „Ist ja gut, darum kümmere ich mich schon, aber jetzt erzähle erst einmal weiter!"

30 S.: „Da unser Herr heute hoch stehende Freunde eingeladen hat, wird das große Speisezimmer hergerichtet und ein richtiges Menü mit Vorspeise, Hauptgang und Nachtisch vorbereitet.

35 Wahrscheinlich wird es wieder spät. Hoffentlich trinken die Herren aber nicht wieder so viel wie beim letzten Mal. Da konnte am Ende keiner mehr gerade gehen!"

L.: „Die liegen ja ohnehin schon auf den Sofas! Wieviele Leute werden eigentlich kommen?"

40 S.: „Wir erwarten sieben Gäste, zusammen mit unserem Herrn und unserer Herrin werden also insgesamt neun Personen anwesend sein. Je drei Personen haben auf einer Liege Platz. Die Verteilung der Plätze ist übrigens immer eine
45 schwierige Angelegenheit. Der Herr sagt mir meist erst kurz vorher, wer wo liegt. Die Hauptperson, das heißt der wichtigste Gast, wird auf der mittleren Liege ganz rechts platziert. Rechts von ihm werden unser Herr und unsere Herrin liegen."

50 L.: „Kommen eigentlich auch Kinder?"

S.: „Quintus und Caecilia werden an einem eigenen Tisch essen, allerdings nicht im Liegen, sondern im Sitzen. Das ist so üblich. Sextus aber ist noch zu klein. Der muss ins Bett."

55 L.: „Das wird doch alles sehr eng!"

S.: „Überhaupt nicht, der Platz reicht noch für die kleinen Tische, auf denen die Gäste ihre Weinbecher abstellen können. Du musst die Tische noch holen."

60 L.: „Und was ist mit Servietten?"

S.: „Die bringen die Gäste selber mit."

L.: „Warum denn das?"

S.: „Weil sie damit nicht nur ihre Hände abwischen, sondern oft auch Speisen einpacken und nach
65 Hause mitnehmen. Doch jetzt ist es Zeit, mit den Vorbereitungen weiter zu machen!"

Verstehen & Vertiefen

1. Entwirf eine Sitzordnung für eine cēna, zu der du deine Freunde einlädst.

2. Suche im Internet nach römischen Kochrezepten. Ein Tipp: Gib als Suchwörter „Apicius" und „römische Küche" ein. Findest du auch das Rezept für numidisches Huhn?

Substantive: Plural; Deklinationsklassen

1) Im Lektionstext sind dir neue Endungen begegnet, die anzeigen, dass das entsprechende Wort im **Plural** steht. Singular (Sg.) und Plural (Pl.) fassen wir zusammen unter dem Fachbegriff **Numerus**.

> Numerus: Anzahl
> Singular: Einzahl
> Plural: Mehrzahl

Nom. Pl.	fābulae	servī	senātōrēs
Akk. Pl.	fābulās	servōs	senātōrēs

1.1 Wie heißt der Nom. Pl. zu numerus?

2) Bis jetzt kennst du Wörter aus drei verschiedenen Klassen. Diese Klassen nennen wir **Deklinationsklassen**. Ihren Namen bekommen sie von dem Auslaut (dem letzten Buchstaben) ihres Stammes. Den Stammauslaut erkennst du, wenn du im Akk. Pl. -s oder -ēs abtrennst:

dēclīnāre: beugen

fābulā-/s   servō-/s   senātōr-/ēs

a-Deklination   o-Deklination   3. Deklination

Der Stammauslaut von senātōr- ist das -r-, das zu den Konsonanten gehört. Weil in dieser Deklinationsklasse sehr viele verschiedene Konsonanten den Stammauslaut bilden, nennen wir sie einfach die 3. Deklination (oder auch: Mischdeklination).

1.2 Welches sind die erste und die zweite Deklination?

1.3 Schau dir die Vokabeln von Lektion 2 an: Woran erkennst du, dass ein Substantiv zur 3. Dekl. gehört?

Hier alle bisher bekannten Kasus in allen drei Deklinationsklassen:

	a-Dekl.		o-Dekl.		3. Dekl.	
	Sg.	Pl.	Sg.	Pl.	Sg.	Pl.
Nom.	fābula	fābulae	servus	servī	senātor	senātōrēs
Akk.	fābulam	fābulās	servum	servōs	senātōrem	senātōrēs

1.4 Ordne alle Substantive aus Lektion 1 und 2 den drei Deklinationsklassen zu.

 Genus

Jedes Nomen hat ein Genus: maskulinum, femininum, neutrum. Bei vielen Wörtern bestimmt die Zugehörigkeit zu einer bestimmten Deklinationsklasse das Genus (so genanntes „grammatisches Geschlecht"). Als Faustregel gilt:
- Wörter der o-Dekl. auf -us sind maskulinum,
- Wörter der a-Dekl. auf -a sind femininum.

> Genus: Geschlecht
> (Pl.: Genera)
> maskulinum: männlich
> femininum: weiblich
> neutrum: sächlich

Es gibt aber Wörter, die ihr Geschlecht unabhängig von ihrer Deklinationsklasse danach erhalten, was sie bezeichnen („natürliches Geschlecht"). So sind z.B. convīva (Gast), nauta (Seemann) und poēta (Dichter) maskulinum.
Für die Wörter der 3. Deklination gibt es keine Regel, deshalb musst du das Geschlecht immer mitlernen.

Verben: Plural; Konjugationsklassen

| -nt: 3. Pl. |

Das Endungssignal für die 3. Pers. Sg. lautet -t (→1G3); das Signal für die 3. Pers. Pl. lautet: -nt.
Wie die Substantive, so lassen sich auch die Verben in verschiedene Klassen einteilen, je nachdem, welches ihr Stammauslaut ist. Die Formenbildung des Verbs nennen wir Konjugation.

	a-Konj.	e-Konj.	i-Konj.	gem. Konj.	kons. Konj.		
3. Sg.	voca-t	tace-t	veni-t	cupi-t	lūd-i-t	es-t	pot-es-t
3. Pl.	voca-nt	tace-nt	veni-u-nt	cupi-u-nt	lūd-u-nt	su-nt	pos-su-nt
Inf.	vocā-re	tacē-re	venī-re	cup-e-re	lūd-e-re	esse	posse

3.1 Sieh dir die Lernvokabeln von Lektion 2 an: Woran erkennst du, dass ein Verb zur gem. Konjugation gehört?

3.2 Ordne alle Verben der Lektionen 1 und 2 nach Konjugationsklassen.

In der gemischten, konsonantischen und i-Konjugation finden sich oft Zwischenvokale (-i-, -u-, -e-), die die Aussprache erleichtern.
Die gemischte Konjugation ähnelt in der 3. Sg. und Pl. der i-Konjugation, im Infinitiv der konsonantischen: daher ihr Name „gemischte Konjugation" (sie wird auch Kurz-i-Konjugation oder konsonantische Konjugation mit i-Erweiterung genannt).
Die Formen von esse und posse sind unregelmäßig und gehören keiner Konjugationsklasse an.

 Füllungsarten des Prädikats

| Prädikat: |
| [[Vollverb]] |
| [[Prädikatsnomen + esse]] |

| Prädikatsnomen: |
| Satzausssage-Nomen |

Die Satzgliedstelle [[Prädikat]] kann verschieden gefüllt werden, nicht nur durch ein Vollverb (→1G4), sondern auch durch das Hilfsverb esse in Verbindung mit einem Substantiv oder einem Adjektiv. esse nennen wir in dieser Verwendung Kopula, das notwendig zugehörige Substantiv oder Adjektiv heißt Prädikatsnomen.
   [Lycus et Silvānus] [[servī sunt]].

G5 **Kongruenz**

| Kongruenz: Übereinstimmung |

5.1 Nenne in Satz a alle Signale, die die N-Kongruenz zwischen Subjekt und Prädikat bestätigen.
5.2 Ist in Satz b die Regel von der N-Kongruenz verletzt?

Subjekt und Prädikat stehen als „Glieder" in der „Satzkette" in einer besonders engen Beziehung: Subjekt und Prädikat müssen im gleichen Numerus (abgekürzt: N) stehen. Diese Übereinstimmung (lateinisch: Kongruenz) heißt Numerus-Kongruenz.
   a) Faustus fugit, Crīspīna clāmat, līberī rīdent.
   b) Calpurnius et Avidius senātōrēs sunt.

(G6) Objekt: Infinitiv

Die Satzgliedstelle (Objekt) kann nicht nur durch ein Substantiv im Akkusativ gefüllt werden (→1G4), sondern bei einigen Verben auch durch einen Infinitiv. Auch hier heißt die Satzgliedfrage „wen oder was?".

> Objekt:
> (Substantiv im Akk.)
> (Infinitiv)

a) [Caecilia] (labōrāre) nōn [[cupit]].
b) [Servī] <hodiē> (labōrāre) [[dēbent]].

Das in dem Infinitiv-Objekt enthaltene Verb kann selber wieder ein Objekt bei sich haben:

c) [Sextus] (fābulās) (audīre) [[cupit]].

Nachdenken über Sprache

Asyndeton

Faustus fugit, serva clāmat, līberī rīdent.

Wenn mehrere gleichgeordnete Teile eines Satzes nicht durch eine Konjunktion wie z.B. „und" verbunden sind, sprechen wir von einem Asyndeton (ein griechisches Wort, das „unverbunden" bedeutet).

1) Welche Wirkung hat deiner Meinung nach das Asyndeton im Beispielsatz?
2) Erfindet kurze Szenen (auch auf Latein), in denen asyndetische Sätze vorkommen.

Wer weiß eine Antwort?

Beantworte die folgenden Fragen zum Lektionstext auf Lateinisch:

a) Quis fābulam nārrāt?
b) Quis hodiē fābulās nārrāre potest?
c) Cūr Silvānus hodiē fābulam nārrāre nōn potest?
d) Quis servōs adiuvat?
e) Quem parentēs exspectant?
f) Quis Faustus est?
g) Quid Faustus portat?

 Hin & her

Vertausche Singular und Plural.

a) senātōrem
b) servī
c) fābula
d) dēbet
e) sunt
f) sermōnēs (2)

 Formenübung

Bilde zu jeder Form aus dem Sack die beiden anderen dir bekannten Formen und sortiere sie dabei nach Konjugationsklassen.

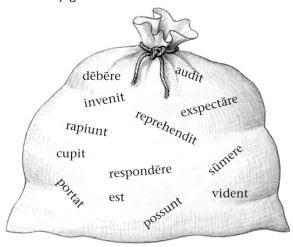

dēbēre
audit
invenit
exspectāre
rapiunt
reprehendit
cupit
sūmere
respondēre
portat
est
vident
possunt

 Fragen über Fragen

Schreibe mit dem richtigen Fragewort in dein Heft:

a) ▬▬ Crīspīna est?
b) ▬▬ cibōs parat?
c) ▬▬ pater et māter exspectant?
d) ▬▬ venit?
e) ▬▬ fortāsse fābulās nārrāre potest?
f) ▬▬ Caecilia et Quīntus vident?
g) ▬▬ Faustus rapere cupit?
h) ▬▬ fugit?

 Wer tut was?

Bilde aus den Infinitiven die richtige Verbform.

a) Parentēs senātōrēs (exspectāre)
b) Servae cibōs (parāre)
c) Caecilia et Sextus clamōrem (audīre)
d) Crīspīna (clāmāre)
e) Faustus (fugere)
f) Līberī (rīdēre)

 Tabula mirabilis

Bilde zu jedem Subjekt einen lateinischen Satz, der zum Inhalt des Lektionstextes passt.

Caecilia	sermōnēs habēre	cupiunt
convīvae	mēnsās[1] portāre	dēbent
parentēs	lūdere	nōn cupiunt
pater	labōrāre	nōn dēbet
servae	fābulās audīre	nōn dēbent
servī	fābulam nārrāre	nōn potest
Sextus	cēnam[2] parāre	cupit

[1] mēnsa: Tisch – [2] cēna: Gastmahl

Nachdenken über Sprache

Wortfeld

Es gibt Verben, die sehr ähnliche Tätigkeiten oder Vorgänge bezeichnen, z. B.
  vocāre, reprehendere, interrogāre, respondēre, tacēre.

Alle diese Verben haben etwas mit sprechen zu tun. Eine solche Zusammenstellung von Verben nennen wir **Wortfeld**. Hier bilden die Verben das Wortfeld „sprechen".
1) Welche Verben aus Lektion 2 gehören auch noch zum Wortfeld „sprechen"?
2) Bilde aus den Verben der Lektionen 1 und 2 ein Wortfeld „sich fortbewegen".

 Ü9 Der Satz-Analysator

Untersuche die folgenden Sätze nach Wortform, Wortart und Satzglied.
Beispiel: Sextus fābulam audīre cupit.

Sextus	fābulam	audīre	cupit.
Substantiv	Substantiv	Verb	Verb
im	im	im	in der
Nom. Sg.	Akk. Sg.	Inf.	3. Sg.

a) Sextus fīlius est.
b) Māter et pater fābulās nōn nārrant.
c) Senātor et uxor convīvae sunt.
d) Faustus catulus[1] est.
e) Fābulam nārrāre nōn potest.

[1] catulus: kleiner Hund

 Ü7 Wie sag ich's auf Deutsch?

Übersetze die Satzpaare; was fällt dir dabei auf?

a) Fortāsse Caecilia fābulam nārrat. – Silvānus fābulam nōn nārrat.
b) Faustus pullum[1] rapit. – Nunc Crīspīna pullum nōn habet.
c) Māter servōs vocat. – Quīntus servōs adiuvat.
d) Sextus mātrem exspectat. – Caecilia mātrem adiuvat.

[1] pullus: Huhn

Nachdenken über Sprache

Fremdwörter

In vielen Lebensbereichen benutzt man besondere Wörter, um etwas möglichst genau zu bezeichnen, z. B. in der Grammatik:
Vokativ – Interrogativpronomen – Kongruenz.

Weil diese Wörter aus einer fremden Sprache kommen, heißen sie Fremdwörter.
Sehr viele Fremdwörter kommen aus dem Lateinischen. Deshalb hilft dir Latein, Wörter zu verstehen, die du vorher noch nicht kanntest.
Besprecht die Bedeutung der zu den Lernvokabeln von Lektion 1 und 2 unter „D" angegebenen Fremdwörter. Zieht, wenn nötig, ein Fremdwörterbuch zu Hilfe.

 Ü8 Wer ist wer?

Bilde aus den Bestandteilen richtige Sätze.

Sextus	parentēs sunt
Crīspīna	fīliī sunt
Caecilia	fīlius est
Gāius et Iūlia	līberī sunt
Silvānus	serva est
Quīntus et Sextus	fīlia est
Caecilia, Quīntus, Sextus	servus est

 Ü10 Von wegen „kleine Wörter"

In den folgenden Wörtern sind mindestens sechs „kleine Wörter" (Fragewörter, Konjunktionen, andere unveränderliche Wörter) „versteckt". Zum Teil sind die Buchstaben durcheinander gewürfelt!

  currunt   –   rīdent   –   sedet

  cibum   –   respondent   –   iterum

Ⓛ Die Schule wartet

Es ist noch vor Sonnenaufgang; Caecilia und Quintus müssen jetzt in die Schule. Atticus, der Pädagoge, wird sie wie jeden Tag zum Lehrer Lysander bringen. Doch Quintus und Caecilia sind noch nicht so weit.

„Caecilia! Ubi es?", Quīntus sorōrem vocat. „Atticus nōs exspectat."
„Iam veniō!", Caecilia clāmat et ad frātrem properat. „Tandem
3 venīs! Properāre dēbēmus!", Quīntus sorōrem monet. – „Cūr
clāmās? Iam adsum!"
Atticus ātrium[1] intrat, līberōs nōn videt, clāmat: „Quīnte, Caecilia,
6 ubi estis? Quid clāmātis? Vōs iam exspectō. Cūr nōn venītis?"
Quīntus et Caecilia ad paedagōgum[2] in ātrium[1] currunt. Statim
Caecilia dīcit: „Salvē, Attice! Iam venīmus, iam adsumus!" Atticus:
9 „Salvēte! Agedum[3]! Properāre dēbētis!"
Tum Atticus clāmat: „Quīnte, tabulam nōn videō, stilum[4] nōn
videō; ubi sunt?" Puer nihil dīcit, in cubiculum[5] currit, ad paedagō-
12 gum[2] recurrit[6], stilum[4] et tabulam mōnstrat. Atticus autem puerum
monet: „Tandem tabulam et stilum[4] portās! Semper tē monēre
dēbeō! Semper tē exspectāmus!" Nunc paedagōgus[2] et līberī in
15 scholam properant.

[1] ātrium: Atrium

[2] paedagōgus: Erzieher, Pädagoge

[3] agedum!: los!

[4] stilus: Griffel

[5] cubiculum: Schlafraum

[6] recurrere: zurücklaufen

Als Quintus und Caecilia an der Schule ankommen, erwartet Lysander sie schon:

„Venīte, Quīnte et Caecilia! Intrāte! Nunc incipimus!" Quīntus et Caecilia intrant. Tum Lȳsander discipulōs salūtat: „Salvēte!" Discipulī
18 quoque magistrum salūtant: „Salvē, magister!" – „Cōnsīdite et tacēte!" Discipulī cōnsīdunt, sed nōn cūnctī tacent. Spurius et Mārcus Quīntum et Caeciliam irrīdent: „Vōs semper sērō[7] venītis, nōs semper tempore[8]
21 adsumus!" Magister līberōs monet: „Nōlīte susurrāre[9]! Tacēte et audīte! Hodiē versūs[10] legimus!"
Magister librum ēvolvit[11] et versūs[10] mōnstrat. „Nunc, Mārce, lege!"
24 Mārcus nihil dīcit. „Mārce, nōlī dormīre! Cūr nōn legis? Incipe!" Mārcus respondet: „Iam incipiō: Quidquidid est time odana oset do nafer entes…" Cēterī Mārcum irrīdent. Lȳsander autem clāmat: „Tacēte! Nōlīte
27 eum irrīdēre! Et tū Mārce, tacē et audī! Ego nunc legō: ‚Quidquid id est, timeō Danaōs et dōna ferentēs[12].' – Lege iterum, Mārce!" Mārcus iterum legit; Lȳsander eum laudat: „Nunc bene legis, Mārce!"
30 Posteā cēterī quoque versūs[10] legunt. Tum magister: „Ubi sunt tabulae? Capite eās et scrībite!" Iam Lȳsander versūs[10] dictāre[13] incipit. Discipulī scrībunt, sed Mārcus et Spurius susurrant[9] et rīdent. Statim Lȳsander
33 ad eōs properat: „Cūr vōs nōn scrībitis, puerī? Cūr nōn incipitis? Spurī, cūr labōrem nōn incipis? Mōnstrā tabulam!" Spurius eam mōnstrat – et Lȳsander stupet[14], nam legit: „Timeō magistrōs – et versūs[10] dictantēs[13]!"
36 Discipulī rīdent; tandem etiam magister rīdet, Spurium autem reprehendit: „Nōlī mē irrīdēre, Spurī!"

[7] sērō: (zu) spät
[8] tempore: rechtzeitig
[9] susurrāre: flüstern
[10] versūs (Akk. Pl.): Verse
[11] ēvolvere: entrollen

[12] Quidquid…: Was auch immer es ist, ich fürchte die Danaer (Griechen), auch wenn sie Geschenke bringen.
[13] dictāre: diktieren

[14] stupēre: staunen, verdutzt sein

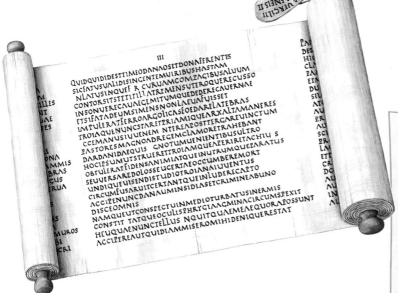

Verstehen & Vertiefen

1. Was nehmen die Kinder mit in die Schule? Vergleiche es mit dem Inhalt deines Schulranzens.

2. Wie könnte man das Fach nennen, das Lysander unterrichtet?

3. Vergleiche den Ablauf des Unterrichts bei Lysander mit dem, den du kennst: Was ist ähnlich, was ist anders?

4. Würdest du gern bei Lysander in die Schule gehen?

ⓘ Sechs Fragen zur römischen Schule

1. Mussten römische Kinder in die Schule gehen?
Nein. In Rom gab es keine allgemeine Schulpflicht. Für Erziehung und Bildung war die Familie zuständig. Sehr reiche Eltern leisteten sich einen Privatlehrer,
5 der ihre Kinder unterrichtete. Dieser war oft ein griechischer Sklave. Nicht ganz so wohlhabende Eltern schickten ihre Kinder zu einem Lehrer, der von dem Schulgeld lebte, das ihm die Eltern für den Unterricht zahlten.

10 **2. Gab es verschiedene Schularten?**
Ja. Das römische Schulsystem war dreistufig. Jungen und Mädchen im Alter von sieben bis elf Jahren besuchten eine Elementarschule, den lūdus litterārius, um Lesen, Schreiben und Rechnen zu lernen. Das
15 Schulgeld war recht niedrig, sodass viele Eltern ihre Kinder auf eine Elementarschule schicken konnten. Die Kinder besser gestellter Eltern besuchten etwa im Alter zwischen dem 11. und dem 17. Lebensjahr die Schule beim grammaticus, der ihnen die Grundlagen
20 der lateinischen und griechischen Sprache beibrachte und mit ihnen die großen antiken Dichter und Geschichtsschreiber las. Auf der Grammatikerschule baute der Unterricht beim Rhetor auf. Hier wurden junge Männer aus den bedeutenden Familien auf
25 ihre spätere Tätigkeit vor Gericht, in der Politik oder in der Verwaltung vorbereitet. Sie studierten die berühmten griechischen und lateinischen Redner, lernten, eine Rede richtig aufzubauen, und mussten Probevorträge halten.

30 **3. Wie lange dauerte der Unterricht?**
Im lūdus litterārius sowie beim grammaticus wurde vor- und nachmittags Unterricht erteilt. Es war also eine Ganztagsschule.

4. Gab es auch Ferien?
35 Das Schuljahr war sehr lang. Es begann im März. Nur wenige Festtage blieben schulfrei. Im Sommer gab es „große Ferien", wahrscheinlich zwischen Mitte Juli und Mitte Oktober.

5. Bereitete der Unterricht den Kindern Freude?
40 In der Elementarschule waren die Lernmethoden nicht besonders abwechslungsreich. Zunächst wurden Buchstaben und Silben diktiert, dann mussten ganze Wörter und Verse aufgeschrieben und auswendig gelernt werden. Das Rechnen mit den
45 römischen Ziffern lernte man mit Hilfe der Finger. Die 20 bis 30 Schülerinnen und Schüler, die von einem Lehrer unterrichtet wurden, litten unter dem eintönigen Unterricht, bei dem es nur ab und an ein paar Belohnungen für gute Leistungen gab. Wer
50 nicht aufpasste oder den Unterricht störte, wurde mit dem Stock geschlagen. Der Ausdruck manum ferulae subdūcere („die Hand unter dem Stock wegziehen") hieß in der Umgangssprache so viel wie „zur Schule gehen".

55 **6. Wie sahen die Schulgebäude aus?**
Der Unterricht beim Elementarlehrer oder grammaticus wurde in einfachen Läden oder Bretterbuden auf dem Forum gehalten. Die Rhetoren aber unterrichteten am Forum in Sälen, die wie kleine Theater
60 eingerichtet waren.

Verstehen & Vertiefen

1. Vergleiche den heutigen und den römischen Schulunterricht, indem du Gemeinsamkeiten und Unterschiede in eine Tabelle einträgst.

2. Diskutiert, ob unser oder das römische Schulsystem gerechter ist.

G1 Verben: 1. und 2. Person

Das Endungssignal -ō steht für die 1. Person Singular (ich).

-s 2. Person Singular (du).

-mus 1. Person Plural (wir).

-tis 2. Person Plural (ihr).

Bei der a-Konjugation „verschmilzt" in der 1. Person Singular der Stammauslaut -ā- mit der Personalendung zu -ō.
Verben der konsonantischen Konjugation benötigen in der 2. Person Singular sowie in der 1. und 2. Person Plural ein -i- als Zwischenvokal zwischen dem Stamm und der Personalendung (→ 2 G3).

1.1 Aus welchen beiden Konjugationen scheint die gemischte Konjugation „gemischt" zu sein?
1.2 Konjugiere: nārrāre, monēre, currere, incipere, audīre.
1.3 Betrachte die Tabellen: Inwiefern fällt esse aus der Reihe?

Hier siehst du die Konjugation in allen Personen:

	a-Konj.	e-Konj.	i-Konj.	gem. Konj.	kons. Konj.		
1. Sg.	voc-ō	tace-ō	veni-ō	fugi-ō	ag-ō	su-m	pos-sum
2. Sg.	vocā-s	tacē-s	venī-s	fugi-s	ag-i-s	es	pot-es
3. Sg.	voca-t	tace-t	veni-t	fugi-t	ag-i-t	es-t	pot-est
1. Pl.	vocā-mus	tacē-mus	venī-mus	fugi-mus	ag-i-mus	su-mus	pos-sumus
2. Pl.	vocā-tis	tacē-tis	venī-tis	fugi-tis	ag-i-tis	es-tis	pot-estis
3. Pl.	voca-nt	tace-nt	veni-u-nt	fugi-u-nt	ag-u-nt	su-nt	pos-sunt
Inf.	vocā-re	tacē-re	venī-re	fuge-re	ag-e-re	esse	posse

G2 Befehle

Wenn du jemanden zu etwas aufforderst, so benutzt du den Imperativ.
Den Imperativ Singular erkennst du bei der a-, der e- und der i-Konjugation daran, dass er auf den Stamm endet, im Plural wird -te angefügt.
Bei der konsonantischen und der gemischten Konjugation endet der Imperativ Singular in der Regel auf -e, der Imperativ Plural auf -i-te.

	a-Konj.	e-Konj.	i-Konj.	gem. Konj.	kons. Konj.	
Imp. Sg.	vocā!	tacē!	venī!	fuge!	ag-e!	es!
Imp. Pl.	vocā-te!	tacē-te	venī-te	fugi-te!	ag-i-te!	es-te!

2.1 Vergleiche damit die Bildung des Imperativs im Deutschen.
2.2 Bilde die Imperative von nārrāre, monēre, currere, incipere, audīre.

Verneinte Befehle (Verbote)

verneinter Befehl:
nōlī/nōlīte + Infinitiv

3.1 Bilde Verbote (Sg. und Pl.) zu nārrāre, monēre, currere, incipere, audīre.

Ein verneinter Befehl (Verbot) wird durch nōlī (Sg.) beziehungsweise nōlīte (Pl.) und den Infinitiv gebildet:

Infinitiv:	vocāre
verneinter Befehl im Singular: Nōlī	vocāre!
verneinter Befehl im Plural: Nōlīte	vocāre!

Nachdenken über Sprache

Verneinte Befehle

Nōlī rīdēre!	Lach nicht!	Don't laugh!
Nōlīte cōnsīdere!	Setzt euch nicht!	Don't sit down!

Vergleiche, wie im Lateinischen, Deutschen und Englischen verneinte Befehle gebildet werden.

 Personalpronomina

Die Personalpronomina der 1. und der 2. Person lauten im Lateinischen:

	1. Person		2. Person	
	Sg.	*Pl.*	*Sg.*	*Pl.*
Nom.	ego	nōs	tū	vōs
Akk.	mē	nōs	tē	vōs

4.1 Warum braucht im Lateinischen das Personalpronomen im Nominativ in der Regel nicht ausgedrückt zu werden?

Das Personalpronomen im Nominativ wird im Lateinischen nur bei besonderer Betonung gesetzt, z. B. bei einem Gegensatz:

Tū semper dormīs, ego semper labōrō.

Das Personalpronomen der 3. Person gibt es nicht im Nominativ; es gibt für das Maskulinum und das Femininum eigene Formen.

	m.		*f.*	
	Sg.	*Pl.*	*Sg.*	*Pl.*
Nom.	–	–	–	–
Akk.	eum	eōs	eam	eās

Mit dem Personalpronomen der 3. Person kann man auf vorher Genanntes zurückverweisen.

4.2 Woran erkennst du, auf welches Wort das Personalpronomen zurückverweist?

a) Caecilia Quīntum nōn videt. Eum vocat.
b) Discipulī intrant. Tum magister eōs salūtat.
c) Māter fīlium vocat, Quīntus eam nōn audit.
d) Magister fābulās nārrat, discipulī eās audiunt.

Substantive auf -er

Einige Substantive der o-Deklination enden im Nom. Sg. nicht auf -us, sondern auf -er. In allen anderen Kasus haben sie nach dem -er- dieselben Endungen wie die Substantive auf -us. Allerdings „verlieren" einige bei der Deklination das -e-.

5.1 Schau im Lernvokabular von Lektion 2 nach: Woran erkennst du, dass ein Substantiv auf -er zur o-Dekl. gehört?

	Sg.	Pl.	Sg.	Pl.	Sg.	Pl.
Nom.	puer	puerī	magister	magistrī	servus	servī
Akk.	puerum	puerōs	magistrum	magistrōs	servum	servōs
Vok.	puer!	puerī!	magister!	magistrī!	serve!	servī!

 Adverbiale der Richtung

Auf die Frage „wohin?" antwortet das Satzglied <Adverbiale>. Es gibt in diesem Fall die Richtung an. Im Lateinischen steht dafür häufig eine Präposition mit einem Substantiv oder Pronomen im Akkusativ.

a) [Caecilia] <in scholam> [[venit]].
b) <Statim> [Lūcius] <ad eam> [[currit]].

Adverbiale:
<Adverb>
<Präp. + Subst./Pronomen>

Nachdenken über Sprache

Sachfeld

Um Vokabeln zu wiederholen und zu behalten, ist es nützlich, wenn du alle Wörter, die von ihrer Bedeutung zu einem bestimmten Thema gehören, zusammenstellst. Das nennt man dann ein Sachfeld.
Beispiel:

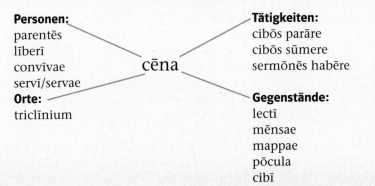

Auf diese Weise kannst du dir auch leicht Wörter einprägen, die nicht zu den Lernvokabeln gehören, z. B. aus den Lesevokabeln oder aus dem Informationstext.
Erstelle so auch ein Sachfeld zum Thema „schola – Schule".

Ü1 Konjugieren

Bilde die 1. Pers. Sg. und die 2. Pers. Pl. von folgenden Verben:

a) scrībere
b) tacēre
c) venīre
d) rapere

e) esse
f) respondēre
g) laudāre
h) posse

 Ü2 Hin & her

Vertausche Singular und Plural.

rīdēmus, labōrā, portant, potes, rapitis, sūmō, fugite, nārrātis, capit, vocō, habēmus, age, exspectant, clāmāmus, irrīdēs

 Ü3 Deutlicher gesagt

Setze zu den Verbformen das passende Personalpronomen.

rapiō, properāmus, sum, sedētis, cōnsīdō, rīdēs, cupitis, sūmis

 Ü4 Austausch

Ersetze die eingeklammerten Formen durch Personalpronomina.

a) Atticus Caeciliam vocat, nam ▨▨ (Caeciliam) exspectat.
b) Tandem Quīntus et Caecilia ad Atticum currunt, nam Atticus ▨▨ (Quīntum et Caeciliam) vocat.
c) Quīntus tabulam nōn portat; Caecilia ▨▨ (frātrem) monet.
d) Lȳsander magister fābulās narrat, nam discipulōs ▨▨ (fābulās) audīre iuvat.

Ü5 Geschwister unter sich

Caecilia wirft gelegentlich ihrem Bruder vor, was er alles falsch macht, und betont dabei, dass ihr das natürlich nie passiert. Schreibe ihre Sätze zu Ende.

a) Tū tabulam nōn habēs; ego semper ▨▨.
b) Tū nōn properās; ego semper ▨▨.
c) Tū nōn venīs; ego statim ▨▨.
d) Tū nōn ades; ego ▨▨.
e) Tū nōn bene respondēs; ego semper bene ▨▨.
f) Tu nōn bene legis; ego semper bene ▨▨.

+ Quintus verteidigt sich: So schlimm ist er doch gar nicht! – Die Verben für seine Antworten findest du darunter.

g) Mārcus dormit in scholā[1]; ego ▨▨.
h) Lycus servus labōrēs fugit; ego ▨▨.
i) Faustus cibōs rapit; ego ▨▨.
j) Crīspīna clāmat; ego semper ▨▨.

adiuvāre – bene respondēre – culīnam[2] nōn intrāre – tacēre

[1]in scholā: in der Schule – [2]culīna: Küche

Nachdenken über Sprache

Anapher

Atticus Quīntum monet: „Semper tē monēre dēbeō! Semper tē exspectāmus!"

Wenn zwei Sätze gleich beginnen (hier mit semper tē), sprechen wir von einer Anapher (griechisch für „Wiederholung").

1) Was könnte der Grund dafür sein, dass Atticus seine Ermahnungen zweimal mit denselben Wörtern beginnt?

2) Suche in den Lesetexten von Lektion 1 und 2 nach Anaphern. Welche Wirkung haben diese Anaphern jeweils? Begründe deine Vermutung.

Wer & wohin?

Wie können die deutschen Sätze fortgeführt werden? Suche die passenden lateinischen Sätze aus und übersetze sie.

a) Faustus hat einen Knochen geklaut.
b) Caecilia möchte etwas Taschengeld.
c) Spurius hat verschlafen.
d) Faustus wird ausgeschimpft.
e) Sextus langweilt sich.
f) Fortunatus soll einkaufen.

Ad Caeciliam cōnsīdit. – In hortum portat. – In forum[1] properat. – Ad mātrem venit. – In scholam currit. – Ad līberōs fugit.

[1]forum: Forum, Marktplatz

 **In der Schule**

Setze die folgenden Sätze in den Singular:

a) Discipulī magistrōs timent, nam magistrī clāmant.
b) Puerī scrībere dēbent, sed scrībere nōn semper iuvat.
c) Discipulī librōs legere incipiunt, nam librī iuvant.

 Hier gibt´s Arbeit!

Bei der Vorbereitung der nächsten cēna müssen wieder viele Dinge erledigt werden. Die Hausherrin Iulia Sabina weiß genau, was jeder einzelne tun soll oder nicht tun darf. Formuliere ihre Pläne in Aufträge um.

Quīntus in hortō[1] lūdere nōn dēbet.

Quīnte, nōlī in hortō[1] lūdere!

a) Silvānus fābulās nārrāre nōn dēbet.
b) Crīspīna cibōs parāre dēbet.
c) Servī mēnsās[2] portāre dēbent.
d) Līberī in culīnam[3] currere nōn dēbent.
e) Līberī servōs adiuvāre dēbent.
f) Faustus cibōs rapere nōn dēbet.
g) Caecilius convīvās salūtāre dēbet.
h) Servae cibōs parāre dēbent.
i) Līberī clāmāre nōn dēbent.

[1]in hortō: im Garten – [2]mēnsa: der Tisch – [3]culīna: Küche

 Buchstabensalat

Welche Imperative sind hier durcheinander geschüttelt?

a) anstroemt
b) vasle
c) rattein
d) herrpedeen
e) teigle
f) seum
g) breiscit
h) rappoer
i) mordi
j) tese

 Wer war´s?

August Horch (1868–1951) hatte zunächst bei Carl Benz in Mannheim Automobile gebaut. 1899 machte er sich selbstständig: Er gründete eine eigene Firma, die A. Horch & Companie, die ab 1904 im sächsischen Zwickau ansässig war. Doch 1909 kam es zum Bruch; Horch schied im Streit aus dem Unternehmen aus und gründete eine neue Autofabrik, wieder unter seinem Namen, den er dazu ins Lateinische übersetzte. Noch heute werden unter diesem Namen Autos gebaut – die Frage ist: Wie lautet er?

Vom Schreiben, Lesen und Sprechen

Schreiben

Worauf haben die Römer geschrieben?

Für Briefe und Bücher haben sie eine Art Papier verwendet, das aus den Halmen der Papyruspflanze gemacht wurde. Das Mark aus dem Inneren dieser Halme wurde in hauchdünne Streifen geschnitten, diese kreuz und quer übereinander gelegt, gepresst und geglättet.

Für alltägliche Zwecke, auch die Schule, war Papyrus zu teuer. Schulkinder hatten stattdessen die tabula, ein kleines Holzbrett, das mit Ruß geschwärzt und danach dünn mit Wachs überzogen war. Manchmal waren mehrere Tafeln mit Lederbändchen zusammengebunden.

Wie haben die Römer geschrieben?

Geschickte Steinmetze meißelten Inschriften in einer Schrift aus Großbuchstaben, von denen jeder ungefähr den Raum eines Quadrats einnahm; die Schrift heißt daher Quadrata.

Wenn jemand sorgfältig mit der Hand schrieb, sah seine Schrift so aus wie die Schrift in der Abbildung auf Seite 29.

Wer es eilig hatte, schrieb die Buchstaben in einer flüchtigeren Form. Das wissen wir von Wandkritzeleien, den so genannten Graffiti, aus Pompeji.

Womit haben die Römer geschrieben?

Auf die Wachstafeln schrieben sie mit einem stilus. Das ist ein Stift aus Holz oder Metall mit einer dünnen Spitze. Und wenn sie etwas ausradieren wollten, drehten sie den Stift um und schabten mit dem spachtelförmigen hinteren Ende das Wachs wieder glatt.

Auf Papyrus schrieben sie mit einem dünnen Rohr, das so ähnlich zugeschnitten war wie die Feder eines Füllers. Die Tinte dafür bestand aus Ruß, Leim, Harz und Wasser.

Hier ein komplettes Alphabet:

A B C D E F G H I K L M N O P Q R S T V X

1. Hier sind ein paar lateinische Wörter rund ums Schreiben. Wir benutzen sie in leicht veränderter Form auch im Deutschen – erkennst du sie wieder?

   papȳrus – rādere – tincta – charta – tabula – schola – stilus

2. Vergleiche das lateinische mit unserem Alphabet – was ist gleich, was anders?

3. Vergleiche das komplette Alphabet mit den Wörtern aus Aufgabe 1 und dem Graffito aus Pompeji: Was stellst du fest?

4. Entziffere das Graffito. Kannst du es auch übersetzen? (habitāre: wohnen)

5. Das Graffito enthält einen Namen; finde heraus, was es damit auf sich hat.

Lesen

Wie haben die Römer gelesen?
Das kannst du anhand der folgenden Textabschnitte selbst herausfinden.

Augustinus über seinen Lehrer Ambrosius:
Wenn er las, führte er seine Augen über die Seiten, und nur sein Herz nahm den Sinn auf. Seine Stimme und seine Zunge blieben still. Oft, wenn wir ihn besuchten, sahen wir, wie er schweigend las; er machte es niemals anders.

Plinius über seinen Tagesablauf:
Ich ruhe mich aus, gehe ein wenig spazieren, und dann lese ich laut und aufmerksam eine griechische oder lateinische Rede – das ist gut für die Stimme und für die Verdauung. ... Beim Essen, das ich mit meiner Frau oder einigen Freunden einnehme, lasse ich mir ein Buch vorlesen.

6. Worin unterscheiden sich die Arten des Lesens, die Plinius und Augustinus beschreiben?

7. Was scheint die übliche Art gewesen zu sein, welche war offenbar ungewöhnlich?

Sprechen

Wie hat sich Latein angehört?
Eine schwierige Frage. Zunächst mal kam es ganz darauf an, woher die Leute kamen, die es sprachen. Außerdem hat sich die Aussprache im Lauf der Zeit allmählich geändert.
Sicher wurde das r mit der Zunge gerollt wie noch heute in den meisten romanischen Sprachen. Ein s war in jedem Fall stimmlos; ein n oder m hinter einem Vokal machte ihn zu einem Nasallaut; das h wurde häufig gar nicht gesprochen; bei Diphthongen (Doppellauten) hörte man meistens beide Vokale: a-udīre, Ca-ecilia.

Wie soll ich Latein aussprechen?
So, wie du es in der Schule lernst. Zu den genannten Beispielen gibt es verschiedene Meinungen. Übereinstimmung herrscht in folgenden Punkten: c klingt wie k, i vor Vokal wie j, u wie w, wenn es nach g oder q und vor einem Vokal steht; st und sp werden getrennt ausgesprochen.

Klar sind auch die Regeln für die Betonung:
Zweisilbige Wörter werden immer auf der ersten (der vorletzten) Silbe betont. Bei dreisilbigen (und noch längeren) Wörtern kommt es darauf an, ob die vorletzte Silbe lang oder kurz ist. Ist sie lang, wird sie betont: exspectāre. Ist sie kurz, wird die drittletzte Silbe betont: posteā.
Es gibt zwei verschiedene Arten von langen Silben:
Eine Silbe ist dann lang, wenn sie einen langen Vokal oder zwei Vokale enthält: clāmōrēs; sie ist aber auch dann lang, wenn einem Vokal zwei Konsonanten folgen: Lȳsander.

10. Lies in korrekter Aussprache:

    cēterī, Iūlius, statim, adiuvāre, statua, Quīntus, cibus, Spurius

11. Lies mit korrekter Betonung:

    magister, cupimus, audīte, legitis, parentēs, interrogās, veniunt, capere, fābula

8. Wie klingt Deutsch? Gibt es dabei auch regionale Unterschiede?

9. Vom lateinischen Wort cella stammen sowohl „Keller" als auch „Zelle"; was kannst du daran über die Veränderung der Aussprache ablesen?

Europa

[1] Agēnoris: des Agenor

[2] in lītore Tyriō: am Strand von Tyrus

[3] nīveus: schneeweiß

[4] mūtātur: (er) verwandelt sich

[5] suppressā vōce: mit leiser Stimme

[6] māgnā vōce: mit lauter Stimme

[7] mītis: sanft

[8] in tergō: auf dem Rücken

[9] ad mare: zum Meer

[10] natāre: schwimmen

Posteā Lȳsander magister fābulam nārrat:

„Eurōpa, fīlia Agēnoris[1], in lītore Tyriō[2] lūdit; amīcae quoque
adsunt. Cūnctae puellae laetae sunt et flōrēs colligunt. Subitō
Iuppiter deus venit et Eurōpam cōnspicit. Statim amor Iovem capit.
,Quam pulchra est Eurōpa! Fortāsse puellam pulchram rapere
possum!' Iam deus in taurum māgnum et nīveum[3] mūtātur[4] et ad
puellās laetās accēdit."

Tum Aulus Spurium suppressā vōce[5] interrogat: „Cūr Iuppiter
in taurum mūtātur[4]? Ego fābulam nōn intellegō. Num tū eam
intellegis?" Spūrius respondet: „Neque ego intellegō. Fortāsse ita
est: Iuppiter puellās pulchrās amat, semper eās cupit, sed Iunōnem
uxōrem timet. Itaque nunc taurus est."

„Spurī et Aule! Cūr vōs nōn tacētis? Nōnne fābulam audīre
cupitis?"

Tum Lȳsander nārrāre pergit:

„Eurōpa taurum nīveum[3] cōnspicit et gaudet: ,Quam pulcher
taurus est!' Eum tangit et cēterās puellās vocat: ,Vidētisne taurum
pulchrum? Venīte!' Amīcae veniunt, etiam multōs flōrēs apportant
et māgnum taurum ōrnant."

Nunc Aulus māgnā vōce[6] magistrum interrogat: „Lȳsander, fābulam
nōn intellegō. Puellae timidae sunt; māgnōs taurōs semper timent.
Cūr Eurōpa taurum tangit? Nōnne timet?" Statim Caecilia dīcit:
„Stultus es! Nōn cūnctae puellae taurōs timent. Vīllam rūsticam
habēmus. Ibi multī taurī sunt. Eōs spectāre, etiam tangere iuvat."

Lȳsander autem explicat: „Iuppiter taurus mītis[7] et pulcher est,
itaque puellae eum nōn timent. Eurōpa taurum iterum tangit;
etiam in tergō[8] cōnsīdit et gaudet. Subitō taurus currere incipit et
puellam ad mare[9] portat. Clāmat Eurōpa misera: ,Quō mē portās,
taure?' Taurus ad īnsulam Crētam natat[10]. Hīc rūrsus in deum
mūtātur[4]. Eurōpa valdē timet, Iuppiter autem dīcit: ,Nōlī timēre,
Eurōpa! Ego nōn taurus, sed deus sum: Tē amat Iuppiter.'"

Verstehen & Vertiefen

1. Diskutiert Fragen, die ihr zu der Europa-Geschichte habt.

2. Schreibe einen Brief, in dem Europa ihrem Vater ihr Erlebnis mit
   dem Stier und ihre Gefühle dabei beschreibt.

3. Informiere dich über andere Liebschaften Jupiters: Wie hat er sie
   vor seiner eifersüchtigen Ehefrau verborgen?

Wandmalerei aus Pompeji, 1. Jahrhundert n. Chr.; Neapel, Museo Archeologico Nazionale

Verstehen & Vertiefen

4. Was siehst du auf dem Bild?

5. Welche Unterschiede zwischen dem Bild und dem Text kannst du erkennen?

6. Wie lassen sich die Unterschiede erklären?

7. Welche Übereinstimmung zwischen der Wandmalerei und der Münze stellst du fest?

Rückseite einer griechischen Zwei-Euro-Münze

ⓘ Fragen an einen Mythos

„Kein Mensch weiß, wonach der Erdteil Europa benannt ist oder wer es war, der ihm den Namen Europa gegeben hat. Oder sollen
5 wir annehmen, dass er seinen Namen nach der Europa von Tyros hat und vor deren Zeit namenlos war wie die anderen Erdteile? Aber diese Europa stammt doch
10 aus Asien und ist von Phönizien nur nach Kreta gekommen."
So fragte schon im 5. Jahrhundert v. Chr. der griechische Geschichtsschreiber Herodot nach der Herkunft des Namens
15 „Europa". Die Geschichte, wie Jupiter die Prinzessin Europa aus Tyros entführte, verstanden einige offensichtlich als Erklärung dafür, wie unser Kontinent zu seinem Namen gekommen ist. Und doch wirft die Geschichte viele Fragen auf: Warum verwandelt sich
20 Jupiter ausgerechnet in einen Stier? Hängt das vielleicht damit zusammen, dass der Stier auf Kreta besondere Verehrung genoss? Dort gab es sogar Stierfeste mit akrobatischen Vorführungen. Oder weil in Phönizien der oberste Gott in Stiergestalt
25 verehrt wurde?

Jedesmal wenn man sich die Geschichte von Europa erzählte, kamen neue Fragen auf. Und doch hat man diese Geschichte immer wieder erzählt, aufgeschrieben und in Bildern dargestellt, weil man von
30 der erstaunlichen Begegnung zwischen dem jungen Mädchen und dem gewaltigen Stier fasziniert war. Eine solche traditionelle Geschichte nennen wir Mythos (griechisch für „Erzählung"). Die Griechen haben sich viele solcher Mythen über Götter und
35 heldenhafte Menschen erzählt, die Römer haben sie von den Griechen übernommen.

Interessant ist auch die Deutung des griechischen Autors Palaiphatos (4. Jahrhundert v. Chr.) in seinem Buch *Unglaubliche Geschichten*:
40 „Man sagt, dass Europa auf einem Stier (griech. tauros) über das Meer getragen worden und so von Tyros nach Kreta gelangt sei. Mir scheint aber weder ein Stier noch ein Pferd ein so großes Meer durchschwimmen zu können noch ein Mädchen auf

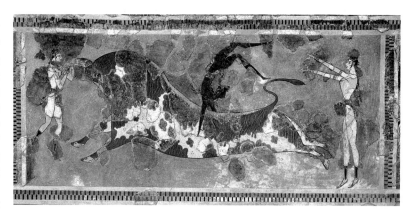

Wandmalerei aus dem Palast von Knossos auf Kreta, 16. Jahrhundert v. Chr.; Heraklion, Archäologisches Museum

45 einen wilden Stier steigen zu wollen – und dass Zeus (griech. für Jupiter), wenn er Europa nach Kreta bringen wollte, einen anderen und besseren Reiseweg für sie gefunden hätte. In Wahrheit war es so: Ein Mann aus Kreta, der Tauros hieß, führte Krieg gegen
50 Tyros. Am Ende raubte er aus Tyros viele Mädchen, darunter auch die Tochter des Königs, Europa. Daher sagten die Menschen: ‚Tauros hat Europa, die Tochter des Königs, mit sich fortgenommen.' Für dieses Geschehen wurde der Mythos hinzuerfunden."

Verstehen & Vertiefen

1. Warum hat Palaiphatos die Europa-Geschichte wohl in sein Buch *Unglaubliche Geschichten* aufgenommen? Überzeugt euch seine Erklärung des Mythos?

2. Diskutiert, ob es heute noch vergleichbare Mythen wie die der Griechen gibt.

 Attribut

Das **Attribut** kann zu einem Substantiv hinzutreten. Es verdeutlicht besondere Eigenschaften des Substantivs, das sein Beziehungswort ist.
Ein Attribut kann in verschiedenen Formen auftreten:

1) Wenn es sich um ein zweites Substantiv im gleichen Kasus handelt, sprechen wir von einem **substantivischen Attribut** (auch Apposition genannt).
Zum Beispiel werden gern Namen von Personen mit Angaben über ihre Funktion, Altersstufe oder Familienstand versehen: „Hausmeister Krause" – „Tante Claudia" – „Martin, der Klassensprecher" – „Katharina die Große".
Im Lateinischen steht die Apposition meist **hinter** ihrem Beziehungswort:
   a) Caecilia Lӯsandrum magistrum salūtat.
   b) Lӯsander magister Caeciliam et Quīntum līberōs salūtat.

2) Am häufigsten ist das Attribut ein Adjektiv; wir sprechen dann von einem **adjektivischen Attribut.**
Das adjektivische Attribut stimmt mit seinem Beziehungswort immer in Kasus, Numerus und Genus überein. Diese Übereinstimmung nennen wir **KNG-Kongruenz** (Eselsbrücke: **KoNG**ruenz): puella laeta – uxōrem pulchram – cūnctōs flōrēs.

Bei der grafischen Satzgliedbestimmung nehmen wir das Attribut mit in die Klammer hinein, die sein Beziehungswort hat, und kennzeichnen es mit einem hochgestellten ^ (für Attribut).
   c) [Lӯsander ^magister] (^multās fābulās) [[nārrat]].
   d) [Iuppiter] (puellam ^pulchram) [[cupit]].
   e) <Itaque> [deus] <in ^māgnum taurum> [[mūtātur]].

Das Attribut steht niemals alleine: Es bildet zusammen mit seinem Beziehungswort ein Satzglied. Daher gibt es für Attribute auch keine eigene Satzgliedfrage. Wenn du nach einem adjektivischen Attribut fragen willst, kannst du Umschreibungen mit „was für …?" oder „welcher …?" benutzen.

1.1 Wiederhole die vier dir schon bekannten Satzglieder.

1.2 Vergleiche:
die Hose – die grüne Hose;
das Fahrrad – Sabines Fahrrad

> substantivisches Attribut (Apposition):
> ein im gleichen Kasus beigefügtes Substantiv

1.3 Lerne folgende Merkregel für die KNG-Kongruenz aus dem Lateinbuch „Der angehende Lateiner" (6. Aufl. 1779):

> So oft ein adiectīvum steht,
> Das auf ein substantīvum geht,
> So mercke wohl, daß gleich seyn muß
> Der cāsus, genus, numerus.

mūtātur: (er) verwandelt sich

G2 Adjektiv als Bestandteil des Prädikats

Wie bekannt, kann die Satzgliedstelle Prädikat durch die Kopula esse mit einem Prädikatsnomen gebildet werden (→ 2G4b). Das Prädikatsnomen kann ein Substantiv, ein Adjektiv oder eine Kombination von beidem sein:

[Eurōpa]   [[puella est]].
             [[pulchra est]].
             [[puella pulchra est]].

Wenn das Prädikat aus der Kopula esse und einem Adjektiv als Prädikatsnomen besteht, müssen Subjekt und Prädikatsnomen im Kasus, Genus und Numerus übereinstimmen: KNG-Kongruenz.

2.1 Beschreibe die folgenden Personen, indem du lateinische Sätze mit Prädikatsnomina bildest:
Lӯsander, Sextus, Caecilia.

2.2 Vorschlag: Einigt euch in der Klasse darauf, wie ihr Prädikatsnomen und Kopula kennzeichnen wollt.

Nachdenken über Sprache

KNG-Kongruenz

Überprüfe an folgendem Satz die Regel von der KNG-Kongruenz zwischen Subjekt und Prädikatsnomen. Was fällt dir auf?

Silvānus et Crīspīna et Hilara et Rhodia laetī sunt.

G3 Adjektive der o- und a-Deklination

Jedes Adjektiv in dieser Lektion kann nach der o- und nach der a-Deklination dekliniert werden, und zwar

* nach der o-Deklination, wenn sein Beziehungswort maskulinum ist,
* nach der a-Deklination, wenn sein Beziehungswort femininum ist.

Einige Adjektive bilden den Nom. Sg. im Maskulinum wie puer und magister: miser, pulcher.

	Maskulinum (o-Dekl.)			
	Sg.	*Pl.*	*Sg.*	*Pl.*
Nom.	laetus	laetī	miser	miserī
Akk.	laetum	laetōs	miserum	miserōs
Vok.	laete	laetī	miser	miserī

	Femininum (a-Dekl.)			
	Sg.	*Pl.*	*Sg.*	*Pl.*
Nom.	laeta	laetae	misera	miserae
Akk.	laetam	laetās	miseram	miserās
Vok.	laeta	laetae	misera	miserae

G4 Fragesignale

Fragen, die mit „ja" oder „nein" zu beantworten sind, nennt man Entscheidungsfragen. Für sie gibt es im Lateinischen eigene Fragesignale, und zwar unterschiedliche, je nachdem welche Antwort der Fragende erwartet:

Fragesignal	Übersetzung	erwartete Antwort
…-ne	…?	ja/nein
nōnne	etwa nicht/nicht	doch
num	etwa	nein

Das Fragesignal -ne, bei dem der Sprecher keine bestimmte Antwort erwartet, wird immer angehängt, gewöhnlich an das erste Wort.
Wie müssten die Antworten auf folgende Fragen lauten? Antworte auf Lateinisch in ganzen Sätzen:

a) Estne Eurōpa timida?
b) Nōnne Iuppiter deus est?
c) Num Iūnō puerōs pulchrōs rapit?

4.1 Übersetze sowohl die Fragen als auch die Antworten ins Deutsche und vergleiche die Stellung der Satzglieder: Wodurch unterscheiden sich im Deutschen Entscheidungsfragen von Aussagesätzen?

Nachdenken über Sprache

„Ja" und „Nein"

Vergleiche, wie in den verschiedenen Sprachen „Ja" und „Nein" zum Ausdruck gebracht werden:

a) Tūne fābulam intellegis?
L: Intellegō.   D: Ja.   E: Yes, I do.

b) Nōnne Eurōpa puella est?
L: Puella est.   D: Doch.   E: Yes, she is.

c) Num Eurōpa īnsula est?
L: Nōn est.   D: Nein.   E: No, she isn't.

Kombiniere

Bilde grammatisch und inhaltlich zueinander passende Wortpaare.

amīcās
flōrem
cibum   pulchrum
deōs   cēterās
filiae   laetae
labōrēs   māgnae
magistrōs   māgnum
puellam   misera
senātōrem   multī
serva   multōs
statuae   pulchram

 Adjektive

Schau gut hin: Wo ist das Adjektiv Attribut und wo Prädikatsnomen?

a) Amīcae laetae sunt et clāmant.
b) Iuppiter clāmōrēs laetōs audit.
c) Iuppiter māgnus nunc taurus est.
d) Taurus pulcher est.
e) Taurus pulcher accēdit.
f) Puellae taurum pulchrum nōn timent.

 Verbinde

Setze zu jedem Substantiv ein passendes Adjektiv und bilde die richtige Form.

a) laetus – timidus – stultus – cēterī
   zu: puellae – servī – puerōs – convīvās
b) māgnus – multī – cūnctī
   zu: senātōrem – sermōnēs – labōrēs
c) miser – pulcher
   zu: flōrem – sorōrēs

 Stimmt das denn auch?

Heute Abend hat Quintus etwas Zeit für seinen kleinen Bruder Sextus. Deshalb erzählt er ihm die Geschichte von Europa. Allerdings hat er wohl doch nicht so gut aufgepasst, denn einiges stimmt nicht so ganz.

...Multae puellae in lītore[1] lūdunt. Etiam Iuppiter in lītore[1] est et flōrēs colligit. Subitō māgnī taurī
3 ad puellās currunt et puellae valdē timent. Eurōpa statim fugit.
Iuppiter tandem in taurum miserum mutātur[2] et
6 ad Eurōpam currit. Ad eam flōrēs apportat.
Nunc Eurōpa taurum valdē amat. Subitō Iuppiter in deum mutātur[2] et dīcit: „Salvē, Eurōpa. Iuppiter
9 sum. Nōlī timēre! Eurōpa, puella pulchra es. Itaque Crētam īnsulam nunc Eurōpam nōminō[3]!"
Eurōpa respondet: „Ō Iuppiter, tē nōn timeō."
12 Nunc Iuppiter Eurōpam ad mare[4] portat. Tum Eurōpa et Iuppiter ad Crētam īnsulam natant[5]...

[1] in lītore: am Strand – [2] mutātur: er verwandelt sich – [3] nōmināre: nennen – [4] ad mare: zum Meer – [5] natāre: schwimmen

 Gleichungen

Im ersten Wortpaar besteht zwischen den Wörtern ein bestimmtes Verhältnis. Finde jeweils das Wort, das im zweiten Wortpaar das gleiche Verhältnis herstellt.

a) amāre : amor = clāmāre :
b) magister : discipulus = pater :
c) fīlia : fīlius = puella :
d) ego : tū = nōs :

 Die wchtgn Vkle

Hier fehlen eine Menge Vokale – findest du trotzdem heraus, welche Wörter gemeint sind?

drmre – bne – hrts – amr – rrss – schla – srmo – msr – lcts – lbr – stlts

Ü7   Wer weiß eine Antwort?

Iulia Sabina plant eine Feier und verschafft sich dadurch einen Überblick über den Stand der Vorbereitungen, dass sie Familienangehörige befragt.
Beantworte ihre Fragen auf Latein.

a) Quīnte! Portantne servī lectōs in triclīnium[1]?
b) Silvāne! Num Crīspīna dormit?
c) Lyce! Estne Quīntus in cubiculō[2]?
d) Quīnte! Num in hortō[3] lūdis?
e) Caecilia! Num fābulās nārrās?
f) Silvāne! Nōnne servae cēnam[4] parant?
g) Lyce! Num convīvae iam veniunt?

[1]in triclīnium: ins Speisezimmer – [2]in cubiculō: im Schlafzimmer – [3]in hortō: im Garten – [4]cēna: Abendessen

 Ü8   Mädchenraub!

Proserpina et amīcae gaudent: semper currere et saltāre[1] cupiunt; nunc aestās[2] est et lūdere licet.
3 Itaque puellae laetae sunt. Tum autem Plūtō deus Proserpinam cōnspicit et dīcit: „Quam pulchra est Proserpina! Eam semper spectāre me iuvat; eam
6 cupiō!" Statim ad puellās currit, Proserpinam rapit, fugit.
Puella autem clāmat: „Nōlī mē tangere,
9 mōnstrum[3]! Amīcae, venīte! Māter, audī mē!"
Cērēs māter clāmōrēs māgnōs audit. Iam accēdit.
„Quō mōnstrum[3] fīliam portat? Ubi es,
12 Proserpina?" Proserpina autem mātrem nōn audit, nihil respondet; māter fīliam invenīre nōn potest.

continuābitur (wird fortgesetzt)

[1]saltāre: tanzen – [2]aestās: Sommer – [3]mōnstrum: Ungeheuer

 Ü9   Hin & her

Vertausche Singular und Plural.

a) Puellae flōrēs pulchrōs colligunt.
b) Deī semper puellam pulchram amant.
c) Puella taurum videt et tandem eum tangit.
d) Amīcae timidae taurōs timent et eōs fugiunt.
e) Amīcae, venīte ad mē!

 Ü10   Der Satz-Analysator

Bestimme die Satzglieder.

a) Eurōpa taurum māgnum et pulchrum cōnspicit.
b) Amīcae timidae eum timent, Eurōpa autem eum tangere cupit.
c) Eum tangere valdē iuvat.
d) Tandem amīcae veniunt et taurum ōrnant.
e) Eurōpa laeta est.
f) Subitō taurus eam in Crētam īnsulam portāre incipit.

 Ü11   Sextus erzählt

Sextus kaut an einem Stück Brot, will aber gleichzeitig eine Geschichte erzählen. Deshalb „verschluckt" er viele Wortenden. Was wollte er sagen?

a) Puella pul█ in mag█ silvam[1] currit.
b) Aviam[2] mise█ visitāre[3] cupit.
c) Subi█ lupus[4] venit.
d) Pu█ salūtat:
e) „Salvē, puella pul█. Quō cu█?"
f) „Ad aviam[2] properāre de█", puella respondet et ti█.
g) „Cūr ti█ es?", lupus interrogat.
h) „Nōlī time█! Ego sum bestia[5] pul█ et mītis[6]."

[1]silva: Wald – [2]avia: Großmutter – [3]vīsitāre: besuchen – [4]lupus: Wolf – [5]bestia: Tier – [6]mītis: sanft

 Ü12   Geheimschrift

Welche von den unveränderlichen Wörtern aus Lektion 4 verstecken sich in dieser Geheimschrift?

Beispiel: ██ – et

a) ███
b) ██████
c) ██████
d) ███

Zahlen und Zählen bei den Römern

Wie haben die Römer Zahlen geschrieben?
An diesem Kalender aus spätrömischer Zeit kannst du sehen, wie die Römer die Zahlen geschrieben haben:

Größere Zahlen wurden mit L (50), C (100), D (500) und M (1000) gebildet.

1. Nach welchem System werden römische Zahlen gebildet? Achte besonders auf 14, 19 und 29.

2. Wie schrieben die Römer folgende Zahlen: 31, 84, 99, 101, 444, 507?

3. Vergleiche mit unserer Art Zahlen zu schreiben: Wo siehst du Vorteile des römischen Zahlensystems, wo Nachteile?

4. Wozu dienen die Figuren in der oberen Reihe und der Kreis in der Mitte?

5. Rechne nach: Sind alle Aufgaben richtig gerechnet? Oder hat dir jemand ein X für ein U vorgemacht?

6. Ordne die folgenden Zahlen aufsteigend nach ihrem Wert:
   DII – XXXIIII – CCLV – XXVIIII – M

Wie haben die Römer gerechnet?
Das Rechnen mit den römischen Zahlen ist nicht ganz einfach. Hier sind ein paar Beispiele für die Addition; die Römer rechneten von unten nach oben und nannten daher das Ergebnis summa, das heißt die oberste (Zahl).

XII	CXXV	DCLXXXXVIII
II	XIIII	CCX
VII	XXXI	LVI
III	LXXXV	CCCCXXXII

Die Zahlwörter
Die Zahlwörter von 1 bis 10 lauten auf Lateinisch so:

	Kardinalzahl	Ordinalzahl
1	ūnus, -a, -um	prīmus, -a, -um
2	duo, -ae, -o	secundus, -a, -um
3	trēs, trēs, tria	tertius, -a, -um
4	quattuor	quārtus, -a, -um
5	quīnque	quīntus, -a, -um
6	sex	sextus, -a, -um
7	septem	septimus, -a, -um
8	octō	octāvus, -a, -um
9	novem	nōnus, -a, -um
10	decem	decimus, -a, -um

Die Anzahl wird durch Kardinalzahlen ausgedrückt; Ordinalzahlen beschreiben dagegen eine Reihenfolge.

7. Was bedeuten die römischen Vornamen Quintus, Sextus, Decimus?

8. Beachte die Monatsnamen September, Oktober, November und Dezember: Wann begann bei den Römern ursprünglich das Jahr?

Die weiteren lateinischen Zahlwörter sind nicht schwierig. Bereits an der ersten Silbe kannst du die meisten Zehner- und Hunderterzahlen erkennen:

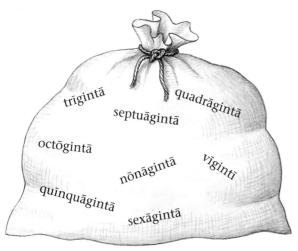

Wie wurde im Mittelalter gezählt?

Auch im Mittelalter wurde mit römischen Zahlen gerechnet; allerdings ging man dazu über, nicht mehr vier gleiche Zeichen nacheinander zu schreiben, sondern zog statt dessen von der größeren Zahl eine kleinere ab, indem man sie links davon schrieb.

Beispiele: IV = 4, XC = 90.

Ein Zahlenspiel

Ein beliebtes Zahlenspiel war es, Jahreszahlen in einem Satz oder einem Namen zu verschlüsseln, indem man einzelne Buchstaben hervorhob; diese muss man als Zahlzeichen lesen und addieren, um auf das gesuchte Datum zu kommen. Das nennt man ein Chronogramm.

Diese Gedenkmünze wurde zu Ehren von Ulrich Zwingli, einem Pfarrer aus der Schweiz, zum 200. Jahrestag der Reformation geschlagen, um die er sich in Zürich verdient gemacht hatte.

9. Welche Zehner und welche Hunderter lassen sich nicht sofort an der ersten Silbe erkennen?

10. Welche Silbe kennzeichnet die Zehner-, welche die Hunderterzahlen?

11. Weshalb heißt eigentlich die kleinere Einheit des Euro Cent?

12. Wie lang ist ein Millimeter?

13. Erkläre mit Hilfe des Vokabelverzeichnisses folgende mathematische Begriffe: multiplizieren, dividieren, addieren, subtrahieren.

14. Schreibe folgende Zahlen in der antiken und in der mittelalterlichen Form: 44, 99, 999.

15. Schreibe dein Geburtsjahr und das aktuelle Jahr in römischen Zahlzeichen auf.

16. Wie konnte man Zahlen in einem Namen verschlüsseln?

17. Wann fand also die Reformation in Zürich statt?

18. Informiere dich: Worin bestand eigentlich die Reformation?

In der Villa rustica

In der Erntezeit muss Gaius Caecilius Metellus auf seinem Landgut nachsehen, ob alle Arbeiten ordentlich erledigt werden. Die Kinder dürfen mitkommen. Den größten Teil des Weges fahren sie mit dem Wagen; im Hof spannt der Kutscher die Pferde aus, dann gehen sie zu Fuß bis zum Haus.

[1] hunc: diesen
[2] vīsitāre: besuchen

[3] gallīna: Huhn

[4] vīlicus: Gutsverwalter

"Hodiē diēs bonus est", Quīntus dīcit. "Hunc[1] diem iam diū exspectō: tandem vīllam rūsticam vīsitāmus[2]." Sextus clāmat:
3 "Gaudeō, nam hodiē licet multās et pulchrās rēs spectāre: equōs, taurōs, gallīnās[3], multōs servōs…" – "Servī nōn sunt rēs", Caecilia dīcit, "servī sunt hominēs." – "Pater, quid tū dīcis? Suntne servī
6 hóminēs?" – "Servī sunt servī", pater respondet, "et servī labōrāre dēbent. Hīc autem nēmō labōrat, nēminem videō. Ubi est vīlicus[4]? Flacce!"

[5] vīlicī: des Gutsverwalters

9 Pater et līberī ad vīllam pergunt et uxōrem vīlicī[5] vident. "Prīscilla! Ubi est Flaccus?" – "Salvē, domine, salvēte, līberī. Cupitisne aquam? Cupitisne cibōs? Rēs bonās habeō: nucēs[6], lac[7], mel[8]. Quid

[6] nux: Nuss
[7] lac: Milch
[8] mel: Honig

12 cupitis?" Quamquam līberī gaudent, pater dīcit: "Nihil cupimus. Ubi est Flaccus?" – "Iam adsum, domine, salvē, domine." Flaccus vīllam intrat. "Hodiē diēs malus est, quod quīnque servī aegrōtī

[9] mātūrus, -a, -um: reif

15 sunt." Dominus eum reprehendit: "Frūmentum iam mātūrum[9] est; id cūnctī servī condere dēbent." – "Corpus aegrōtum est māgnum malum, domine. Itaque…" – "Tacē! Ubi cēterī servī sunt?",

[10] in silvā: im Wald

18 dominus eum interrogat. Flaccus explicat: "In silvā[10] labōrant."
Dum Gāius Caecilius Metellus Flaccum reprehendere pergit, līberī cōnsīdunt et aquam cibōsque sūmunt. Posteā Caecilia flōrēs

[11] stabulum: Stall
[12] equitāre: reiten

21 colligit; Quīntus autem, quod equōs valdē amat, ad stabulum[11] currit; ibi diū sedet. Fortāsse licet hodiē equitāre[12]…

Verstehen & Vertiefen

1. Warum ist Gaius Caecilius Metellus unzufrieden mit Flaccus?

2. Welches Interesse hat C. Caecilius Metellus an der Natur (den Tieren und Pflanzen), welches seine Kinder?

3. Suntne servī hominēs? Wie würdest du die Frage beantworten?

4. Wie gehen die Cäcilier mit ihren Sklaven um?
   Lies dazu noch einmal die Lektionstexte 1–5.

Während der Vater die Rechnungsbücher prüft, macht sich Flaccus auf den Weg, um nach den anderen Sklaven zu sehen. Quintus und Caecilia dürfen ihn begleiten.

„Quō equitāmus[12]?", Quīntus vīlicum[4] interrogat. „Equitāmus[12] trāns flūmen
24　in silvam. Ibi servī labōrant." – „Flūmen iam videō: Estne flūmen altum?", Caecilia interrogat. – „Num timida es, Caecilia? Flūmen altum nōn est." Equī līberōs trāns flūmen portant. Flaccus dīcit: „Servōs invenīre dēbēmus.
27　Vidētisne vestīgia?" Caecilia autem interrogat: „Quid servī faciunt?" – „Arborēs caedunt", vīlicus[4] respondet. Equitāre[12] pergunt, cum subitō Quīntus clāmat: „Ecce vestīgia! Hīc sunt vestīgia!" – „Nunc et ego ea videō.
30　Tacēte! Nōnne clāmōrēs audītis?", Flaccus interrogat.

Tandem Flaccus līberīque servōs inveniunt. Syrus servus, dum accēdit, vīlicum[4] salūtat: „Salvē, Flacce! Arborēs altās hīc caedimus." Servī
33　īnstrūmenta parant et arborem caedere incipiunt, cum subitō Caecilia clāmat: „Ecce avēs! Ibi nīdus[13] est. Nōlīte arborem caedere!" Quīntus quoque clāmat: „Nōlīte eam caedere! Nōnne avēs vidētis? Ego corpora
36　parva videō! Corpora parva tremunt[14]. Sī servī arborem caedunt, avēs in terram cadunt." Et Caecilia: „Avēs servāre dēbēmus! Nisī eās servāmus, necantur[15]." Statim Quīntus nīdum[13] capere cupit – sed subitō avēs parvae
39　ē nīdō[16] fugiunt et in caelum volant.

[13] nīdus: Nest

[14] tremere: zittern

[15] necantur: (sie) werden getötet

[16] ē nīdō: aus dem Nest

ⓘ Was ist eine Villa?

Das lateinische Wort vīlla hat unterschiedliche Bedeutungen. Es bezeichnet einerseits das luxuriöse Ferienhaus eines reichen Römers, das vor den Toren der Stadt Rom, in den Bergen oder an der
5 Meeresküste liegen konnte und in dem die Familie regelmäßig die Feiertage und die Ferien verbrachte. Die Römer benutzten den Begriff „Villa" aber auch für einen Gutshof mit großen Ländereien oder für einen kleineren Bauernhof; diese Art der „Villa" wurde auch
10 vīlla rūstica („Gutshof" oder „Landgut") genannt.

Eine vīlla rūstica lag außerhalb städtischer Siedlungen, inmitten von Feldern, Wiesen, Weinbergen und Olivenhainen. Der Gutshof war umgeben von einer Hecke, einem Holzzaun oder einer Steinmauer. Er
15 bestand aus dem großen Herrenhaus mit Wohn- und Schlafräumen des Gutsbesitzers, den einfachen Unterkünften für die Sklaven und die Lohnarbeiter sowie verschiedenen Wirtschaftsgebäuden. Zu diesen zählten Ställe, Scheunen, Speicher, Vorratshäuser,
20 Geräteschuppen, Mühle, Backhaus, je nachdem auch Weinkelter, Olivenpresse oder Schmiede.

Ein größerer Gutshof wie die vīlla rūstica der Caecilier produzierte nicht nur Lebensmittel für den eigenen Bedarf. Er war ein straff organisier-
25 tes Wirtschaftsunternehmen, dessen Ziel es war, hohe Erträge zu erwirtschaften. Dazu mussten reiche Ernten eingefahren, die Erzeugnisse teuer verkauft und die Produktionskosten niedrig gehalten werden. Man baute Getreide, Wein und Oliven an, aber
30 auch Obst und Gemüse, das in den nahe gelegenen Städten verkauft wurde. Viele Gutsbesitzer hielten außerdem Geflügel und Kleintiere wie Hasen. Auch seltene und teure Vögel wie Pfauen wurden für die Gastmähler reicher Senatoren gemästet. Arbeitstiere
35 gab es nur wenige. Große Viehherden wurden im Sommer in den Bergen geweidet, im Winter in den wärmeren Küstengebieten.

Auf den Gütern arbeiteten männliche Sklaven, die von einem Gutsverwalter (vīlicus) beaufsichtigt
40 wurden. Die Nahrungsmittel waren für sie rationiert, der Zeitaufwand für die einzelnen Tätigkeiten wurde genau festgesetzt, und Urlaub gab es nicht. Die Sklaven mussten auch bei schlechtem Wetter, im Winter und an Feiertagen arbeiten.
45 Strafandrohungen und Belohnungen sollten sie zu besonderen Leistungen anspornen.

Doch nicht nur Sklaven wurden auf den großen Gütern eingesetzt. Die Grundbesitzer verpachteten Teile ihrer Ländereien an arme, aber freie
50 Kleinbauern, die als Pächter (colōnī) versuchten, sich und ihre Familie zu ernähren. Der Pachtvertrag wurde in der Regel für fünf Jahre abgeschlossen, und alljährlich musste der Pächter nach der Ernte den Pachtzins, zumeist in Geld, an den Grundbesitzer
55 abliefern.

Verstehen & Vertiefen

1. Gibt es in deiner Nähe eine vīlla rūstica? Recherchiere im Internet.

2. Vergleiche einen römischen Gutshof mit einem modernen Bauernhof.

Vorderseite des Sarkophags des L. Annius Octavius Valerianus, 4. Jahrhundert n. Chr. ; Rom, Musei Vaticani

Substantive: e-Deklination

Substantive, deren Stamm auf ein -ē endet, gehören zur e-Deklination.
Viele Formen der e-Deklination lauten gleich:

	Sg.	Pl.
Nom.	rēs	rēs
Akk.	rem	rēs

Wörter der e-Deklination sind meistens femininum ("grammatisches
Geschlecht", → 2 G2).

1.1 Wie kannst du feststellen, ob
z. B. rēs Nom. Sg., Nom. Pl. oder
Akk. Pl. ist?

1.2 Bilde die entsprechenden
Formen von diēs.

Neutrum

Das sächliche Geschlecht nennen wir neutrum (lat. für "keins von beiden").
Für das lateinische Neutrum gibt es zwei Grundregeln:

1) Nominativ und Akkusativ lauten immer gleich.
2) Der Nominativ und Akkusativ Plural endet auf -a.

Substantive im Neutrum gibt es in der o-Deklination und in der 3. Deklination:

2.1 Welche "beiden" sind
gemeint?

Neutrum:
– Nom. = Akk.
– Nom./Akk. Pl.: -a

	o-Dekl.		3. Dekl.			
	Sg.	Pl.	Sg.	Pl.	Sg.	Pl.
Nom.	īnstrūmentum	īnstrūmenta	flūmen	flūmina	corpus	corpora
Akk.	īnstrūmentum	īnstrūmenta	flūmen	flūmina	corpus	corpora

Auch bei Adjektiven und beim Personalpronomen der 3. Person gibt es das
Neutrum:

2.2 Warum heißt der Plural von
"Neutrum" "Neutra"?

	Sg.			Pl.		
	m.	f.	n.	m.	f.	n.
Nom.	stultus	stulta	stultum	stultī	stultae	stulta
Akk.	stultum	stultam	stultum	stultōs	stultās	stulta

	Sg.			Pl.		
	m.	f.	n.	m.	f.	n.
Nom.	–	–	–	–	–	–
Akk.	eum	eam	id	eōs	eās	ea

G3 Adverbiale: Gliedsätze

Die Satzgliedstelle Adverbiale kann nicht nur durch ein Adverb ($\rightarrow$ 1 G4) oder ein Substantiv mit Präposition ($\rightarrow$ 3 G6), sondern auch durch einen Satz gefüllt werden. Da dieser ein „Glied" in der Satz-„Kette" bildet, nennen wir ihn **Gliedsatz**.

Die Kinder freuen sich, weil sie heute auf den Gutshof fahren.

Der Gliedsatz wird mit dem Rest des Satzes durch eine Einleitung verknüpft, die **Subjunktion**, im Beispiel oben durch „weil".

Ein Gliedsatz als Adverbiale kann auf verschiedene Fragen antworten:

a) **Warum** eilt Flaccus in die Villa?
   Quod dominus iam adest, Flaccus in vīllam properat.
b) **Wann** läuft Quintus zum Stall?
   Dum Caecilia flōrēs colligit, Quīntus ad stabulum currit.
c) **Welchem Umstand zum Trotz** hat Caecilia Angst?
   Quamquam flūmen altum nōn est, Caecilia timet.
d) **Unter welcher Bedingung** freut sich der Herr?
   Sī servī labōrant, dominus gaudet.

Entsprechend diesen Fragen lassen sich die adverbialen Gliedsätze einteilen:

Frage	Angabe	Bezeichnung
warum?	Grund	Kausalsatz
wann?	Zeit	Temporalsatz
welchem Umstand zum Trotz?	Gegengrund	Konzessivsatz
unter welcher Bedingung?	Bedingung	Konditionalsatz

Da die adverbialen Gliedsätze eine ganze Satzgliedstelle ausfüllen, werden sie bei der grafischen Kennzeichnung als Ganzes von der Satzgliedklammer für das Adverbiale (<...>) umschlossen:

<Sī servī labōrant,> [dominus] [[gaudet]].

Natürlich lassen sich auch innerhalb des Gliedsatzes die Bestandteile grafisch kennzeichnen; die Satzgliedklammer für den Gliedsatz zeichnen wir dann entsprechend größer:

< Sī [servī] [[labōrant]], > [dominus] [[gaudet]].

Randspalte:

Adverbiale:
<Adverb>
<Präp. + Subst.>
<Gliedsatz>

stabulum: Stall

causa: Grund
tempus: Zeit
concessiō: Einräumung
condiciō: Bedingung

3.1 Bilde Merksätze nach folgendem Muster: Ein ...satz gibt auf die Frage „...?" die/den ... an.

3.2 Schreibe die Beispielsätze a–c in dein Heft, kennzeichne die Satzglieder (auch innerhalb der Gliedsätze), übersetze und bestimme die Art des Gliedsatzes.

Adverbiale Gliedsätze: Wortstellung

Ein adverbialer Gliedsatz und der zugehörige Hauptsatz können dasselbe Subjekt haben. Dieses gemeinsame Subjekt steht dann in der Regel am Satzanfang; der Gliedsatz folgt unmittelbar auf das Subjekt:
a) Dominus, dum cibōs sūmit, Flaccum audit.
b) Corpus, sī aegrōtum est, labōrāre nōn potest.

Bei der Übersetzung darfst du nicht die Reihenfolge des lateinischen Satzes beibehalten. Am besten ziehst du die Subjunktion nach vorne:
    Während der Herr …
    Wenn der Körper …

4.1 Warum nicht?
4.2 Welche andere Übersetzungsmöglichkeit gibt es noch? Ein Tipp: → 1 NüS, S.14.

Nachdenken über Sprache

Mater et filiae

pater	Vater	father
māter	Mutter	mother

Dir wird auffallen, dass diese Wörter nicht nur die gleiche Bedeutung haben, sondern auch sehr ähnlich klingen. Wie kommt das?
Lateinisch, Deutsch, Englisch, aber auch Griechisch und das indische Sanskrit sind Sprachen, die sich aus einer gemeinsamen Ursprache entwickelt haben, dem Indogermanischen. Diese Verwandtschaft der Sprachen ist an manchen Wörtern noch gut zu sehen:

δέκα	decem	zehn	ten

Von diesen Sprachen hat sich das Lateinische besonders weit verbreitet; zur Zeit des Kaisers Trajan wurde es von Spanien bis zum heutigen Irak, von Britannien bis nach Ägypten gesprochen.
Aus dem Lateinischen gingen mit der Zeit verschiedene Tochtersprachen hervor: Die wichtigsten sind Französisch, Italienisch, Spanisch, Portugiesisch und Rumänisch. Wegen ihres gemeinsamen römischen Ursprungs nennt man sie **romanische Sprachen**. Viele Wörter haben die romanischen Sprachen von ihrer „Mutter" Latein geerbt. Solche Wörter nennt man **Erbwörter**.

L	Frz.	Ital.	Span.	Port.	Rum.
venīre	venir	venire	venir	vir	veni
homō	homme	uomo	hombre	homem	om

Finde heraus, welches lateinische Wort den folgenden französischen, italienischen und spanischen Erbwörtern zugrunde liegt:

L	Frz.	Ital.	Span.
?	devoir	dovere	deber
?	dire	dire	decir
?	école	scuola	escuela
?	écrire	scrivere	escribir
?	fleur	fiore	flor
?	fuir	fuggire	huir
?	lire	leggere	leer

Formenübung

Suche alle Formen heraus, die Akkusativ sein können.

amīca – vestīgia – deum – parentēs – caelum – rēs – statua – flūmina – clāmor – dominum – corpus – lectōs – flōs – miserī – sermōnēs – labor – nihil – hortus – labōrem

 Was passt?

Welches Adjektiv passt zum Substantiv?

a) flūmina   altum – alta – altī
b) diēs   bonī – bonam – bonōs
c) arborēs   cūnctī – cūnctae – cūnctōs
d) homō   aegrōtus – aegrōtī – aegrōtum
e) corpus   pulcher – pulchrum – pulchra
f) caelum   altus – alta – altum
g) avis   miser – miserī – misera

 Das Wort, das alles kann

Ersetze die folgenden Wörter durch die entsprechende Form von rēs:

amōrem, fābulae, lectī, corpora, clāmor, īnsulam, servōs, vīllās, labōrem, schola

 Irrläufer

Welche der vier Vokabeln passt von der Bedeutung nicht zu den anderen?

a) venīre – accēdere – currere – adesse
b) frāter – māter – pater – parentēs
c) clāmāre – tacēre – nārrāre – vocāre
d) apportāre – agere – labōrāre – sedēre
e) cōnspicere – vidēre – audīre – spectāre
f) reprehendere – gaudēre – rīdēre – laetus
g) iterum – rūrsus – semper – valdē
h) statim – neque – iam – subitō

 Schule

Sextus spielt mit jüngeren Kindern aus der vīlla rūstica Schule und erklärt ihnen genau, wie das geht. Bringe die Infinitive in die richtige Form:

a) Ego magister sum, vōs discipulī (esse).
b) Ego fābulam nārrō, vōs (audīre).
c) Nisī tacētis, ego fābulam nōn (nārrāre).
d) Dum ego nārrō, vōs tacēre (dēbēre).
e) Sī rīdētis, vōs (reprehendere).
f) Sī ego interrogō, (respondēre)!

 Gut oder schlecht?

Quintus erlebt heute Schönes und weniger Schönes. Wovon gibt es wohl mehr?
Zähle nach, so findest du heraus, ob es ein diēs bonus oder ein diēs malus ist.

a) Vīllam rūsticam vīsitat[1].
b) Silvānam amīcam nōn invenit.
c) Prīscilla aquam cibōsque apportat.
d) Quīntus in silvam equitat[2].
e) In flūmen cadit.
f) Caecilia eum reprehendit.
g) Avēs parvās servat.
h) Caecilia eum laudat.

[1]vīsitāre: besuchen – [2]equitāre: reiten

 Das Los der Sklaven

Finde aus der Auswahl das richtige Verb heraus und übersetze dann.

a) Sī servī multōs cibōs sūmere cupiunt, (spectāre, labōrāre, volāre) dēbent.
b) Quidquid[1] dominus cupit, servī (accēdere, laudāre, facere) dēbent.
c) Dominus servōs, sī tardius[2] labōrant, (accēdit, reprehendit, facit).
d) Etiam servae (ōrnāre, cōnsīdere, cadere) nōn dēbent, nisī labōrēs cōnfectī[3] sunt.
e) Atticus paedagōgus saepe[4] dīcit: „Līberī, (adiuvāre, portāre, properāre) dēbētis."

f) Nisī līberī tempore[5] ad scholam (dormiunt, colligunt, veniunt), Lȳsander paedagōgum reprehendit.

[1]quidquid: alles, was – [2]tardius: zu langsam – [3]cōnfectus: erledigt – [4]saepe: oft – [5]tempore: rechtzeitig

 Ein nützliches Pronomen

Die farbig gedruckten Wörter sind hässliche Wiederholungen. Ersetze sie durch das passende Personalpronomen.

a) Servī trāns flūmen labōrant. Flaccus servōs invenīre dēbet.

b) „Flūmen altum nōn est", Flaccus dīcit; „nōlī flūmen timēre."

c) Flaccus vestīgia nōn videt. Quīntus vestīgia invenit.

d) Quīntus clāmōrēs audit. Nunc etiam Flaccus Caeciliaque clāmōrēs audiunt.

e) Syrus arborem altam mōnstrat. Servī arborem caedere incipiunt.

f) Ibi avēs sunt. Quīntus avēs servāre cupit.

Wortbildung

Komposita

Im Lateinischen gibt es ebenso wie im Deutschen zusammengesetzte Verben: Vor ein einfaches Verb kann eine Vorsilbe treten, wodurch seine Bedeutung abgeändert wird.

Eine Vorsilbe ist ad-, sie bedeutet soviel wie heran-, an-, hin-.

hin- + führen = hinführen
ad- + dūcere = addūcere

Die Fachausdrücke für die einzelnen Bestandteile lauten:
Präfix + Simplex = Kompositum
Setze die Vorsilbe ad- vor die Verben volāre, venīre und vocāre.
Was bedeuten die neuen Wörter?

 Satzglieder

Suche aus den folgenden Sätzen alle Adverbialia heraus:

a) Caecilia ad pāscuum[1] currit.
b) Ibi taurī herbās[2] dēvorant[3].
c) Taurus pulcher ad Caeciliam accēdit.
d) Iam Caecilia multōs flōrēs colligit.
e) Tum taurum ōrnāre incipit, cum subitō taurus flōrēs dēvorat[3].
f) Caecilia rīdet et dīcit: „Sī flōrēs dēvorās[3], nōn deus māgnus es, sed taurus stultus."

[1]pāscuum: Weide – [2]herba: Gras – [3]dēvorāre: fressen

 Hoch oder tief?

a) Equus Quīntum trāns flūmen portat, nam aquam altam nōn timet.
b) Quīntus arborēs altās cōnspicit.

Ü11 Unterscheide

cadere caedere
bedeutet: f**a**llen, bedeutet: f**ae**llen.

a) Servī arborēs māgnās caedunt. –
Arborēs in terram cadunt.
b) Sergius servus Cornēlium Pulchrum dominum in cubiculō[1] caedit. –
Cornēlius nunc in lectum cadit.

[1]in cubiculō: im Schlafzimmer

Ü12 Die Wortbaustelle

Bilde möglichst viele lateinische Wörter aus den Buchstaben von:

frūmentum – īnstrūmentum – vestīgium

Tipp: Du kommst auf noch mehr Wörter, wenn du konjugierte und deklinierte Formen bildest.

Dies lustricus

Vor acht Tagen gab es in der Familie der Caecilier ein freudiges Ereignis: Iulia Sabina hat ein kleines Mädchen zur Welt gebracht.

[1] diēs lūstricus: Tag der Namengebung
[2] bulla: Bulla
[3] cēna: Essen
[4] in ātriō: im Atrium
[5] pulchritūdō: Schönheit

Caeciliī diem lūstricum[1] celebrant: puella parva nōmen et bullam[2] accipit.

3 Servae cēnam[3] parant et imāginēs in ātriō[4] collocant. Tum flōrēs apportant et āram ōrnant; pulchritūdō[5] ārae familiam dēlectat.
Iam multī convīvae veniunt, quod fīliam Gāī Caeciliī Iūliaeque

6 Sabīnae vidēre et diem lūstricum[1] celebrāre cupiunt. Etiam Marcus et Spūrius veniunt. Gāius Caecilius Metellus cūnctōs salūtat et in ātrium dūcit. Ibi Iūlia Sabīna domina convīvās salūtat; Quīntus

9 autem statim ad Mārcum Spuriumque amīcōs currit.
Tandem cūnctī convīvae adsunt. Nunc Crīspīna serva puellam parvam apportat. Convīvae faciem puellae spectant et gaudent.

[6] āgnella: Lamm

12 Tum servus āgnellam[6] addūcit, pater ad āram accēdit et sacrificium facit.

Iam convīvae familiaque māgnam vōcem patris audiunt:

[7] dī penātēs: Penaten, Hausgötter

15 „Ō dī penātēs[7],
ad āram vestram accēdō,
accipite sacrificium nostrum,
18 audīte verba mea.
Et tū, ō Iūnō,
māgna dea caelī,
21 māgna dea vītae,
māgna dea diēī lūstricī[1],
audī verba mea.
24 Tū lūmen vītae dās,
tū puerōs puellāsque ubīque servās.
Hīc nostram fīliam parvam vidēs.
27 Ō Iūnō, tē ōrāmus:
Accipe sacrificium,
servā nostram fīliam parvam: Caeciliam Minōrem.“

Verstehen & Vertiefen

1. Analysiere die beiden Gebete: Aus welchen Bestandteilen sind sie aufgebaut? Wie sind sie sprachlich gestaltet? Vergleiche sie auch mit anderen Gebeten, die du kennst.

2. Trage die lateinischen Gebete laut vor.

3. Beschreibe das Verhältnis von Göttern und Menschen, wie es aus dieser Feier deutlich wird.

30 Posteā māter ōrat:
„Ō Iūnō, māgna dea, tē vocāmus.
Tū cūstōs familiārum es,
33 tū cūstōs uxōrum es,
tū cūstōs fīliōrum es,
tū cūstōs fīliārum es,
36 tū cūstōs rērum nostrārum es.
Ō Iūnō, māgna dea, tē vocāmus.
Parentēs plēnī speī sunt,
39 nam auxilium tuum spērant.
Tū spem parentum nōn fallis,
tū spem salūtis nōn fallis.
42 Ō Iūnō, māgna dea, tē celebrāmus.“

Nunc Caecilia Minor dōna sua accipit. Soror ea apportat et ad lectum eius collocat. Etiam Mārcus et Spurius accēdunt: dōnum eōrum est manus 45 nucum[8]. Māter crepitāculum[9] parvum mōnstrat; cūnctī tinnītum[10] eius audiunt. Tandem Quīntus bullam[2] sorōris apportat. Quod convivae āmūlētum[11] spectāre cupiunt, Quīntus bullam[2] eius aperit et āmūlētum[11] 48 mōnstrat. Puella parva bullam[2] suam tangit, āmūlētum[11] suum cōnspicit – et rīdet. Tum cūnctī gaudent, nam ōmen[12] secundum est.

[8] manus nucum: eine Handvoll Nüsse

[9] crepitāculum: Rassel

[10] tinnītus: Klingeln

[11] āmūlētum: Amulett

[12] ōmen: Vorzeichen

ⓘ Feste in einer römischen Familie

Wollt ihr wissen, wie römische Kinder ihren Namen bekamen? Wie Geburtstage gefeiert wurden? Lasst Quintus erzählen!

„Der erste große Festtag in unserem Leben ist der Tag
5 der Namengebung, der bei Mädchen am achten Tag, bei Jungen am neunten Tag nach der Geburt gefeiert wird. Warum es diesen Unterschied gibt, wissen nur die Götter! Jedenfalls wird den kleinen Kindern nicht nur der Vorname gegeben, sondern sie werden dem
10 Schutz der Götter anvertraut, Opfer werden dargebracht, und es wird ein Festmahl für Verwandte und Freunde veranstaltet. In jedem Haus ist dann viel Trubel. Jeder will sehen, wie dem Kind die bulla umgehängt wird. Ihr wisst nicht, was eine bulla
15 ist? Die bulla ist eine runde oder eine herzförmige Kapsel, die jedes römische Kind an einer Kette um den Hals trägt. Reiche Eltern können ihren Kindern eine bulla aus Gold schenken, Kinder aus ärmeren Familien haben bullae aus billigem Metall oder aus
20 Leder. Aber am wichtigsten ist das, was in der bulla steckt: ein Amulett, das jedes Kind vor Krankheit, Zauberei und Unglück beschützen soll. Wie mein Amulett aussieht, bleibt mein Geheimnis! Ich verrate euch nur noch, dass ich meine bulla solange tragen
25 werde, bis ich volljährig bin. Dann lege ich sie feierlich ab und hänge sie an den Hausaltar, wo schon die bullae meiner Großeltern, Eltern und meiner älteren Geschwister aufbewahrt werden.
Auch die Geburtstagsfeiern in unserer Familie sind
30 immer ein großes Ereignis. Ich freue mich schon Wochen im Voraus auf mein Fest, zu dem ich viele Verwandte und Freunde einladen darf. Ich bin schon sehr gespannt auf die Geschenke, die sie mir mitbringen. Am liebsten sind mir die Gäste, die mir Holz-
35 oder Tontiere zum Spielen oder eine Schriftrolle zum Schmökern schenken, aber auch über ein lustiges Gedicht freue ich mich. Was mir mein Großvater neulich erzählt hat, gefällt mir besonders: Als sein Urgroßvater so alt war, wie ich jetzt bin, wurde der
40 Geburtstag monatlich gefeiert. Das war toll. Stellt euch vor: jeden Monat Geschenke!
Am Geburtstag selbst beginnt die Feier vor einem Altar aus Rasenstücken, den ich zusammen mit meinem Vater und meinen Geschwistern aufgebaut
45 habe und den wir mit Blumen und Kränzen schmü-

cken. Auch die Statue meines persönlichen Gottes, der mich beschützen soll und Genius heißt, wird mit einem Kranz gekrönt und mit Lichtern umstellt. Zu seinen Ehren tragen wir alle weiße Kleider.
50 Zusammen mit meiner Familie und meinen Gästen bitte ich meinen Genius, dass mein Geburtstag noch oft wiederkehren möge. Dann gibt es eine große Geburtstagstorte mit frischem Schafskäse und Honig, und anschließend setzen wir uns zum
55 Festessen zusammen. Alle Männer in meiner Familie feiern ihren Geburtstag so. Bei den Frauen ist eines anders: Sie verehren nicht ihren Genius, sondern Juno als ihre Schutzgöttin.
Juno wird auch meine kleine Schwester Caecilia
60 Minor beschützen, die erst wenige Tage alt ist. Wie bei allen Mädchen ist ihr erster Name einfach der Familienname in der weiblichen Form. Damit man sie von unserer älteren Schwester Caecilia unterscheiden kann, hat sie noch den Zusatz Minor bekommen,
65 der „die Jüngere" bedeutet. Fast alle Frauen haben noch einen oder zwei Beinamen. Wir Männer haben immer mindestens drei Namen: einen Vornamen, einen Familiennamen und einen Beinamen. Mein Name besteht also aus dem Vornamen Quintus,
70 dem Familiennamen Caecilius und dem Beinamen Metellus. Mein Vater, der denselben Familien- und Beinamen hat, sagt, die Caecilii gebe es schon seit vielen hundert Jahren. Jetzt gibt es aber nur noch wenige in Rom, die so heißen."

Verstehen & Vertiefen

1. Vergleiche die von Quintus beschriebene römische Geburtstagsfeier mit der, die du selbst zuletzt gefeiert hast. Stelle Unterschiede und Gemeinsamkeiten zusammen.

2. Fertige nach den Angaben im Text und der Abbildung eine bulla aus Leder oder Stoff an, die ein Amulett aufnehmen kann.

G1   Genitiv: Funktionen

Der Genitiv antwortet in seiner Grundfunktion auf die Frage „wessen?" und gibt den Bereich an, zu dem eine Person oder Sache gehört:

- a) Iuppiter deus caelī est.
- b) Iūnō dea vītae est.

Man spricht bei solchen Beispielen auch vom **Bereichsgenitiv.**

> Grundfunktion des Genitivs:
> Angabe des Bereichs

Dieser Bereich kann oft näher bestimmt werden:

1) Bereich des Besitzers: **Genitivus possessivus.**
   - c) Convīvae āram familiae spectant et gaudent.
   - d) Quīntus bullam sorōris apportat.

2) Bereich des Täters oder Verursachers: **Genitivus subiectivus**, bei Substantiven, die eine Handlung bezeichnen (Verbalsubstantive):
   - e) Quod convīvae dōna apportant, clāmor līberōrum māgnus est.
   - f) Familia vōcem patris audit.
   - g) Deī sacrificium familiae accipiunt.

> 1.1 Suche aus den Vokabeln der Lektionen 1–4 alle Verbalsubstantive heraus.

3) Bereich des Betroffenen, des „Opfers": **Genitivus obiectivus**, bei Substantiven, die eine Handlung bezeichnen.
   - h) Iūnō cūstōs familiārum est.

Oft musst du den Genitivus obiectivus in der deutschen Übersetzung mit einer Präposition wiedergeben:

> Deī spem salūtis nōn fallunt.
> Die Götter enttäuschen die Hoffnung auf Rettung nicht.

Ob ein Genitiv bei einem Verbalsubstantiv ein Genitivus subiectivus oder ein Genitivus obiectivus ist, kannst du nur aus dem Zusammenhang entscheiden:

- i) Līberī spem dōnōrum habent.
- j) Convīvae spem līberōrum nōn fallunt.

G2   Genitiv-Attribut

Als Satzglied ist der Genitiv ein einfacher Fall: Er ist fast immer Attribut.
Bei der grafischen Satzgliedbestimmung kennzeichnen wir das Genitiv-Attribut genauso wie die anderen Attributarten:

- a) [Gāius] (uxōrem ᴧsenātōris) [[salūtat]].
- b) [Cūnctī] (vōcem ᴧpatris) [[audiunt]].

> Attribut:
> ᴧsubstantivisches Attribut
> ᴧadjektivisches Attribut
> ᴧGenitiv-Attribut

> 2.1 Bestimme die Funktionen der Genitive.

G3 Genitiv: Formen

	a-Dekl.		o-Dekl.			
			m.		n.	
	Sg.	Pl.	Sg.	Pl.	Sg.	Pl.
Nom.	terra	terrae	amīcus	amīcī	dōnum	dōna
Gen.	terrae	terrārum	amīcī	amīcōrum	dōnī	dōnōrum
...	...	...	...	...	...	...
Akk.	terram	terrās	amīcum	amīcōs	dōnum	dōna
...	...	...	...	...	...	...

	3. Dekl.				e-Dekl.	
			n.			
	Sg.	Pl.	Sg.	Pl.	Sg.	Pl.
Nom.	vōx	vōcēs	nōmen	nōmina	rēs	rēs
Gen.	vōcis	vōcum	nōminis	nōminum	reī	rērum
...	...	...	...	...	...	...
Akk.	vōcem	vōcēs	nōmen	nōmina	rem	rēs
...	...	...	...	...	...	...

3.1 Erkläre wie der Nom. Sg. vōx gebildet ist (vgl. 1G2).

Die Kasus-Signale für den Genitiv lauten
- für den Genitiv Singular   -ī oder -is,
- für den Genitiv Plural   -rum oder -um.

Genitiv
Sg.: -ī / -is
Pl.: -rum / -um

3.2 Welche Veränderungen? In welcher Deklination?

Bei der Endung Gen. Sg. auf -ī tritt in einer Deklination eine Veränderung des Auslautes ein.
Einige Wörter der 3. Deklination haben im Gen. Pl. die Endung -ium statt -um, z. B. avium. Der Gen. Pl. von parentēs lautet sowohl parentum als auch parentium.

Natürlich gibt es den Genitiv auch bei den Adjektiven:

	Sg.			Pl.		
	m.	f.	n.	m.	f.	n.
Nom.	bonus	bona	bonum	bonī	bonae	bona
Gen.	bonī	bonae	bonī	bonōrum	bonārum	bonōrum
...	...	...	...	...	...	...
Akk.	bonum	bonam	bonum	bonōs	bonās	bona
...	...	...	...	...	...	...

possessor: Besitzer

G4 Possessivpronomina

4.1 Erstelle eine Tabelle, in der du für die 1., 2. und 3. Person jeweils die deutschen Personal- und Possessivpronomina zusammenstellst.

Possessivpronomina sind Fürwörter, die den Besitzer anzeigen. Es gibt sie, wie die Personalpronomina (→ 3G4), für die 1., 2. und 3. Person, im Singular wie im Plural.
Die Possessivpronomina stehen wie Adjektive in KNG-Kongruenz zu ihrem Beziehungswort:
hortus meus – nōmen tuum – rēs nostrae – sorōrem vestram

Die Possessivpronomina werden dekliniert wie Adjektive ($\rightarrow$ 6G3).
Sie lauten:

	m.	f.	n.		
1. Person Singular	meus	mea	meum	–	mein
2. Person Singular	tuus	tua	tuum	–	dein
3. Person Singular	suus	sua	suum	–	sein, ihr
1. Person Plural	noster	nostra	nostrum	–	unser
2. Person Plural	vester	vestra	vestrum	–	euer
3. Person Plural	suus	sua	suum	–	ihr

G5 Reflexiv – nichtreflexiv

Beim Possessivpronomen der 3. Person („sein" bzw. „ihr") gibt es eine Besonderheit:

1) suus/sua/suum wird nur verwendet, wenn der „Besitzer" im selben Satz Subjekt ist: **reflexives Possessivpronomen**.

a) [Quīntus] āmūlētum suum mōnstrat.

Beachte:
Die deutsche Übersetzung hängt vom Subjekt ab, auf das das Pronomen suus zurückverweist:

b) Quīntus tabulam suam apportat.
c) Caecilia tabulam suam nōn invenit.
d) Līberī in cubiculum suum currunt.

Was ist leichter: L oder D?

cubiculum: Schlafzimmer

2) Gibt es einen „Besitzer", der nicht im selben Satz Subjekt ist, benutzt man den Genitiv des Personalpronomens als **nichtreflexives Possessivpronomen**.

Was ist leichter: L oder D?

e) Atticus Quīntum reprehendit, nam tabulam eius nōn videt.

Das nichtreflexive Possessivpronomen der 3. Person steht nicht in KNG-Kongruenz zu seinem Beziehungswort. Seine Form richtet sich allein nach dem Genus und Numerus der Person oder Sache, auf die es verweist:

„Besitzer" im	Maskulinum		Femininum		Neutrum	
Singular	eius	– sein	eius	– ihr	eius	– sein
Plural	eōrum	– ihr	eārum	– ihr	eōrum	– ihr

Hin & her (einfach)

Vertausche Nominativ und Genitiv.

a) vestīgiī
b) convīvae (2)
c) nōminum
d) librī (2)
e) terra
f) hortus
g) labōris
h) lectī (2)

 Hin & her (schwieriger)

Vertausche Singular und Plural.

a) Convīva clāmōrem māgnum fīliae parvae audit.
b) Servae miserae convīvās laetōs salūtant.
c) Senātōrēs māgnī imāginēs Caeciliōrum vident.
d) Servī dōna senātōrum portāre dēbent.
e) Deus spem hominis nōn fallit.

 Lesen wie die Römer

Hier stehen fünf Substantive und fünf Adjektive. Bilde die passenden Paare.

ARBORISSERMONESVOCEMFLVMENCVSTODV
MMALOSMAGNAEMEAMTIMIDORVMALTVM

 Aus Zwei mach Eins

Übersetze in einem Wort.

a) lūmen diēī
b) vestīgia equōrum
c) vōcēs līberōrum
d) amor mātris
e) uxor frātris
f) aqua vītae

 Was gehört wohin?

Achte beim Übersetzen genau auf die Endungen der Adjektive. Sie zeigen dir, wozu das Adjektiv gehört.

a) Servae multōs flōrēs apportant.
b) Servae multae āram ōrnant.
c) Quīntus māgnam patris vōcem audit.
d) Pater māgnam vītae deam celebrat.
e) Dea parvam puellam servat.

 Überall Genitive

Übersetze die folgenden Sätze und bestimme die Funktionen des Genitivs:

a) Convīvae Iūnōnem, deam māgnam caelī, celebrant.
b) Cūnctī līberī Caeciliī Metellī adsunt.
c) Pulchritūdō[1] imāginum convīvas iuvat.
d) Cūnctī auxilium deōrum ōrant.
e) Amor Iūnōnis māgnus est, nam lūmen vītae dat.
f) Māgna est spēs salūtis fīliae parvae.
g) Quīntus sermōnēs convīvārum audit.

[1] pulchritūdō: Schönheit

 Satzglieder

Bestimme die Satzglieder.

a) Līberī Iūliae Sabīnae laetī sunt.
b) Vīllam rūsticam patris intrant.
c) Clāmōrēs servōrum nōn audiunt, eōrum vestīgia nōn vident.
d) Servī arborēs māgnās caedunt.

Mädchenraub (2)

Cerēs, dea frūmentī et flōrum, Proserpinam fīliam
ubīque quaerit[1], hominēs deōsque interrogat
3 neque eam invenīre potest. Avēs spectat: Neque
avēs sīgnum[2] dant. Dum fīliam quaerit, labōrem
suum fugit. Itaque terra neque[3] frūmentum gignit[4]
6 neque[3] flōrēs. Hominēs frūmentum condere,
cibōs sūmere nōn possunt. Iuppiter rēs malās
hominum videt et Īridem deam vocat: „Īris, fīlia
9 mea, properā ad Cererem! Hominēs adiuvāre
dēbet.“ Īris Cererem ōrat, monet, Cerēs autem
verba eius nōn audit.
12 Tum Iuppiter Mercurium nūntium[5] deōrum
vocat. „Mercurī, mī fīlī, volā ad Cererem et monē
eam. Precēs[6] hominum miserōrum cor[7] meum
15 tangunt; nōn iam sacrificia eōrum mē dēlectant.“
Mercurius ad Cererem volat eamque monet, dea
autem respondet: „Hīc sedeō, quod nihil agere
18 possum. Nihil agere possum, dum fīliam nōn
videō. Reddite[8] fīliam!“   continuābitur

[1] quaerere: suchen – [2] sīgnum: Zeichen – [3] neque ... neque: weder ...
noch – [4] gignere: hervorbringen – [5] nūntius: Bote – [6] precēs: Bitten –
[7] cor *n.:* Herz – [8] reddere: zurückgeben

 Das eigene Buch

Ersetze die eingeklammerten Genitive durch klug
gewählte Pronomina.

a) „Spectā, Lȳsander! Et ego librum habeō.“ –
   Aulus librum (Aulī) apportat et mōnstrat.
b) Lȳsander librum (Aulī) capit et spectat.
   „Quam pulcher est liber! Estne (Aulī)?“
c) „Est (Aulī).“ – „Gaudē, Aule! Pater (Aulī)
   largus[1] est.“
d) Caecilia Quīntō[2] dīcit: „Rē vērā[3] pater (Aulī)
   largus[1] est. Pater (Quīntī et Caeciliae) librōs
   nōn dōnat[4].“
e) Lȳsander verba Caeciliae audit et dīcit: „Nōlī
   ingrāta[5] esse. Pater (Quīntī et Caeciliae)
   senātor quidem[6] est.“
f) Aulus autem vocat: „Lȳsander, pater (Quīntī et
   Caeciliae) senātor est, sed pater (Aulī) librōs
   dōnāre[4] potest.“

[1] largus: großzügig – [2] Quīntō: zu Quintus – [3] rē vērā: wirklich –
[4] dōnāre: verschenken – [5] ingrātus: undankbar – [6] quidem: immerhin

Wortbildung

Assimilation

Bei zusammengesetzten Wörtern behält das Präfix
nicht immer seine Form; manchmal wird es dem
ersten Buchstaben des einfachen Verbs (Simplex)
angeglichen.

Vergleiche: ad + portāre → apportāre
             ad + cēdere   → accēdere

Wie muss also das Kompositum aussehen, wenn
du das Präfix ad- vor die Verben currere und parāre
setzt?

 Teekesselchen

Mein Teekesselchen
- gab es in jedem römischen Haus,
- ist in einer Dose,
- nahm an jeder Familienfeier teil,
- gibt es seit 1904,
- steht immer im Plural,
- wird aus Schafwolle gewonnen,
- ist auf abenteuerlichen Wegen nach Rom gekommen,
- schützt die Haut von kleinen Kindern,
- beschützte die Stadt Rom und jede römische Familie,
- erkennst du im Geschäft an folgendem Zeichen:

Woher wissen wir etwas über die Römer?

Von den Römern trennen uns etwa 2000 Jahre – kein heutiger Mensch hat diese Zeit miterlebt. Trotzdem wissen wir eine Menge darüber, wie sie gelebt, gearbeitet und ihre Häuser gebaut, ja sogar, worüber sie gelacht, gestaunt und nachgedacht haben. Wie kann das sein?

1) Literarische Zeugnisse

Viele Texte, die von Römer verfasst wurden, sind bis heute überliefert – nicht im Original, aber in Abschriften. Aus diesen Texten können wir viel über das Leben der Römer erfahren. Das kannst du selbst ausprobieren; hier ist z. B. die Übersetzung eines Briefes, den der Schriftsteller Gaius Plinius Secundus der Jüngere geschrieben hat:

1. Was wurde gegessen?
2. Wie konnten Speisen gekühlt werden?
3. Was gehörte zu einer größeren cēna – außer Speisen und Getränken?
4. War es üblich sich zu verabreden oder besuchte man sich „einfach so"?
5. War dies das Essen für jeden Tag?
6. Ging es bei Gastmählern zwanglos oder eher förmlich zu?
7. Wie schrieb man in einem Brief die Anrede und den Schluss?

> Gaius Plinius grüßt seinen Freund Septicius Clarus.
> He, du! Du kündigst dich zum Essen an und dann kommst du nicht? Hierin
> 3 ergeht folgendes Urteil: Bis auf den letzten Cent wirst du mir die Auslagen erstatten, und die waren nicht klein. Vorbereitet waren für jeden ein Kopf Salat, drei Schnecken, zwei Eier, Graupenmus mit Honigwein und Schnee –
> 6 jawohl, den musst du auch dazurechnen, den sogar besonders, weil er noch auf dem Tablett zerschmolzen ist –, Oliven, Mangold, Zwiebeln und tausend andere genauso feine Sachen. Du hättest Komödianten hören können, einen
> 9 Vorleser oder einen Lyraspieler oder sogar alle – so großzügig bin ich. Aber du hast lieber bei irgendwem Austern, Gebärmütter von Schweinen, Seeigel und Tänzerinnen haben wollen. Dafür wirst du Strafe zahlen – ich sage noch
> 12 nicht welche. Natürlich kannst du bei vielen feiner speisen als bei mir, aber nirgendwo fröhlicher, unkomplizierter und zwangloser. Also: Probier's aus, und wenn du hinterher nicht lieber bei anderen absagst, kannst du bei mir
> 15 für immer absagen.
> Leb wohl.

2) Inschriften

Uns sind aus der Zeit der Römer viele, meist kurze Inschriften im Original erhalten. Wir finden sie auf Häuserwänden, Tempelgiebeln, Triumphbögen und Grabsteinen. Sie wurden gemalt, gekritzelt, eingeritzt oder in Stein gemeißelt. Hier siehst du ein Spielbrett aus Stein, das in einer Gaststätte in Rom gefunden wurde. Das Spiel besteht aus drei Reihen zu je zwölf Feldern –

8. Woran erkennst du noch, dass es sich um eine Speisekarte handelt?
9. Welche Schreibweisen fallen dir auf?

hier durch Buchstaben dargestellt, die zusammen eine Speisekarte ergeben: Huhn (pullus), Fisch (piscis), Schinken (perna) und Pfau (pāvō).

Spielbrett aus Stein; Rom, Musei Capitolini

3) Archäologische Zeugnisse

Wie die Römer gelebt haben, lässt sich auch aus ihren Bauwerken erschließen, die von Archäologen ausgegraben werden. Hier blickst du in das
Speisezimmer eines reichen Römers in Herculaneum, einer Stadt, die durch
einen Vulkanausbruch verschüttet wurde.

10. Was gehörte zur Ausstattung eines luxuriösen Speisezimmers?

Sommertriclinium im Haus des Neptun-Amphitrite-Mosaiks, 1. Jahrhundert n. Chr., Herculaneum

Die folgende Abbildung zeigt den Fußboden eines Speisezimmers.

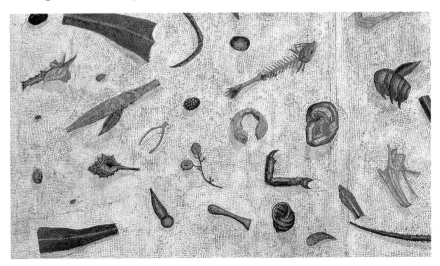

11. Von welchen Lebensmitteln stammen die auf dem Mosaik dargestellten Reste?
12. Erkennst du etwas aus dem Brief wieder?
13. Kannst du Rückschlüsse auf die Tischsitten ziehen?

Mosaik, 1. Jahrhundert n. Chr.;
Rom, Musei Vaticani

L   Im Amphitheater

Marcus, Quintus und Lucius gehen heute mit Marcus Ulpius Crotonensis, dem Vater von Marcus, ins Amphitheatrum Flavium. Marcus, der schon oft Gladiatorenkämpfe gesehen hat, ist stolz und aufgeregt, dass er seinen Freunden das Spektakel zeigen kann.

[1]tuba: Trompete

    M.: Audītisne 'tubās[1]? Iam canunt. Nunc gladiātōrēs ad pūgnam parātī sunt.

3 Q.: Spectāte arēnam! Gladiātōrēs nōndum intrant. Cūr nōn veniunt?

    M.: Audī: Tubae[1] iterum canunt. Nunc gladiātōrēs veniunt.

6 Q.: Quamquam tubās[1] audiō, gladiātōrēs nōn videō. Ubi sunt?

[2]retiārius: Netzkämpfer
[3]secūtor: Verfolger

    U.: Ibi duōs gladiātōrēs intrāre videō. Per hanc portam retiārius[2] intrat, per illam secūtor[3]. Hic gladiātor est Urbicus, ille Aemiliānus. Spectāte arēnam! Pūgna gladiātōrum incipit. Iam retiārius[2] secūtōrem[3] petit.

    M.: Contende, Urbice! Pete Aemiliānum! Sciō Aemiliānum nōn bene pūgnāre. Pete illum!

12

    L.: Ulpī, cūr Mārcus Urbicum incitat?

    U.: Hic est gladiātor praeclārus, ille clārus nōn est. Spectātōrēs Urbicum amant. Nēmō putat Aemiliānum vincere posse. Nōnne audīs spectātōrēs nōmen Urbicī clāmāre? Etiam M.

15

Ausschnitt aus einem römischen
Mosaik; 4. Jahrhundert., Madrid,
Museo Archeologico Nacional

18 Ulpius Traiānus imperātor hunc gladiātōrem optimum esse dīcit –
vidēte! Nunc hic petit – et ille cadit, sed rūrsus surgit. Urbicus iterum
petit – iam galea[4] illīus in terram cadit.

    M.: Contende, Urbice! Sciō tē illum superāre posse!

21 Q.: Ecce Aemiliānus! Urbicum petit. Urbicus cadit! Num ille hunc caedit?

    M.: Urbicum surgere videō. Agedum[5], Urbice! Contende! Pete illum!

24 Q.: Spectātōrēs surgunt, gladiātōrēs nōn iam videō. Quid illī agunt?

    M.: Habet[6]! Habet[6]! Aemiliānus habet[6]! Urbicus vincit!

    Q.: Nunc et ego Aemiliānum iacēre videō. Estne pūgna finīta[7], Ulpī?

27 U.: Tē audīre nōn iam possum, quod clāmor hominum māgnus est.
Clāmor turbae crēscit, nam nunc imperātor iūdicāre dēbet. Iam turbam interrogat. Mitte! Mitte!

30 M.: Num imperātor Aemiliānum servāre cupit?

    Q.: Ita est, eum vīvere sinit, ex arēnā[8] mittit!

    M.: Avē[9], imperātor! Urbicus victor! Urbicus gladiātor optimus est!

33 L.: Audītisne cūnctōs Urbicum celebrāre? Et ego in arēnā[10] vincere cupiō.
Mē quoque gladiātōrem esse cupiō.

    M.: Lūcī! Hoc cōnsilium bonum nōn est!

36 L.: Sed gladiātōrem cūnctī hominēs celebrant laudantque.

    M.: Sed intellege gladiātōrēs nōn semper vincere.

    U.: Nōnne scīs, Lūcī, multōs gladiātōrēs in arēnā[10] vītam āmittere? Victor
39 hodiē, crās[11] victus[12]!

[4] galea: Helm

[5] agedum!: los!

[6] habet: er ist getroffen
[7] finītus, -a, -um: beendet

[8] ex arēnā: aus der Arena
[9] avē!: ave!

[10] in arēnā: in der Arena

[11] crās: morgen
[12] victus, -a, -um: besiegt

Verstehen & Vertiefen

1. Arbeite aus dem Text die verschiedenen Phasen des Kampfes heraus.

2. Woran kannst du sehen, dass Marcus ein wirklicher Experte ist?

3. Auf der Abbildung siehst du einen Kampf zwischen dem Secutor
Astyanax und dem Retiarius Kalendio; welcher Satz des Lektionstextes
passt zu der Szene?

4. Gestaltet den Text als Hörspiel und nehmt es auf.

ⓘ Tod in der Arena

Die Gladiatorenspiele waren die beliebtesten Spektakel im ganzen Römischen Reich. In Rom selbst fanden die Gladiatorenkämpfe (mūnera) und die
5 Tierhetzen (vēnātiōnēs) ab den achtziger Jahren des 1. Jahrhunderts n. Chr. im Amphitheatrum Flavium statt, dem größten Amphitheater der römischen Welt, das wir heute Kolosseum nennen. Es ist
10 188 m lang und 156 m breit und bot etwa 50 000 Zuschauern Platz. Unter dem Kampfplatz, der arēna, befand sich ein Labyrinth von Gängen und Kammern sowie Käfige für die wilden Tiere. Gladiatoren, Requisiten und Tiere konnten durch
15 Aufzüge aus Holz zur Überraschung der Zuschauer mitten in der Arena nach oben gebracht werden. Die Sitzordnung im Kolosseum spiegelte die römische Gesellschaftsordnung wider: Der Kaiser und seine Familie saßen in einer Ehrenloge, die besten Plätze
20 am Rand der Arena hatten die Senatoren, die nächstbesten die Mitglieder des Ritterstandes, das einfache Volk saß weiter oben. Die Frauen mussten sich mit den allerschlechtesten Plätzen auf Holzbänken ganz oben begnügen. Der Besuch der Veranstaltungen, die
25 an mehr als 100 Tagen im Jahr stattfanden und dann den ganzen Tag dauerten, war umsonst; der römische Kaiser und reiche Mitglieder der Oberschicht finanzierten die teuren Kämpfe. Die Spiele sollten das Volk unterhalten und die Großzügigkeit des Herrschers
30 und wichtiger Beamter unter Beweis stellen.
Seit den ersten Kämpfen, die adlige Römer 264 v. Chr. bei den Bestattungsfeierlichkeiten ihres Vaters ausgerichtet hatten, waren die Gladiatoren entweder Kriegsgefangene oder Sklaven. Später wurden auch
35 verurteilte Schwerverbrecher in die Arena geschickt. Zu dieser Gruppe zählten die Christen, die wegen ihres Glaubens als Staatsfeinde verfolgt wurden. Selten machten Freiwillige die gefährliche Arbeit: Sie hofften, dadurch viel Geld zu verdienen. Die Kämpfer wurden in
40 Gladiatorenschulen ausgebildet. Wer Erfolg hatte und den Kampf auf Leben und Tod drei Jahre überlebte, musste nicht mehr in die Arena zurück und konnte auf seine Freilassung hoffen.
In der Arena standen sich die Gladiatoren oft paar-
45 weise, auch in größeren Gruppen und mit unterschiedlicher Bewaffnung gegenüber. Darin lag für die

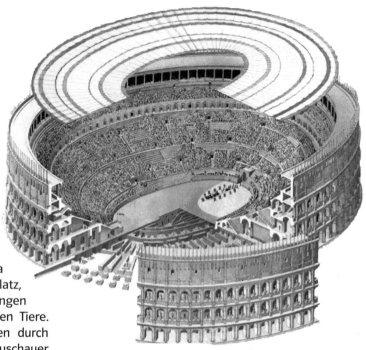

Rekonstruktionszeichnung des Kolosseums

Zuschauer der Nervenkitzel. Der retiārius kämpfte mit Netz und Dreizack, der murmillō mit kurzem Schwert und Rundschild, der Thrāx mit einem breitrandigen
50 Visierhelm und einem Krummsäbel. Andere traten mit einer Lanze, mit zwei Schwertern oder mit Pfeil und Bogen an. Beliebt waren zudem Kämpfe zwischen wilden Tieren (Tigern, Löwen, Elefanten, Flusspferden, Nashörnern, Bären) und leicht bewaffneten Männern.
55 Das Handwerk war blutig, viele Gladiatoren starben in der Arena. Der Kampf endete, wenn ein Gladiator einen Finger hochstreckte. Über sein Schicksal entschied in der Regel das Publikum. Der unterlegene Gladiator hatte nur eine Chance, wenn er tapfer
60 gekämpft hatte und beliebt war. Durch Zurufe oder das Schwenken von Tüchern deuteten die Zuschauer an, dass er am Leben bleiben sollte. Zeigten sie mit dem Daumen nach unten, so wurde er getötet.

Verstehen & Vertiefen

1. Stelle die Gründe zusammen, warum Gladiatorenspiele in Rom so populär waren.

2. Wir kennen keine blutigen Gladiatorenkämpfe mehr. Überlege aber, ob es nicht bei uns ähnliche Spektakel gibt, und vergleiche sie mit den antiken Spielen.

G1 Accusativus cum infinitivo (Aci)

Vergleiche, wie in den folgenden Sätzen die Satzgliedstelle (Objekt) gefüllt ist:

a) [Quīntus]   (tubās)   [[audit]].
b) <Tum>   (gladiātōrēs intrāre)   [[vide[t]]].
c)   (Urbicum bene pūgnāre)   [[sci[t]]].

> Objekt:
> (Subst./Pronomen im Akk.)
> (Infinitiv)
> (Aci)

Du siehst: Nicht nur Sachen oder Personen, sondern auch Vorgänge oder Handlungen können ein Objekt sein.
Diese Art des Objekts wird durch einen **Akkusativ mit Infinitiv** (Accusativus cum infinitivo) gebildet. Den Aci gibt es auch im Deutschen:

[Quintus] [[sieht]] (die Gladiatoren eintreten).

Einen Aci kannst du erwarten bei Verben, bei denen der Kopf beteiligt ist, den so genannten Kopf-Verben:

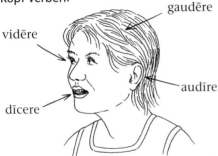

1.1 Hier sind noch mehr Kopf-Verben. Ordne sie der Zeichnung zu.

scrībere, iudicāre, invenīre, accipere, cōnspicere, explicāre, legere, clāmāre, cupere, nārrāre, respondēre, tacēre, canere, scīre, laudāre

Aber aufgepasst! Nicht immer ist die Kombination von Akkusativ und Infinitiv ein Aci:

d) Urbicus Aemiliānum caedere cupit.

G2 Der Aci als satzwertige Konstruktion

Einen Aci kannst du dir als Aussagesatz vorstellen, der mit einem weiteren Satz kombiniert wird:

a) 1)   Gladiātor cadit.
  2) + Ulpius   videt.
  3) = Ulpius gladiātōrem cadere videt.

In Satz 3 bildet „Ulpius… videt" einen Rahmen; man nennt ihn daher auch Rahmensatz. Der Aci „gladiātōrem cadere" ist gleich viel „wert" wie Satz 1. Wir nennen deshalb den Aci eine satzwertige Konstruktion.
Ein Aci enthält wie jeder Satz mindestens Subjekt und Prädikat; sie werden in diesem Fall durch einen Akkusativ und einen Infinitiv gebildet. Du kannst sie innerhalb einer großen Klammer kennzeichnen:

Ulpius   ([gladiātōrem] [[cadere]])   videt.

Ulpius sieht, (dass [der Gladiator] [[stürzt.]])

2.1 Wie würden die Aci in b und c auf Lateinisch als eigenständige Sätze lauten?

Natürlich steht auch ein Pronomen, wenn es Subjekt eines Aci ist, im Akkusativ, ebenso das Prädikatsnomen:
b) Sciō tē pūgnās gladiātōrum amāre.
c) Cūnctī sciunt Urbicum gladiātōrem bonum esse.

Der Aci kann auch noch weitere Satzglieder enthalten:
d) [Ulpius]

$$\Big([\text{gladiātōrēs } {}^{A}\text{clārōs}] <\text{per portās}> (\text{arēnam}) [[\text{intrāre}]] \Big)$$
$$[[\text{videt}]].$$

 ## G3 Übersetzung eines Aci

L: Aci	→	D: „dass"
Akk.	→	Subjekt
Inf.	→	Prädikat

Meistens wirst du aus dem Aci einen dass-Satz bilden:
a) Mārcus Aemiliānum nōn bene pūgnāre scit.
   Marcus weiß, dass Aemilianus nicht gut kämpft.

3.1 Gibt es einen inhaltlichen Unterschied zu der Übersetzung mit dass-Satz?

Nach Verben des Sagens und Glaubens kannst du einen Aci auch so übersetzen:
b) Mārcus nēminem Urbicum vincere posse dīcit.
   Marcus sagt, niemand könne Urbicus besiegen.
c) Lūcius vītam gladiātōrum semper bonam esse putat.
   Lucius glaubt, das Leben der Gladiatoren sei immer gut.

Akk. am Satzanfang? – Beginne mit Subjekt und Prädikat.

Achtung: Wenn ein lateinischer Satz mit einem Akkusativ beginnt, so könnte ein Aci vorliegen. Prüfe, ob ein Infinitiv folgt und das Prädikat ein Verb aus dem Kopf ist. Es empfiehlt sich in jedem Fall, als erstes Subjekt und Prädikat zu übersetzen.
d) Quīntus: „Aemiliānum nōn videō."
e) Mārcus: „Tē audīre nōn possum. Urbicum autem Aemiliānum vincere videō."
f) Imperātor iūdicat: Aemiliānum vīvere sinit.

3.2 Bestimme, wie in den Sätzen b–f die Satzgliedstelle Objekt gefüllt ist.

Nachdenken über Sprache

Aci im Lateinischen, Deutschen, Englischen

Übersetze die folgenden Sätze ins Lateinische und Deutsche. Vergleiche dann.

a) The emperor Trajan watches the gladiators enter the arena.
b) He knows Urbicus to be the best gladiator.
c) That's why he wants him to win.
d) He sees Aemilianus fall down, but he judges:
e) „I let him live."

G4 Demonstrativpronomina: hic – ille

Mit einem Demonstrativpronomen will ein Sprecher auf etwas zeigen oder verweisen:

1) Per hanc portam retiārius intrat, per illam secūtor.

dēmōnstrāre: zeigen, verweisen
retiārius: Netzkämpfer
secūtor: Verfolger

Mit dem Pronomen	verweist der Römer auf Dinge,	
hic, haec, hoc	die ihm nahe sind:	dieser, diese, dieses; der hier, die hier, das hier
ille, illa, illud	die weiter weg sind:	jener, jene, jenes; der da, die da, das da

2) Demonstrativpronomina können sich auch auf kurz zuvor Genanntes beziehen. Hic und ille werden dabei unterschiedlich verwendet:
   a) Mārcus et Lūcius in amphitheātrum veniunt. Hic prīmō pūgnās gladiātōrum videt, ille saepe gladiātōrēs pūgnāre spectat.
   b) Aemiliānus Urbicum petit. Num ille hunc caedit?
   c) Spectātōrēs clāmant, imperātor tacet. Hic Aemiliānum servāre cupit, illī retiārium secūtōrem caedere cupiunt.

prīmō: zum ersten Mal
saepe: oft

3) Demonstrativpronomina können wie ein Adjektiv oder wie ein Substantiv verwendet werden:
   d) Hic gladiātor bene pūgnat. Itaque spectātōrēs nōmen huius clāmant.
   e) Ille gladiātor nōn bene pūgnat. Hic petit illum, ille cadit.

4.1 Formuliere eine Regel: Worauf bezieht sich hic, worauf ille, wenn zwei Sachen vorher genannt wurden?
4.2 Bestimme die Satzglieder in Satz d–e.

4) Manchmal stehen Demonstrativpronomina anstelle von Personalpronomina, ersetzen also die entsprechenden Formen von eum, eam, id usw.
   f) Mārcus: Contende, Urbice! Pete illum!
   g) Lūcius: Cūnctī nōmen huius clāmant. Cūr hunc incitant?

5) Formen:

	Sg.			Pl.		
	m.	*f.*	*n.*	*m.*	*f.*	*n.*
Nom.	hic	haec	hoc	hī	hae	haec
Gen.	huius	huius	huius	hōrum	hārum	hōrum
...	...	...	...	...	...	...
Akk.	hunc	hanc	hoc	hōs	hās	haec
...	...	...	...	...	...	...

	Sg.			Pl.		
	m.	*f.*	*n.*	*m.*	*f.*	*n.*
Nom.	ille	illa	illud	illī	illae	illa
Gen.	illīus	illīus	illīus	illōrum	illārum	illōrum
...	...	...	...	...	...	...
Akk.	illum	illam	illud	illōs	illās	illa
...	...	...	...	...	...	...

Hin & Her

Vertausche die Formen von hic mit denen von ille.

illa, hōrum, illud, illum, hās, hōs, hanc

 Kettenglieder

Bilde eine Kette von Formen, indem du bei Kasus, Numerus und Genus immer genau die angegebene Veränderung vornimmst.

ille ∞ Fem. ∞ Pl. ∞ Gen. ∞ Neutr. ∞ Sg. ∞ Akk. ∞ Mask. ∞ Pl. ∞ Nom. ∞ Sg.

 Ersatzteile

Urbicus et Aemiliānus bene pūgnant.

Ersetze die Namen Urbicus und Aemiliānus durch Demonstrativpronomina.

a) Īnstrūmentum Urbicī est rēte[1], Aemiliānī est gladius[2].
b) Spectātōrēs Urbicum semper vincere, Aemiliānum autem timidum esse dīcunt.
c) Itaque multī hominēs Urbicum laudant, Aemiliānum autem reprehendunt.

[1]rēte: Netz – [2]gladius: Schwert

 Der Satzbauer

In den oberen Reihen des Amphitheaters sehen einige Frauen dem Kampf der Gladiatoren zu. Aus dem Bericht kannst du gutes Latein machen, indem du die rechten Sätze als Aci von den linken abhängig machst.

a) Iūlia cōnspicit: Urbicus intrat.
b) Claudia dīcit: Urbicus retiārius[1] est.
c) Cornēlia explicat: Urbicus semper vincit, Aemiliānus autem eum timet.
d) Corinna scit: Trāiānus imperātor adest.
e) Claudia spectat: Aemiliānus Urbicum petit.
f) Iūlia spērat: Urbicus Aemiliānum vincere potest.
g) Cūnctae vident: Urbicus et Aemiliānus adsunt.
h) Clāmant: Urbicus gladiātor optimus est.

[1]retiārius: Netzkämpfer

 Unterscheide

Übersetze und finde heraus, ob das Objekt durch einen Infinitiv oder einen Aci gebildet wird.

a) Quīntus gladiātōrēs vidēre cupit.
b) Lūcius cūnctōs spectātōrēs gladiātōrēs praeclārōs laudāre audit.
c) Mārcus putat Urbicum Aemiliānum superāre posse.
d) Subitō Quīntus nihil vidēre potest, nam spectātōrēs surgunt.

 Genitive

Suche aus den Sätzen die Genitive heraus und bestimme ihre Funktion.

a) Pūgna gladiātōrum spectātōrēs dēlectat.
b) Turba nōmina gladiātōrum clāmat.
c) Amor gladiātōrum māgnus est, nam multae uxōrēs eōs valdē amant.
d) Timor[1] autem gladiātōrum māgnus nōn esse dēbet.
e) Gladiātōrēs servī sunt; dominī eōrum saepe[2] senātōrēs sunt.
f) Imperātor Trāiānus dominus vītae gladiātōrum est.

[1]timor: Angst – [2]saepe: oft

Paare bilden

Aus den folgenden Wörtern kannst du neun Paare bilden, wenn du immer die Gegenbegriffe zusammenstellst:

malus, surgere, māgnus, interrogāre, parentēs, sūmere, labōrāre, bonus, noster, cōnsīdere, tum, lūdere, vester, līberī, dare, nunc, parvus, respondēre

 Passt!

Von den folgenden Kombinationen aus Verben und Objekten sind nur jeweils zwei denkbar, jeweils eine ist unsinnig:

a) flōrēs   spectāre – audīre – colligere
b) imāginēs   collocāre – apportāre – superāre
c) vestīgia   incipere – invenīre – vidēre
d) sorōrem   interrogāre – sedēre – irridēre

 Rätsel

Im folgenden Wortgitter haben sich waagerecht und senkrecht, vorwärts und rückwärts neun Prädikate versteckt. Von ihnen kann im Lateinischen ein und dieselbe grammatische Konstruktion abhängen:

A	R	T	S	N	O	M	L
V	I	D	E	D	I	C	E
D	C	V	P	E	R	E	G
I	C	L	A	M	A	S	E
E	X	S	P	E	C	T	A
E	T	I	B	I	R	C	S

Achtung: V steht auch für U!

 Im Amphitheater

Hier steht, was Quintus im Amphitheater erlebt. Aber die Sätze werden erst richtig, wenn du die Prädikatsnomina in die passende Form bringst.

a) Quīntus caveam[1] (plēnus) spectātōrum esse videt.
b) Spectātōrēs (laetus) esse videt.
c) Clāmōrem spectātōrum (māgnus) esse audit.
d) Quīntus quoque Aemiliānum (timidus) esse clāmat.
e) Spectātōrēs clāmāre audit Urbicum (victor) esse, Urbicum (gladiātor optimus) esse.
f) Aemiliānum autem (homō miser) esse nōn intellegit.

[1] cavea: Zuschauerrund

Wortbildung

Das Suffix -tor

Bisher kanntest du Präfixe, das sind Silben, die **vor** Wörter gesetzt werden. Es gibt aber auch so genannte Suffixe: Diese werden **hinten** angehängt. Ein Suffix ist -tor. Es tritt an einen Verbalstamm; das neue Wort bezeichnet dann jemanden, der dauerhaft die Handlung des Verbs ausführt.

Beispiel:
    spectāre: zuschauen – spectātor: Zuschauer
    imperāre: befehlen – imperātor: Befehlshaber
                   (Feldherr, Kaiser)

Bilde die lateinischen Wörter für Leute, die Folgendes tun:
audīre – explicāre – incitāre – laudāre – ōrāre – pūgnāre – servāre – superāre – vocāre

Ⓛ Die Klienten

Die Sonne ist noch nicht aufgegangen, aber vor dem Haus der Caecilier haben sich schon viele Menschen eingefunden.

[1]cliēns, clientis: Klient

Silvānus servus iānuam aperit et clientēs[1] iam adesse videt. Eōs in ātrium dūcit. Ibi clientēs[1] Caecilium patrōnum exspectant.

3 Patrōnus ātrium intrat, clientēs[1] clāmāre incipiunt:

[2]avē!: ave!

„Prīmum ad mē, domine!" – „Salvē, patrōne, mē audī!" – „Avē[2]! Ego incipiō!"

6 Patrōnus autem cōnsīdit et clientēs[1] tacēre iubet et salūtat: „Salvēte, amīcī! Incipe, Porcī!"

Iam prīmus cliēns[1] accēdit et patrōnō dōnum dat: „Salvē, domine!

9 Gaudeō tē mē accipere. Hoc dōnum tibi dō, quod tū semper mihi familiaeque meae ades. Numquam fidem nostram fallis."

Patrōnus dōnum recipit et clientī[1] grātiās agit: „Bene! Scīs mē

12 semper clientēs[1] meōs adiuvāre. Itaque gaudeō vōs salvōs esse."

[3]sportula: (Geld-)Geschenk

Tum servum vocat: „Silvāne, apportā clientī[1] sportulam[3]." Porcius sportulam[3] accipit et sē recipit.

15 Tum secundus cliēns[1] dominō appropinquat et sibi auxilium petit: „Salvē, patrōne, audī! Rēs nostrās fideī tuae mandāmus. Tū nōs miserōs esse scīs. Pecūnia semper nōbīs dēest. Fīlium ad magistrum

[4]medicus: Arzt

18 mittere nōn possum, servōs alere nōn possum, uxōrī medicum[4] arcessere nōn possum, quamquam iam diū aegrōta est."

Patrōnus eī respondet:

21 „Quot servōs habēs, Tullī?"

„Mihi trēs servī sunt, domine!"

„Ergō ūnum eōrum vendere dēbēs. Semper tibi uxōrīque tuae bene

24 cōnsulō; sed hodiē multae cūrae mihi sunt, nam multīs clientibus[1] pecūnia dēest, multī pecūniam sibi petunt. Ergō māgnam pecūniam vōbīs dare nōn possum. Tamen multōs amīcōs

27 adiuvāre cupiō. Accipe sportulam[3]!"

Subitō Fortūnātus servus ātrium intrat et dominō litterās trādit: „Gāius Iūlius hās litterās tibi mittit. Cupit sē rēsque suās fideī tuae

30 mandāre, sed hodiē sē venīre nōn posse dīcit."

Verstehen & Vertiefen

1. Drei Klienten lernst du in diesem Stück ein wenig kennen. Wie heißen sie, und was kannst du über ihren Charakter sagen?

2. Ist C. Caecilius Metellus Klient oder Patron?

3. Erstelle ein Sachfeld zum Thema Salutatio nach den Gesichtspunkten Personen–Tätigkeiten–Gegenstände–Eigenschaften.

Patrōnus litterās clientis[1] legit:

„Iūlius Gāiō suō salūtem dīcit.

33 Sī valēs, bene est; ego autem nōn valeō, nam rēs meae secundae
nōn sunt. Bene scīs īnsulam nostram exustam[5] esse. Vīcīnī[6] mē
auctōrem incendiī esse dūcunt; nunc causam dīcere[7] dēbeō. Cōnsiliō
36 tuō cōnfīdō, quod amīcīs familiīsque semper ades. Cūnctī clientēs[1]
tē laudant, nam tū eīs semper favēs. Ergō meīs quoque rēbus favē!
Causam meam honōremque tuum dēfende!
39 Valē!"

„Semper Iūlius mihi causam cūrārum dat", patrōnus dīcit, tum Fortūnātō
respōnsum dictat[8]; subitō autem clientēs monet: „Currite citō, amīcī!
42 Patrōnus meus nōs iam exspectat." Statim cūnctī clientēs[1] ad iānuam
properant.

[5] exustus, -a, um: abgebrannt
[6] vīcīnus: Nachbar
[7] causam dīcere: sich vor Gericht verantworten

[8] dictāre: diktieren

Senatoren und Ritter trugen eine Tunika mit Purpurstreifen und darüber eine Toga, einfache
Bürger, Sklaven und Kinder meist nur eine Tunika; Frauen hatten eine lange Tunika an, manchmal mit einer Palla darüber.

ⓘ Kleines Lexikon zum römischen Klientelwesen

Klient (lat. cliēns), Schutzbefohlener. In der röm. Republik stellten sich freie, aber sozial schwache Bürger unter den Schutz eines adligen → Patrons, der ihnen in rechtl. Auseinandersetzungen half und
5 den sie bei Wahlen unterstützten. Die Beziehung zwischen K. und Patron beruhte auf gegenseitiger Verpflichtung (lat. fidēs): Der Patron musste seine Klienten auch materiell unterstützen (→ sportula); eine der Aufgaben (lat. officia) der Klienten war es,
10 zur morgendl. → salūtātiō zu gehen. Die Klienten eines Patrons bildeten die Klientel (lat. clientēla).

Patron, der Schutzherr der → Klienten. Ein P. half seinen Klienten nicht nur bei Geschäften und bei ihrer Karriere, sondern auch wirtschaftlich (→ sportula)
15 und vor Gericht. Umgekehrt bestimmte die Größe der vererbbaren Klientel das Ansehen der großen adligen Familien in Rom. Der P. war entweder → Senator oder → Ritter. In der Kaiserzeit war der Kaiser der oberste P.; zu seiner Klientel zählten seine
20 Freigelassenen, die Bevölkerung der Stadt Rom, die Soldaten und die Oberschicht der Provinzen.

Ritter (lat. eques, Pl. equitēs). Die R. wurden in der Kaiserzeit vom Kaiser ernannt. Die Zugehörigkeit zum Ritterstand (lat. ōrdō equester) war an
25 ein Vermögen von 400 000 Sesterzen, das röm. Bürgerrecht und freie Abstammung (über drei Generationen) gebunden. Zur Zeit Trajans gab es mehrere Zehntausende Ritter. Viele R. waren wie die → Senatoren Großgrundbesitzer, aber auch rei-
30 che Bankiers, Unternehmer und Großhändler. R. dienten als Offiziere im Heer und übernahmen wichtige Posten in der Verwaltung des Röm. Reiches. Standesabzeichen der R. waren ein schmaler Purpurstreifen an der Tunika und ein Goldring.

35 **salūtātiō** (lat.), Begrüßung. Zu den Pflichten des → Klienten gehörte es, seinem → Patron morgens in angemessener Kleidung, in der Toga, einen Besuch abzustatten. Der Ablauf war streng geregelt: Die Klienten wurden nach ihrer gesellschaftl. Stellung in
40 verschiedene Gruppen eingeteilt und abgestuft zur s. zugelassen. Je größer die Zahl der Klienten war, die sich zur s. einfanden, als desto einflussreicher galt der Patron. Zu den Pflichten des Patrons zählte

es, rechtzeitig zur Begrüßung seiner Klienten aufzu-
45 stehen und nicht in den Tag hineinzuschlafen. Nach der s. begleiteten Klienten ihren Patron häufig durch die Stadt, auf das Forum und in die Thermen.

Senator. In der Kaiserzeit gab es 600 S., die Mitglieder des Senats waren und an der Wahl der Beamten, der
50 Gesetzgebung, Rechtsprechung und der Verwaltung des röm. Reiches beteiligt waren. Grundlage ihres gesellschaftl. Ansehens waren neben der Klientel ihre alte Herkunft und ein Vermögen von mindestens 1 000 000 Sesterzen. In der Republik waren die S. in
55 Rom oder Italien beheimatet gewesen, im Laufe der Kaiserzeit kamen sie dagegen immer häufiger aus den Provinzen des Imperiums. Der Senatorenstand (lat. ōrdō senātōrius) bildete gemeinsam mit dem Ritterstand (→ Ritter) die kleine Oberschicht der
60 röm. Gesellschaft. Standeszeichen eines S. waren die Tunika mit breitem Purpurstreifen und ein Goldring.

sportula (lat.). Zu den Wohltaten (lat. beneficia), die ein → Patron seinem → Klienten erweisen musste, zählte nicht nur die Vertretung vor Gericht, son-
65 dern auch die wirtschaftl. Unterstützung. So wurden Klienten zum Essen eingeladen, und sie erhielten nach der → salūtātiō Lebensmittel zum Mitnehmen oder ein Geldgeschenk. Diese materielle Versorgung der Klienten wurde mit dem Begriff s. umschrieben:
70 Das Wort bezeichnet eigentlich das Körbchen, in das die Speise hineingelegt wurde, dann aber auch das Geld, das die Klienten häufig als eine Art Lohn empfingen (zur Zeit Trajans mindestens 6¼ Sesterzen).

Verstehen & Vertiefen

1. Zeichne den Aufbau der römischen Gesellschaft der Kaiserzeit in Form einer Pyramide.

2. Spielt gemeinsam den morgendlichen Empfang im Haus des Senators nach. Denkt euch verschiedene Anliegen der Klienten aus und überlegt, wie der Patron darauf reagieren könnte.

Dativ

In dieser Lektion lernst du einen neuen Kasus kennen: den Dativ. Er kann verschiedene Satzglieder bilden.

1) Einige Verben, so genannte Dativ-Verben, brauchen als Ergänzung ein **Objekt** im Dativ auf die Frage „wem?":

    a) [Cliēns] (patrōnō) [[cōnfidit]].

1.1 Suche aus den Vokabeln der Lektion 8 alle „Dativ-Verben" heraus.

Die Satzgliedstelle Dativ-Objekt ist meistens durch Personen gefüllt, seltener durch Sachen.
Das Dativ-Objekt gibt ein Objekt an, das nicht direkt von der Handlung betroffen ist. Wenn du das Dativ-Objekt mit dem Akkusativ-Objekt vergleichst, erkennst du den Unterschied:

    b) Servus (clientēs) in ātrium dūcit.

    c) Ibi clientēs (patrōnō) appropinquant.

Objekt:
(Substantiv/Pronomen im Akk.)
(Infinitiv)
(Aci)
(Substantiv/Pronomen im Dat.)

Bei den Verben des Gebens und Sagens können zwei Objekte stehen: ein direktes Objekt im Akkusativ und ein indirektes Objekt:

    d) Silvānus dominō litterās trādit.

    e) Caecilia Sextō fābulam nārrat.

1.2 Stelle alle dir bisher bekannten Verben des Gebens und des Sagens zusammen.

2) Zusammen mit der Kopula esse kann der Dativ das **Prädikat** bilden. In diesem Fall gibt der Dativ den Besitzer an, deshalb heißt er auch **Dativus possessivus**. Im Lateinischen ist die Kombination „esse + Dativ" eine häufige Form, ein Besitzverhältnis auszudrücken; im Deutschen musst du mit „gehören" oder „haben"/„besitzen" übersetzen.

    f) Lȳsandrō multī librī sunt.

           Lysander gehören viele Bücher.

           Lysander besitzt viele Bücher.

           Lysander hat viele Bücher.

Prädikat:
[[Vollverb]]
[[Prädikatsnomen + esse]]
[[Dat. poss. + esse]]

1.3 Bestimme die Satzglieder in den deutschen Sätzen: Was verändert sich bei der Übersetzung von „esse + Dat."?

3) Als **Adverbiale** kann ein Dativ auf die Frage „für wen?" antworten. Er gibt an, zu wessen Vorteil etwas geschieht (**Dativus commodi**).

    g) Cliēns <uxōrī> medicum arcessere cupit.

commodum: Vorteil
medicus: Arzt

Zwei Fragen nach dem Dativ

wem?   für wen?

Adverbiale:
<Adverb>
<Präp. + Subst.>
<Gliedsatz>
<Dat. commodi>

G2 Dativ: Formen

1) Substantive und Adjektive:

| | a-Dekl. | | o-Dekl. | | | | | |
	Sg.	Pl.	Sg.	Pl.	Sg.	Pl.	Sg.	Pl.
Nom.	domina	dominae	dominus	dominī	puer	puerī	cōnsilium	cōnsilia
Gen.	dominae	dominārum	dominī	dominōrum	puerī	puerōrum	cōnsiliī	cōnsiliōrum
Dat.	dominae	dominīs	dominō	dominīs	puerō	puerīs	cōnsiliō	cōnsiliīs
Akk.	dominam	dominās	dominum	dominōs	puerum	puerōs	cōnsilium	cōnsilia
...	...	...	...	...	...	...	...	...

| | 3. Dekl. | | | | e-Dekl. | |
	Sg.	Pl.	Sg.	Pl.	Sg.	Pl.
Nom.	auctor	auctōrēs	flūmen	flūmina	rēs	rēs
Gen.	auctōris	auctōrum	flūminis	flūminum	reī	rērum
Dat.	auctōrī	auctōribus	flūminī	flūminibus	reī	rēbus
Akk.	auctōrem	auctōrēs	flūmen	flūmina	rem	rēs
...	...	...	...	...	...	...

Das Kennzeichnen für den Dat. Sg. ist das -ī.
Allerdings ist das Dativ-ī in der o-Deklination verschwunden und in der
a-Deklination hat es sich verändert: dominō, dominae.
Das Kennzeichen für den Dat. Pl. ist -īs bzw. -(i)bus.

2) Pronomina:

| | Demonstrativpronomina | | | | | | | | | | | |
| | Sg. | | | Pl. | | | Sg. | | | Pl. | | |
	m.	f.	n.	m.	f.	n.	m.	f.	n.	m.	f.	n.
Nom.	hic	haec	hoc	hī	hae	haec	ille	illa	illud	illī	illae	illa
Gen.	huius	huius	huius	hōrum	hārum	hōrum	illīus	illīus	illīus	illōrum	illārum	illōrum
Dat.	huic	huic	huic	hīs	hīs	hīs	illī	illī	illī	illīs	illīs	illīs
Akk.	hunc	hanc	hoc	hōs	hās	haec	illum	illam	illud	illōs	illās	illa
...	...	...	...	...	...	...	...	...	...	...	...	...

| | Personalpronomen der 3. Person | | | | | | Personalpronomen der 1. Person | | Personalpronomen der 2. Person | |
| | Sg. | | | Pl. | | | Sg. | Pl. | Sg. | Pl. |
	m.	f.	n.	m.	f.	n.				
Nom.	—	—	—	—	—	—	ego	nōs	tū	vōs
Gen.	eius	eius	eius	eōrum	eārum	eōrum	meī	nostrī/nostrum	tuī	vestrī/vestrum
Dat.	eī	eī	eī	iīs/eīs	iīs/eīs	iīs/eīs	mihi	nōbīs	tibi	vōbīs
Akk.	eum	eam	id	eōs	eās	ea	mē	nōs	tē	vōs
...	...	...	...	...	...	...	...	...	...	...

Beim Personalpronomen der 3. Person gibt es im Dat. Pl. eine ältere
Form (iīs) und eine jüngere (eīs).

Reflexive Personalpronomina

Bei den Possessivpronomina der 3. Person hast du reflexive und nichtreflexive Formen kennengelernt (→6 G 5):
- Wenn das Possessivpronomen zurück auf das Subjekt verweist, steht das **reflexive** Possessivpronomen (suus/sua/suum).
- Verweist das Possessivpronomen auf ein Wort, das nicht im selben Satz Subjekt ist, werden spezielle Formen für das **nichtreflexive** Possessivpronomen verwendet (eius, eōrum/eārum/eōrum).

Auch bei den Personalpronomina der 3. Person gibt es reflexive und nicht-reflexive:
- Das **nichtreflexive Personalpronomen** der 3. Person kennst du schon (→3 G 4, Formen siehe Tabelle oben in G 2):

a) Silvānus clientēs adesse videt. Eōs in ātrium dūcit.

- Das reflexive Personalpronomen der 3. Person lautet im Akk. sē, im Dat. sibi (ohne Unterschied zwischen Sg. und Pl., mask. und fem.):

b) Clientēs sē servāre nōn possunt.

c) Gaius Iūlius fideī patrōnī sē mandat.

d) Gaius Iūlius auxilium sibi exspectat.

Reflexives Personalpronomen der 3. Person:	
Nom.	–
Gen.	suī
Dat.	sibi
Akk.	sē
…	…

 Reflexivität im Aci

Reflexive Pronomina verweisen auf ein Subjekt im selben Satz zurück. Manchmal hat ein Satz mehrere Subjekte, denn auch ein Aci enthält ein Sub-jekt. Die Reflexivpronomina beziehen sich dann entweder auf das Nominativ-Subjekt des Rahmensatzes oder auf das Akkusativ-Subjekt des Aci. Das kannst du nur aus dem Zusammenhang entscheiden! Diese Entscheidung ist die Voraussetzung, um die richtige deutsche Übersetzung zu wählen: „ihn", „sie", „sich".
  a) Patrōnus clientēs sē salūtāre gaudet.
  b) Gāius Caecilius Metellus Gāium Iūlium clientem sē servāre nōn posse scit.

Wenn das Subjekt des Rahmensatzes und des Aci gleich sind, steht im Aci an der Subjektstelle das Reflexivpronomen. Auch dafür musst du die passende Übersetzung wählen.
  c) Gaius Iūlius sē hodiē venīre nōn posse scrībit.
  d) Clientēs sē sportulās accipere gaudent.

4.1 Welche Übersetzungs-möglichkeit für sē kommt noch hinzu?

sportula: (Geld-)Geschenk

79

Ü1 Wer hat was?

Verbinde die Wörter aus dem linken und dem rechten Sack zu sinnvollen Sätzen.

Gāiō Iūliō

C. Caeciliō Metellō

Caeciliae

Parvae puellae

Iūliae Sabīnae

multī honōrēs sunt.

vōx clāra est.

parva spēs salūtis est.

fīliae fīliīque sunt.

nunc nōmen „Caecilia Minor" est.

Ü2 Ergänze

Heute ist der Patron so sehr mit der salūtātiō beschäftigt, dass er keine Zeit mehr hat, an alle Wörter die richtigen Endungen anzuhängen:

a) Caecilius Metellus clien▓ semper adest.
b) Porci▓ sportulam[1] dat.
c) Tulli▓ miser▓ bene cōnsulit.
d) Causam Gā▓ Iūli▓ dēfendit et e▓ litterās mittit.
e) Tum clientēs Caecili▓ Metell▓ grātiās agunt.

[1]sportula: (Geld-)Geschenk

Ü3 Was passt?

Welche Formen von ille passen zu den Substantiven?

corpora – discipulō – faciēs – flūminī – hortī – labōrem – nōmen – sermōnis – statuae

illī – illa – illum – illīus – illud

Ü4 Dative

Bestimme die Funktion der Dative in den folgenden Sätzen.

a) Lȳsander magister discipulīs fābulam nārrat.
b) Discipulī magistrō grātiās agunt.
c) Multī discipulī Lȳsandrō magistrō nōn sunt.
d) Tamen multī librī eī sunt.
e) Semper discipulīs dīcit: „Nōn scholae, sed vītae discitis[1]."

[1]discere: lernen

Ü5 Objekte

Von den folgenden Verben können einige kein Objekt bei sich haben, andere eins, wieder andere zwei. Stelle sie entsprechend zusammen.

condere – trādere – cōnsīdere – incitāre – putāre – respondēre – vendere – cōnfīdere – volāre – dēesse – iacēre – crēscere – dare – superāre – dīcere

Ü6 Ein Verkaufsgespräch

Caecilia geht mit ihrer Mutter in einen neuen Laden mit Töpferwaren, wo sie ihren Klassenkameraden Aulus antrifft. Er ist darüber genauso erstaunt wie sie.

Ersetze die eingeklammerten Wörter durch Pronomina.

Aulus: Salvē, Caecilia, salvē, Iūlia! Quid (Caecilia et Iūlia) cupitis?
Caecilia: Salvē, Aule! Quid (Aulus) hīc facis?
Aulus: Patrem adiūvō. Statuae et cēterae rēs (patrī) sunt.
Iūlia: Tūne (Caeciliae et Iūliae) statuam vendere potes?
Aulus: Multās statuās (Caeciliae et Iūliae) vendere possum. Spectāte! Haec statua Mercuriī deī est, illa Cereris deae.

Wer ist gemeint?

a) Discipulī Lӯsandrum magistrum sibi fābulam nārrāre cupiunt.
b) Lӯsander autem dīcit sibi librum fābulārum hodiē dēesse.
c) Sed discipulī eī voluntātem[1] dēesse putant.
d) Dīcunt sē laetōs nōn esse.

[1] voluntās: Wille

 Der feine Unterschied

a) Caecilius est patrōnus, Tullius autem cliēns.
b) Adestne Caecilius Tulliō?
c) Caecilius sē eī semper adesse dīcit.
d) Tullius eum sibi nōn adesse contendit.

 Durcheinander

Sortiere nach Wortarten.

trādō – cōnfīdō – quō – equō – citō – condō – ego – irrīdeō – sermō – sacrificiō – nēmō – accipiō – frūmentō – superō – pūgnō – verbō – servō – agō – imāgō

 Im Amphitheater

Bilde korrekte Sätze.

a) gladiātōrēs – clārus – arēna – māgnus – intrāre
b) turba – gladiātōrēs – salūtāre
c) gladiātōrēs – spectātōrēs – grātia – agere
d) subitō – Aemiliānus – Urbicus – petere
e) spectātōrēs – Urbicus gladiātor – favēre
f) deī – Aemiliānus – nōn – adesse
g) imperātor Trāiānus – Urbicus victor – dōnum – dare

 Die Klienten

Zwei weitere Klienten von Gaius Caecilius Metellus sind Balbus und Pansa.

a) Caecilius videt: Balbus venit, Pānsa autem nōn venit.
b) Caecilius intellegit: Balbus salvus est, etiam uxor Balbī salva est.
c) Caecilius gaudet: Balbus et familia valent.
d) Caecilius audit: Pānsa aegrōtus est, ad patrōnum accēdere nōn potest.
e) Servus Pānsae dīcit: Uxor et līberī Pānsae valent.
f) Gāius respondet: Ego Pānsam adiuvāre nōn possum.

1) Formuliere die Sätze so um, dass jeweils der zweite ein Aci wird.
2) Übersetze die neu entstandenen Sätze.
3) Ersetze nun die Namen Balbus und Pansa durch hic bzw. ille.

 Mini-Krimi

Homo malus trēs statuās rapit. Aulus vestīgia (sua? – eius? – eārum?) invenit.

Wortbildung

Vokalschwächung

Bei einem Kompositum ist manchmal der Stammvokal gegenüber dem Simplex abgeschwächt; in der Regel lautet er -i-, auch wenn er im einfachen Verb -a- oder -e- war. Das nennt man Vokalschwächung.

Beispiel: ad + capere → accipere

Auf welche einfachen Verben kannst du folgende Komposita zurückführen:
incidere, inigere, adhibēre, incipere?

In den Trajansthermen

Marcus und Quintus besuchen heute zum ersten Mal die gerade neu eröffneten Thermen des Kaisers Trajan. Während ihre Väter sich noch am Eingang mit Bekannten unterhalten, eilen die Freunde in die Palaestra voraus, denn sie hoffen dort ihren Freund Spurius zu treffen.

„Quam multī hominēs hīc sunt!", Mārcus māgnā vōce clāmat, dum amīcī palaestram intrant. Ibi hominēs sē recreant[1] variīsque modīs
3 corpora exercent: aliī pilā[2] lūdunt, aliī hastīs[3] certant; nōnnūllī ponderibus sē exercent. „Quōmodo Spurium inter tot hominēs reperīre possumus? Vidēsne eum?", Quīntus interrogat. Mārcus
6 autem amīcō respondet: „Hominēs videō multōs, Spurium nōn videō. Cūr eum hōc locō esse putās? Fortāsse cum patre suō iam in balneīs[4] est."
9 Nunc amīcī in apodytērium pergunt, tunicās[5] dēpōnunt, tum per balneās[4] ambulant. Ubīque amīcum quaerunt. Prīmum puerī frīgidārium petunt. „Quam altae columnae[6]!", clāmat Quīntus. „Ecce
12 statuae!", Mārcus inquit, „Spectā etiam imāginēs! Tōtum frīgidārium statuīs imāginibusque pulchrīs ōrnātum[7] est!" Frīgidārium speciē pulchrā līberōs valdē dēlectat.
15 Amīcī quaerere pergunt. In tepidāriō nōnnūllī senātōrēs inter sē disputant, in caldāriō multī hominēs sūdant[8]. Spurium autem amīcī neque in tepidāriō neque in caldāriō reperiunt.
18 Tandem ad natātiōnem veniunt. Ibi multī hominēs in aquā sē mergunt[9], ālipilī[10] māgnīs cum clāmōribus hominēs vocant, sunt etiam multae tabernae[11]. Hīc iuvat sē recreāre[1] pōtiōnibus[12] aliīsque
21 rēbus. Mārcus tabernam[11] crūstulāriī[13] cōnspicit. Quod crūstula[14] amat, ad tabernam[11] contendit et sibi amīcōque crūstula[14] emit. Amīcī, dum edunt[15], natātiōnem spectant. Subitō Mārcus digitō
24 puerum mōnstrat: „Nōnne ille Spurius est?" Quīntus negat; aquam frīgidam[16] Spuriō minimē placēre scit.

[1] recreāre: entspannen
[2] pila: Ball
[3] hasta: Speer
[4] balneae, -ārum: Badebereich
[5] tunica: Tunika
[6] columna: Säule
[7] ōrnātus, -a, -um: geschmückt
[8] sūdāre: schwitzen
[9] mergere: untertauchen
[10] ālipilus: Haarauszupfer
[11] taberna: Laden, Stand
[12] pōtiō, -iōnis *f.:* Getränk
[13] crūstulārius: Bäcker, Konditor
[14] crūstulum: Keks
[15] edere: essen
[16] frīgidus, -a, -um: kalt

Tum ad aulam māgnam veniunt. Hōc in locō
27 apertō multī hominēs ambulant disputantque.
Subitō Quīntus aedificium mōnstrat:
„Vidē, Mārce! In illō aedificiō est bibliothē-
30 ca Graeca. Fortāsse Spurius in bibliothēcā
est!" Sed Mārcus respondet: „Nūllō modō!
Graecā in bibliothēcā Lȳsandrum sedēre et
33 librōs Graecōs legere putō. Magistrum invenīre
nōn cupiō! – Sed venī mēcum ad bibliothēcam Latīnam!" Quīntus cum amīcō per aulam
36 māgnam ad bibliothēcam Latīnam currit.
In portā bibliothēcae titulus[17] est; amīcī legunt:
INGENIVM • NEMO • SINE • CORPORE • EXERCERE • DEBET,
39 tum aedificium intrant.
Et profectō Spurius in hāc bibliothēcā sedet. Quamquam amīcī māgnō
cum gaudiō eum salūtant, eōs neque videt neque audit, nam librum legit.
42 Mārcus māgnā vōce titulum[17] legit:
OVIDIIDEARTEAMATORIALIBERPRIMVS[18], et Spurius rubēscit[19].

Verstehen & Vertiefen

1. Was beeindruckt Marcus und Quintus bei ihrem ersten Besuch in den Trajansthermen besonders?

2. Verfolge den Weg der Freunde durch die Thermen anhand des Planes: Was machte man wo?

3. Womit beschäftigen sich die Besucher in den Thermen? Gibt es heutzutage vergleichbare Anlagen?

[17] titulus: Inschrift; Titel

[18] amātōrius, -a, -um: Liebes-
[19] rubēscere: rot werden, erröten

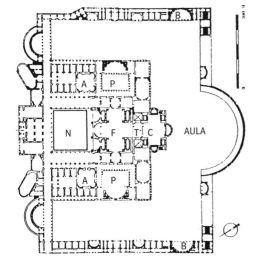

aula (Hof)
A – apodytērium (Umkleideraum)
C – caldārium (Heißbad)
F – frīgidārium (Kaltbad)
T – tepidārium (Warmbad)
B – bibliothēca (Bibliothek)
N – natātiō (Schwimmbecken)
P – palaestra (Sportplatz)

Grundriss und Längsschnitt
(Rekonstruktion) der
Trajansthermen in Rom

ⓘ Das Heizsystem der Trajansthermen

Nachdem Marcus, Quintus und Spurius sich über eine Stunde aus dem spannenden Buch von Ovid vorgelesen haben, fällt ihnen siedend heiß ein, dass sie sich mit ihren Vätern in der großen Halle beim
5 Zuckerbäcker verabredet haben. Rasch laufen sie zurück. Beim Herkules, in der Halle ist viel los! Außer Atem kommen Markus und Quintus am Stand des Zuckerbäckers an, wo die Väter schon ungeduldig warten. „Wo habt ihr denn gesteckt?", fragt Quintus'
10 Vater. „In der Bibliothek, bei Spurius", antwortet Quintus. „Sehr schön! Was habt ihr denn gelesen?", will Marcus' Vater wissen, „oder habt ihr nur Unsinn gemacht?" Marcus stottert herum, bis Quintus entgegnet: „Wir wollten wissen, wie, äh, wie … so große
15 Thermen beheizt werden, und haben nach einem Buch über das Thema gesucht, haben aber nichts gefunden."

„Dann hättet ihr im fünften Buch der Abhandlung *Über die Architektur* nachschlagen müssen, die
20 ein gewisser Vitruv zur Zeit des Kaisers Augustus geschrieben hat", meint Marcus' Vater, „aber lasst uns in die Nische hinübergehen, da ist noch ein Plätzchen für uns frei. Ich erkläre euch das Wichtigste."

Als die Gruppe angekommen ist, beginnt Marcus'
25 Vater: „Die Heizung der Thermen ist von den fähigsten Architekten des Kaisers gebaut worden. Sie benutzten das seit vielen Jahrhunderten bewährte Hypokaustverfahren. Wisst ihr, was das bedeutet?" – „Nein!" – „Das Wort ist griechisch und bedeutet so
30 viel wie ‚Heizung von unten'. Es beschreibt sehr gut die Technik: Der Fußboden der einzelnen Räume ruht auf Pfeilern, die aus feuerfest gebrannten Tonziegeln errichtet sind. In die Hohlräume zwischen den Pfeilern strömt erhitzte Luft, die durch ihre Wärmestrahlung
35 den Fußboden angenehm warm macht. Auch die Wände sind mit röhrenförmigen Hohlziegeln versehen, in denen die Luft langsam zirkuliert, bevor sie durch einen Heizkanal ins Freie entweicht."

„Aber wie kommt die heiße Luft in die Hohlräume
40 hinein?", will Quintus wissen.

Marcus' Vater antwortet: „Die Luft wird in den einzelnen Heizkammern, den praefurnia, erhitzt, die
45 Sklaven von außen mehrmals täglich mit Holzkohle beschicken. Das ist allerdings keine angenehme Arbeit; die Hitze dort ist
50 ziemlich unerträglich. Über den praefurnia sind auch große Kessel für warmes und heißes Wasser angebracht."

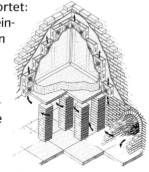

Schematische Darstellung einer Hypokaustenheizung

55 „Übrigens sind die einzelnen Räume sehr raffiniert angeordnet", ergänzt Quintus' Vater. „Schon Vitruv riet, die tepidāria und die caldāria nach Südwesten oder Süden auszurichten, da so die Sonne die Warmwasserbäder am Nachmittag, der beliebtesten
60 Badezeit, zusätzlich erwärmt. Außerdem sind die beheizten Räume aneinander gebaut, so dass weniger Wärme nach außen entweicht, und die runde Kuppel des caldārium ermöglicht auch, mit wenig Brennmaterial auszukommen."

65 „Aber genauso ausgeklügelt ist auch die Wasserversorgung", wirft Marcus' Vater ein, „hier gibt es immer genug Wasser und …" „Ja", fällt ihm Marcus ins Wort, „über neun Aquädukte wird es aus dem Umland Tag und Nacht nach Rom gebracht und
70 über 250 Wasserkastelle verteilt." „Es sind zehn Aquädukte", verbessert ihn sein Vater, „unser Kaiser Trajan hat gerade die neue Aqua Trāiāna eingeweiht, die Wasser von einem See heranführt, der über 30 km nördlich von hier liegt. Dank sei unserem
75 besten Kaiser!"

Verstehen & Vertiefen:

1. Baue mit Hilfe des Textes und der Abbildung ein Modell einer römischen Hypokaustenheizung.

2. Vergleiche die Hypokaustenheizung mit modernen Heizungssystemen und überlege, welche Vor- und Nachteile die jeweiligen Heizungsarten haben.

3. Auch in den nördlichen Provinzen haben die Römer Thermen mit Hypokaustenheizung gebaut. Sucht mit Hilfe des Internets, wo sich in Deutschland Reste römischer Bäder befinden.

G1 **Adverbiale: Ablativ**

Das Satzglied Adverbiale kann Verschiedenes angeben, z. B.
auf die Frage

- „mit wem?" die begleitende Person,
- „wo?" den Ort,
- „wie?", „auf welche Weise?" die Art und Weise,
- „womit?", „wodurch?" das Mittel oder Instrument.

> Adverbiale:
> <Adverb>
> <Präp. + Subst.>
> <Gliedsatz>
> <Subst. im Ablativ>

Solche Angaben können im Lateinischen durch einen eigenen Kasus ausgedrückt werden, den Ablativ. Er kann mit oder ohne Präposition auftreten.

a) Mārcus et Quīntus <cum patribus> thermās intrant.
b) Puerī Spurium amīcum <in balneīs> quaerunt.
c) Hominēs <variīs modīs> sē exercent.
d) Mārcus Quīntum <crūstulīs> dēlectat.

balneae: Badebereich

crūstulum: Keks

Um die verschiedenen Funktionen des Ablativs zu unterscheiden, sprechen
wir vom

- Ablativus sociativus (Ablativ des Begleiters)
- Ablativus locativus (Ablativ des Ortes)
- Ablativus modalis (Ablativ der Art und Weise)
- Ablativus instrumentalis (Ablativ des Mittels)

Für die Übersetzung ins Deutsche musst du Präpositionen verwenden, und
zwar unterschiedliche, je nachdem auf welche Frage der Ablativ antwortet.
Im Lateinischen steht der Ablativus sociativus immer und der Ablativus locativus meist mit einer Präposition. Bei Personalpronomina wird die Präposition
cum meist angehängt.

1.1 Welche deutschen Präpositionen verwendest du bei der
Übersetzung von a–d?

e) Mārcus Quīntō dīcit: „Venī <mēcum> in bibliothēcam!"
f) Līberī <sine parentibus> thermās intrāre nōn dēbent.
g) Amīcī Spurium <in bibliothēcā> inveniunt.

Der Ablativ der Art und Weise kann auch ohne cum stehen, der Ablativ des
Mittels hat nie eine Präposition bei sich. Unterscheiden kannst du diese beiden Ablativfunktionen so: Dinge, die man „anfassen" kann, um sie als Mittel
oder Instrument zu gebrauchen, geben im Ablativ das Mittel an; was man
nicht „anfassen" kann, gibt im Ablativ an, wie etwas geschieht (Ablativ der Art
und Weise).

h) Aliī <pilā> lūdunt, aliī <hastīs> certant, aliī <ponderibus> sē
exercent.
i) Senātōrēs <māgnīs cum clāmōribus> disputant.

pila: Ball
hasta: Speer
1.2 Beachte, wo in Satz i die
Präposition cum steht. Findest
du eine Übersetzung ohne „mit"?

G2 Ablativ: Formen

| | a-Dekl. | | o-Dekl. | | | | | |
| | | | m. | | | | n. | |
	Sg.	Pl.	Sg.	Pl.	Sg.	Pl.	Sg.	Pl.
Nom.	terra	terrae	amīcus	amīcī	puer	puerī	dōnum	dōna
Gen.	terrae	terrārum	amīcī	amīcōrum	puerī	puerōrum	dōnī	dōnōrum
Dat.	terrae	terrīs	amīcō	amīcīs	puerō	puerīs	dōnō	dōnīs
Akk.	terram	terrās	amīcum	amīcōs	puerum	puerōs	dōnum	dōna
Abl.	terrā	terrīs	amīcō	amīcīs	puerō	puerīs	dōnō	dōnīs

| | 3. Dekl. | | | | e-Dekl. | |
| | | | n. | | | |
	Sg.	Pl.	Sg.	Pl.	Sg.	Pl.
Nom.	vōx	vōcēs	nōmen	nōmina	rēs	rēs
Gen.	vōcis	vōcum	nōminis	nōminum	reī	rērum
Dat.	vōcī	vōcibus	nōminī	nōminibus	reī	rēbus
Akk.	vōcem	vōcēs	nōmen	nōmina	rem	rēs
Abl.	vōce	vōcibus	nōmine	nōminibus	rē	rēbus

2.1 Welcher andere Kasus in der a- und o-Deklination lautet so wie der Abl. Sg.?

2.2 Nenne zu jedem Substantiv den Nominativ.

2.3 Welcher andere Kasus lautet genauso wie der Abl. Pl.?

2.4 Bilde zu den Beispielwörtern oben den Abl. Pl.

Die Kasus-Signale für den **Ablativ Singular** sind
- in der a-, e- und o-Dekl.   -° (also kein Signal),
- in der 3. Dekl.   -e.

In der a-, e- und o-Deklination ist der Ablativ Singular also gleich dem Stamm (mit langem Stammauslaut): īnsulā, servō, magistrō, īnstrumentō, diē. In der 3. Deklination wird an den Stamm ein -e gehängt: labōr-e, flūmin-e.

Die Kasus-Signale für den **Ablativ Plural** sind
- in der a- und o-Dekl.   -īs,
- in der e-Dekl. und in der 3. Dekl.   -(i)bus.

G3 Personal- und Demonstrativpronomina

| | Personalpronomen der 1. Person | | Personalpronomen der 2. Person | |
	Sg.	Pl.	Sg.	Pl.
Nom.	ego	nōs	tū	vōs
Gen.	meī	nostrī/nostrum	tuī	vestrī/vestrum
Dat.	mihi	nōbīs	tibi	vōbīs
Akk.	mē	nōs	tē	vōs
Abl.	ā mē/mēcum	ā nōbīs/nōbīscum	ā tē/tēcum	ā vōbīs/vōbīscum

Personalpronomina der 3. Person								
nichtreflexiv							reflexiv	
Sg.			Pl.				Sg.	Pl.
m.	f.	n.	m.	f.	n.			
Nom.	–	–	–	–	–	–	–	–
Gen.	eius	eius	eius	eōrum	eārum	eōrum	suī	suī
Dat.	eī	eī	eī	iīs	iīs	iīs	sibi	sibi
Akk.	eum	eam	id	eōs	eās	ea	sē	sē
Abl.	eō	eā	eō	iīs	iīs	iīs	sē	sē

Demonstrativpronomina											
Sg.			Pl.			Sg.			Pl.		
m.	f.	n.	m.	f.	n.	m.	f.	n.	m.	f.	n.
Nom.	hic	haec	hoc	hī	hae	haec	ille	illa	illud	illī	illae	illa
Gen.	huius	huius	huius	hōrum	hārum	hōrum	illīus	illīus	illīus	illōrum	illārum	illōrum
Dat.	huic	huic	huic	hīs	hīs	hīs	illī	illī	illī	illīs	illīs	illīs
Akk.	hunc	hanc	hoc	hōs	hās	haec	illum	illam	illud	illōs	illās	illa
Abl.	hōc	hāc	hōc	hīs	hīs	hīs	illō	illā	illō	illīs	illīs	illīs

G4 Pronominaladjektive

Die meisten Formen der Adjektive ūnus, nūllus und tōtus werden nach der
o- bzw. a-Deklination gebildet. Zwei Kasus im Singular enden allerdings
anders:

> Diese Wörter haben alle
> -īus in dem zweiten Falle,
> und im Dativ enden sie
> alle auf ein langes -ī.

Also z. B.: deus tōtīus caelī – nūllī hominī cōnfīdere.

4.1 Warum werden solche Wörter
wohl auch Pronominaladjektive
genannt?

Beachte folgende Besonderheiten bei alius:
- Nom./Akk. Sg. n.:   ali**ud**
- Gen. Sg. m./f./n.:   **alter**īus
- Dat. Sg. m./f./n.:   ali**ī**

4.2. Dekliniere schriftlich im Heft:
nūllus servus, tōta terra,
aliud flūmen.

G5 Ortsangaben mit der Präposition in

Die Präposition in wird zweifach verwendet. Mit einem Akkusativ verbunden
antwortet sie auf die Frage „wohin?", mit einem Ablativ auf die Frage „wo?".

a) Servī statuam in hortum portant.
b) Statua in hortō est.

5.1 Bestimme die Satzglieder:
in hortum, in hortō.
5.2 Ordne die Symbole zu:

Ü1 Durcheinander

Suche aus diesem Sack alle Formen heraus, die Ablativ sein können.

corporibus – bonā – auctōris – discipulum – rē – illō – aquā – hāc – hortō – sermōne – diēī – avis – hōc – labōris – illīs

✛ Daraus lassen sich auch vier Paare aus Substantiv und Adjektiv oder Pronomen bilden.

 Ü2 Kombiniere

Bilde Paare; manchmal gibt es mehrere Möglichkeiten.

gaudiō	variīs
rēbus	altōrum
imperātōris	laetus
labōre	aegrōtōs
fābulae	māgnus
sorōrī	parvae
flūminum	bonī
gladiātōrēs	timidam
homō	multō
sorōrem	malīs
	Graecae

✛ Setze anschließend alle Kombinationen, die im Singular stehen, in den Plural und umgekehrt.

 Ü3 Auf in die Thermen

Wen oder was nimmt Quintus in die Thermen mit, wen oder was muss er zu Hause lassen?

Quīntus thermās petit cum/sine ...
    māter – avēs – īnstrūmenta – liber – amīcī – lūmen – lectī – pater – equus – arbor – cibī

 Ü4 Ein Brief

Spurius hat einen Brief geschrieben; seine Mutter findet allerdings, dass er noch schöner und lebhafter werden könnte. Sie hat ihm auch Vorschläge gemacht und die passenden Stellen angezeichnet.

Spurius Sabīnae suae salūtem dīcit.
√ in thermis Trāiānī imperātōris nōs recreāre[1] possumus. Tōtum aedificium √ ōrnātum[2] est. √ Hominēs sē exercent. Nōnnūllī etiam √ sē-mergunt[3], puerī quoque √ lūdunt. Mē autem iuvat √ librōs legere.
Valē.

in bibliothēcā – in aquā – imāginibus pulchrīs – ponderibus – nunc – māgnō cum gaudiō

[1]recreare: entspannen – [2]ōrnātus: geschmückt – [3]mergere: untertauchen

 Ü5 Ablative

Übersetze und bestimme die Ablativfunktionen.

a) Caecilius Metellus cum līberīs vīllam petit.
b) Tandem adveniunt[1], in vīllā autem neque Flaccum neque servōs inveniunt.
c) Servī in silvā arborēs altās variīs īnstrūmentīs caedunt.
d) Flaccus vīllam intrat et multīs verbīs dominum salūtat.
e) Dominus autem eum reprehendit māgnā vōce.
f) Prīscilla līberōs aquā bonā dēlectat.

[1]advenīre: ankommen

Auswahl

Wo musst du den Akkusativ, wo den Ablativ aus-wählen?

a) Mārcus et Quīntus thermās / in thermīs intrant et Spurium quaerunt.
b) Eum autem in palaestram / in palaestrā nōn vident.
c) Itaque in balneās[1] / in balneīs currunt.
d) Spurius autem neque in apodytērium neque in balneās / neque in apodytēriō neque in balneīs est.
e) Nunc amīcī Spurium in bibliothēcam / in bibliothēcā esse putant.
f) Spurius in bibliothēcam / in bibliothēcā sedet et librum legit.

[1]balneae: Badebereich

 Mädchenraub (3)

Plūtō deus Proserpinam in rēgnum[1] suum portat et sē eam amāre dīcit. Proserpina autem timet
3 neque respondet. Cibōs optimōs deus eī dat, puella autem nihil cupit. Tandem nōnnūlla sēmi-na[2] mālī Pūnicī[3] accipit. Neque tamen laeta est,
6 nihil dīcit, nōn rīdet; sedet, tacet, lacrimat[4]. Plūtō autem, quod Proserpinam semper īnfēlīcem[5] esse intellegit, eam mātrem quaerere et in terrā vīvere
9 sinit, sed monet: „Nunc uxor mea es, nōn semper cum mātre vīvere potes. Partem[6] annī[7] vīve cum eā, partem[6] in rēgnō[1] meō."
12 Itaque hodiē Proserpina partem[6] annī[7] in terrā vīvit. Tum Cerēs gaudet et homīnibus flōrēs frū-mentumque dat. Posteā autem Plūtō deus uxōrem
15 in rēgnō[1] suō exspectat, et Proserpina rursus trāns Acherontem flūmen properat. Hanc annī[7] partem[6] hominēs „hiemem[8]" nōminant[9].

               fīnis

[1]rēgnum: Reich – [2]sēmen: Kern – [3]mālum Pūnicum: Granatapfel – [4]lacrimāre: weinen – [5]īnfēlīx: unglücklich – [6]pars, partis: Teil – [7]annus: Jahr – [8]hiems: Winter – [9]nōmināre: nennen

 So ein Ärger!

Schon wieder schreibt Iulius seinem Patron, er sei in Schwierigkeiten. Caecilius würde ihm am liebsten die folgende Standpauke halten:

a) Iūlī, semper in rēbus (malus) es.
b) (Tōtus) diem clāmās tē (nūllus) pecūniam habēre.
c) (Nūllus) patrōnō tanta[1] pecūnia est.
d) (Alius) auxilium quaere!
e) (Alius) senatōrī litterās mitte!
f) Tū es ruīna[2] (tōtus) familiae.

[1]tantus: so viel – [2]ruīna: Untergang

 Vielseitige Wörter

a) Balbus cōnsulit patrōnum: „Domine, semper bene mihi cōnsulis. Nunc tē cōnsulō: quid tu dīcis dē hāc rē?"
b) „Domine, Pānsa pecūniam mihi dēbet!" – „Pānsa, Balbō pecūniam dare dēbēs."
c) „Gaudeō tē nunc adesse, Crīspina. Hilara iam mihi adest; ades nōbīs et tū."

Wortbildung

Das Suffix -idus

Durch das Suffix -idus kannst du aus einem Verb ein Adjektiv machen, das eine Eigenschaft bezeichnet. Beispiel: timēre: sich fürchten – tim-idus: furcht-sam, ängstlich

Du kannst jetzt folgende Eigenschaften mit lateini-schen Adjektiven bezeichnen: schnell/reißend, leb-haft/lebendig, stark/wirksam, gierig. Du bildest sie aus den Verben vīvere, valēre, rapere und cupere.

Der neue Laden

Lucius Rasinius Pisanus eröffnet heute einen neuen Laden für seine Terra sigillata im neuen Geschäftszentrum der Stadt, den Trajansmärkten. Eile ist geboten, denn nach Sonnenaufgang dürfen in der Stadt keine Wagen mehr fahren.

[1] taberna: Laden
[2] vāsa, -ōrum *(Pl.):* Gefäße

[3] ad portum: zum Hafen

[4] pūrgāre: putzen
[5] stercus: Schmutz
[6] carrus: Karren
[7] mūlus: Maultier
[8] intactus, -a, -um: unbeschädigt

Ante prīmam hōram L. Rasīnius Pisānus nōnnūllōs servōs in viam Biberāticam dūcit. Servōrum enim est et tabernam[1] novam parāre et
3 mercēs tempore apportāre. Dominus hodiē statuās et vāsa[2] exspectat. Haec ex Etrūriā, illae ē Siciliā importantur; itaque Rasīnius quattuor servōs ad Portam Flāmīniam, quīnque ad portum[3] mittit. Dominus
6 in tabernā[1] manet et opera reliquōrum servōrum cūstōdit: Taberna[1] pūrgātur[4], iānua ōrnātur, stercus[5] ē viā removētur.
Prīmā hōrā carrus[6] in viā vidētur; mūlīs[7] ad tabernae[1] iānuam
9 trahitur. Sine morā vāsa[2] ā Rasīniō māgnā cum dīligentiā probantur. Et dominus et servī cūncta intacta[8] esse gaudent; saepe enim vāsa[2]

Römisches Terra-sigillata-Geschirr

[9] quaestus: Gewinn

in viā franguntur, tum quaestus[9] Rasīniī minuitur et servī ā dominō
12 pūniuntur.
Secundā hōrā Prīscus servus in tabernā[1] appāret et clāmat: „Domine, domine! Statuae reperīrī nōn possunt! Venī mēcum ad Tiberim! Tū

[10] amphora: Amphore

15 ibi ā nautīs exspectāris! Illī enim dīcunt in nāve suā esse amphorās[10], nōn statuās!“
„Nūllāsne statuās in nāve esse dīcis? Num mē fallis?“

[11] mehercle!: beim Herkules!

18 „Mehercle[11]! Crēde mihi: statuae in nāve nōn sunt. Ā mē numquam falleris!“ – „Ergō ā nautīs dēcipior!“ – „Venī, domine! Iam diū exspectāmur. Nam dominī est cum nautīs dē rē agere.“
21 Statim Rasīnius iubet tabernam[1] cūstōdīrī neque vāsa[2] tangī; tum cēterōs servōs relinquit et cum Prīscō servō ad portum[3] contendit. Prīscus dominum ad māgnam nāvem dūcit; ibi cēterī servī cum
24 nautīs disputant. Hōc locō Rasīnius cōnsistit et clāmat: „Num ā vōbīs fallor? Cūr hīc stātis? Num hīc exspector? Nōnne scītis statuās

[12] trānsportāre: transportieren

meās illā nāve parvā trānsportārī[12]? Cūr verba mea numquam audi-
27 untur? Prīsce, servus malus es! Servī bonī est et audīre et intellegere et pārēre!“

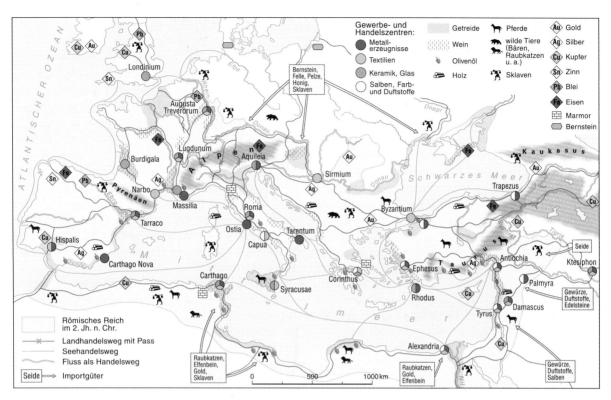

Handelsverbindungen im Römischen Reich

Prīscus autem sē dēfendit: „Saepe ā tē rēctē moneor; sed hīc multae nāvēs
30 sunt. Iūssistī[13] nāvem AEMILIAM quaerī. Ecce nōmen! Haec māgna nāvis
AEMILIA nōminātur."

Tum dominus rīdet et dīcit: „Vidēte, illa quoque parva AEMILIA nōminātur.
33 Multae nāvēs hōc nōmine vocantur. Nōnne statuās in illā nāve vidētis?
Etiam hinc cōnspiciuntur. Ā nautīs illīus nāvis iam vocāminī! Nōlīte
cessāre! Vestrum est cūnctās statuās māgnā cum celeritāte in tabernam[1]
36 trānsportāre[12]!"

[13] iūssistī: du hast befohlen

Herstellermarke einer
Terra-sigillata-Scherbe

Verstehen & Vertiefen

1. Wie reagiert Priscus auf die Vorwürfe von Rasinius?

2. Am Nachmittag trifft Rasinius in den Trajansthermen seinen
   Freund, den Gewürzhändler Gaius Volumnius Memor, und klagt
   über seine Sklaven. Was könnte er ihm erzählt haben?

3. Forsche nach: Welche Arbeitsschritte sind notwendig, um eine
   Schüssel aus Terra sigillata herzustellen?

ⓘ Handel und Wirtschaft im Römischen Reich

Eine Million Menschen, so schätzt man, sollen um das Jahr 100 n. Chr. in Rom gelebt haben. Sie mussten regelmäßig mit Lebensmitteln und anderen Gütern des täglichen Bedarfs versorgt werden. Die Waren
5 wurden auf dem Land- und dem Seeweg nach Rom transportiert. Die Stadt lag im Schnittpunkt eines gut ausgebauten Straßennetzes, das aus militärischen Gründen geschaffen worden war, aber auch von Händlern benutzt wurde.
10 Doch die Mehrzahl der Güter, die für Rom bestimmt waren – Getreide, Öl, Wein, Gewürze, Duftstoffe, Edelsteine und Seide, aber auch Kunstwerke und wilde Tiere für die Arena –, kamen per Schiff aus den Provinzen des Römischen Reiches oder aus
15 fernen Ländern in der Hafenstadt Ostia an, die gut 20 km westlich von Rom an der Tibermündung lag. Lastenträger, Hafenarbeiter, Lagerverwalter und Flussschiffer nahmen die Fracht in Empfang.

Ostia war zur Zeit des Kaisers Trajan Roms Tor zur Welt.
20 Hier wurden große Gewinne gemacht, es wurde aber auch viel Geld verloren. Denn der Seetransport war ein riskantes Geschäft: Viele Schiffe gingen durch Stürme unter oder wurden von Piraten geplündert. Bei günstigen Verhältnissen dauerte eine Passage
25 von Karthago nach Ostia vier und von Alexandria nach Ostia zwanzig Tage.
Weil der ursprüngliche Hafen von Ostia durch seine natürliche Lage zu wenig geschützt war, ließ Kaiser Trajan einen neuen, sechseckigen Hafen bauen, der
30 durch einen Kanal mit dem Tiber verbunden wurde. Die sechs Meter breiten Kaianlagen hatten eine Gesamtlänge von 6 km und boten bis zu 400 Schiffen Platz zum Ankern. Die Ladung wurde entweder in den großen Lagerhäusern (horrea) zwischengela-
35 gert oder mit kleineren Lastschiffen tiberaufwärts zum stadtrömischen Hafen, dem emporium, unterhalb des Aventin gebracht. Hier entluden Sklaven schwere Lasten mit beweglichen Hebekränen. Das Getreide, das wichtigste tägliche Nahrungsmittel,
40 wurde in großen Speichern gelagert. Andere Waren verkauften Reeder und Importeure noch im Hafen direkt an wartende Händler weiter.

In Rom gab es zahlreiche Handwerker und Kaufleute, die sich auf die Herstellung und den Verkauf unter-
45 schiedlicher Waren spezialisiert hatten und über einen kleinen eigenen oder gemieteten Betrieb verfügten. Manche Geschäftsleute waren einst Sklaven gewesen, die von ihren Herren freigelassenen worden waren und ihrerseits, wenn ihr Geschäft
50 gut ging, eigene Sklaven beschäftigen konnten. Viele Handwerker arbeiteten aber in den großen Werkstätten vermögender Betriebsbesitzer, und zahlreiche Händler waren als Beauftragte großer Geschäftshäuser tätig.
55 Handwerker und Händler, aber auch Seeleute organisierten ihr gesellschaftliches und berufliches Leben in Vereinen (collēgia). Man traf sich regelmäßig an bestimmten Versammlungsorten, um aktuelle Probleme des Wirtschaftslebens und der Politik
60 zu diskutieren, aber auch um dem Schutzgott des collēgium zu opfern und den Kaiser zu verehren. Reichere Vereine, an deren Spitze erfolgreiche Geschäftsleute und soziale Aufsteiger standen, hatten sogar kleinere Tempel.

Verstehen & Vertiefen:

1. Stelle dir vor: Du bist Händler für wilde Tiere, Gold oder Holz. Beantworte mit Hilfe der Karte S. 91 folgende Fragen:

   a) Woher beziehst du deine Waren?

   b) Auf welchem Weg werden deine Waren nach Rom transportiert?

2. Vergleiche die Karte der Handelswege mit der Karte des Imperium Romanum vorne im Buch: Welche Provinzen sind für die Versorgung der Bevölkerung besonders wichtig?

3. Zur Zeit Trajans hatte Rom nicht mehr nur sieben, sondern acht Hügel. Finde heraus, wie der heute Monte Testaccio genannte achte Hügel entstanden ist.

G1 Passiv

Ungeduldig wartet Rasinius auf die erste Lieferung für seinen neuen Laden.
Endlich erscheint der Wagen.

a) Carrus mūlīs trahitur.

b) Mūlī carrum māgnō cum labōre trahunt.

Beide Sätze drücken denselben Vorgang aus, sie unterscheiden sich aber in ihrer Blickrichtung:
Im Satz a steht der Karren, der gezogen wird, im Vordergrund.
Im Satz b stehen die Maulesel, die den Karren ziehen, im Vordergrund.
Dieser Unterschied lässt sich an der Art des Verbs (**Genus verbi**) erkennen:

carrus: Karren
mūlus: Maultier

- Beim **Passiv** (Satz a: trahitur) steht im Vordergrund die Handlung bzw. das, woran die Handlung vollzogen wird.
- Beim **Aktiv** (Satz b: trahunt) steht der Handelnde im Vordergrund.
Beachte:
Beim Aktiv richtet sich die Handlung auf das Objekt:

1.1 Erkläre, was die Bezeichnungen Aktiv und Passiv dem Wort nach bedeuten:
Passiv – von lat. patī: erleiden, erdulden
Aktiv – von lat. agere

c) [Rasīnius] ⟨mercēs⟩ [[probat]].

Beim Passiv richtet sich die Handlung auf das Subjekt:

d) [Mercēs] <ā Rasīniō> [[probantur]].

In diesem Fall kann der Urheber bzw. Täter durch ein Adverbiale angegeben werden.

Formen des Passivs

Das Passiv hat folgende Personalendungen:

2.1 Vergleiche die Personalendungen mit denen des Aktivs
(→ 3G1): Welche Ähnlichkeiten
stellst du fest?

	Sg.	Pl.
1. Pers.	-or	-mur
2. Pers.	-ris	-minī
3. Pers.	-tur	-ntur
Inf.	-rī/-ī	

	a-Konj.	e-Konj.	i-Konj.	gem. Konj.	kons. Konj.
1. Sg.	vocor	mone-or	audi-or	capi-or	ag-or
2. Sg.	vocā-ris	monē-ris	audī-ris	cap-e-ris	ag-e-ris
3. Sg.	vocā-tur	monē-tur	audī-tur	capi-tur	ag-i-tur
1. Pl.	vocā-mur	monē-mur	audī-mur	capi-mur	ag-i-mur
2. Pl.	vocā-minī	monē-minī	audī-minī	capi-minī	ag-i-minī
3. Pl.	voca-ntur	mone-ntur	audi-u-ntur	capi-u-ntur	ag-u-ntur
Inf.	vocā-rī	monē-rī	audī-rī	cap-ī	ag-ī

Nachdenken über Sprache

Übersetzung des lateinischen Passivs

Beim Passiv steht das Subjekt, das Ziel der Handlung ist, im Vordergrund.
Im Deutschen lässt sich diese Blickrichtung nicht nur durch das Passiv ausdrücken:

    Rasīnius fallitur.   –   a) Rasinius wird getäuscht.
                                   b) Rasinius lässt sich täuschen.
                                   c) Man täuscht Rasinius.
                                   d) Rasinius täuscht sich.
                                   e) Rasinius liegt falsch/daneben.

vāsa, -ōrum: Gefäße

Wähle für die folgenden Sätze jeweils die treffendste Übersetzung des Passivs
ins Deutsche:
1) Nōnnūlla vāsa in terram cadunt et franguntur.
2) Rasīnius mercibus dēlectātur.
3) In nāve nūlla vāsa inveniuntur.
4) Servī, sī saepe pūniuntur, vītam miseram agunt.

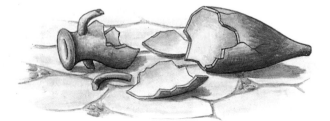

G3   Ablativ: Zeit – Täter – Trennung

1) Auf die Frage „wann?" kann ein Ablativ antworten, der **Ablativus temporis** (Ablativ der Zeit). Er steht meistens ohne Präposition.

    a) Cūnctīs diēbus servī labōrāre dēbent.

    b) Hodiē prīmā hōrā mercēs in tabernam portantur.

3.1 Aus welchen beiden Wörtern ist hodiē zusammengezogen?

2) Auf die Frage „von wem?" gibt ein Ablativ mit ā/ab den Urheber bzw. Täter an (**Ablativus auctoris**).

    c) Mercēs ā servīs in tabernam portantur.

    d) Servī ā Lūciō Rasīniō Pisānō reprehenduntur.

3.2 Bestimme die Ablativ-funktionen:
a) Carrus mūlīs trahitur.
b) Statuae ā servīs portantur.
Was fällt dir auf?

3) Ein Ablativ kann auch die Herkunft angeben. Er antwortet dann als **Ablativus separativus** (Trennungs-Ablativ) auf die Frage „woher?" oder „von wo?". Er steht am häufigsten nach Präpositionen:

    ā (vor Vokal: ab)   von … weg

    dē   von … herab

    ē (vor Vokal: ex)   aus … heraus

3.3 Ordne zu:

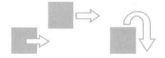

    e) Vāsa ex Etrūriā, statuae ē Siciliā trānsportantur.

    f) Saepe vāsa dē carrō in viam cadunt et franguntur.

    g) Ā flūmine Rasīnius in tabernam contendit.

vāsa, -ōrum: Gefäße
carrus: Karren
trānsportāre: transportieren
taberna: Laden

 G4   Bereichsgenitiv bei unpersönlichem est

Die Grundfunktion des Genitivs ist die Angabe des Bereichs (→6G1). Bei unpersönlich gebrauchtem est gibt der Bereichsgenitiv an, in wessen Zuständigkeitsbereich etwas fällt oder wessen Aufgabe etwas ist. Wir übersetzen dann est mit „es ist Aufgabe von …" oder „es ist Zeichen von …".

    a) Dominī est servīs imperāre.

    b) Servōrum bonōrum est dominō semper pārēre.

imperāre: befehlen

Statt eines Substantivs im Genitiv kann auch ein Possessivpronomen stehen, und zwar im Neutrum Singular.

    c) Meum est semper interrogāre, nisī cūnctās rēs sciō.

Wortbildung

Komposita

Du hast in dieser Lektion die Präposition ā/ab kennengelernt. Auch mit ihr werden Komposita gebildet. Das Präfix ā-/ab- bedeutet dann „von … weg".

Was bedeuten also ab-dūcere, ā-mittere, ab-esse, ā-vocāre, ā-volāre?

95

Formenübung

Wenn du die fehlenden Vokale einsetzt, hast du passivische Verbformen.

a) collgntr

b) tradtr

c) irridmn

d) addūcrs

e) recip

f) colloctr

g) almr

h) suprr (2)

 Hin & her

Setze die folgenden Formen, wo es möglich ist, vom Aktiv ins Passiv und umgekehrt.

trādit – portor – est – agunt – dēpōneris – mittitis – invenīrī – vīvō – servāmus – spectāre – reprehendis – vocāminī – ambulātis – appāret – legit – tangitur – petō – dūcuntur – valēte

 Wie von Geisterhand

Was geschieht morgens im Haus der Caecilier? Übersetze:

a) Līberī incitantur.

b) Tum aqua apportātur.

c) Faciēs aquā lavātur[1].

d) Clientēs exspectantur.

e) Porta aperītur et clientēs in ātrium dūcuntur.

f) Clientēs in ātriō accipiuntur.

g) Auxilium petitur.

h) Auxilium nōn negātur.

i) Līberī in scholam mittuntur.

[1]lavāre: waschen

+ Überlege, wer jeweils die Handlungen ausführen könnte, und forme die Sätze ins Aktiv um.

 Erprobe deinen Wortschatz

a) Was kann ein Schiff transportieren? (Akk.)

b) Was befiehlt Rasinius? (Akk. + Inf. Pass.)

c) Worüber können Kaufleute miteinander verhandeln? (dē + Abl.)

d) Wohin würden Sklaven lieber gehen als zum Hafen? (in/ad + Akk.)

e) Worüber beschweren sich die Sklaven? (dē + Abl.)

 Umwandlung

Verwandle folgende Sätze ins Passiv:

Beispiel: Silvānus servus iānuam aperit.
→ *Iānua ā Silvānō servō aperītur.*

a) Clientēs Caecilium Metellum salūtant.

b) Caecilius Metellus clientēs accipit.

c) Porcius patrōnō dōnum dat.

+ Manchmal ist es sinnvoll, den Urheber der Handlung zu verschweigen:

d) Tullius puerum ad magistrum nōn mittit.

e) Patrōnus Tulliō sportulam[1] dat.

f) Fortūnātus servus dominō litterās trādit.

[1]sportula: Geldgeschenk

 Europa wird geraubt

Bilde die richtige Verbform.

a) Hodiē fābula ā magistrō discipulīs (nārrāre):

b) In lītore[1] puella pulchra, Eurōpa nōmine, ā Iove (cōnspicere).

c) Statim Iuppiter amōre Eurōpae (capere).

d) Iuppiter sē in taurum vertit[2] et Eurōpae (appropinquāre).

e) Taurus sē (tangere), sē etiam flōribus variīs (ōrnāre) gaudet.

f) Eurōpa taurum nōn (timēre), sed in eius tergō[3](cōnsīdere).

g) Subitō autem amīcae Eurōpam (clāmāre) (audīre):

h) „Adeste mihi; (rapere), (rapere)“.

[1]lītus: Strand – [2]sē vertere: sich verwandeln – [3]tergum: Rücken

Ü7 Passiv? – Aktiv!

Nicht immer ist ein deutsches Passiv notwendig, um ein lateinisches Passiv zu übersetzen.
Probiere es aus.

a) Carrus[1] in viā vidētur.
b) Rasīnius statuās māgnā cum dīligentiā in tabernam[2] portārī iubet.
c) Saepe enim statuae in viā franguntur.
d) Tum quaestus[3] dominī minuitur.

[1]carrus: Karren – [2]taberna: Laden – [3]quaestus: Gewinn

 Ü8 Pflichten

Welche Pflichten müssen die folgenden Personen erfüllen?

Uxōris est…	Patrōnī est…
Magistrī est…	Clientium est…
Discipulōrum est…	Servōrum est…
Servae est…	

māgnās statuās	bonīs cibīs dēlectāre.
mēnsās[1]	māgnō clamōre salūtāre.
multās fābulās	māgnā cum dīligentiā legere.
multās rēs	līberīs explicāre.
patrōnum	in hortum portāre.
convīvās	ā malō dēfendere.
clientēs	flōribus ōrnāre.

[1]mēnsa: Tisch

 Ü9 Ablative

Übersetze den folgenden Text und bestimme die Funktionen der Ablative:

a) Lȳsander magister hodiē cum Epaphroditō amīcō thermās[1] intrat.
b) Prīmum māgnō cum gaudiō pilā[2] lūdunt, tum in balneīs[3] natāre[4] cupiunt.
c) Sextā[5] hōrā tunicam[6] ā fūre[7] malō ex apodytēriō[8] removērī vident.

d) Māgnō cum clāmōre multī hominēs fūrem[7] capere cupiunt.
e) Fūr[7] autem ē thermīs[1] currit neque iam cōnspicī potest.

[1]thermae: Thermen – [2]pila: Ball – [3]balneae: Badebereich – [4]natāre: schwimmen – [5]sextus: der sechste – [6]tunica: Tunika – [7]fūr: Dieb – [8]apodytērium: Umkleideraum

---

Nachdenken über Sprache

Aci im Passiv

Rasīnius mercēs māgnā cum dīligentiā probārī iubet.

Hier sind drei verschiedene Übersetzungen für diesen Satz. Welche gefällt dir am besten, welche am wenigsten?
1) Rasinius befiehlt, dass die Waren mit großer Sorgfalt geprüft werden.
2) Rasinius befiehlt, die Waren mit großer Sorgfalt zu prüfen.
3) Rasinius lässt die Waren mit großer Sorgfalt prüfen.

Übersetze entsprechend:
a) Māter cibōs parārī iubet.
b) Dominus arborēs caedī iubet.

Ü10 Vokabelübung

Die 18 Wörter aus dem Sack kannst du in fünf Gruppen einteilen und innerhalb der Gruppen sogar in eine Reihenfolge bringen.

dīcere · semper · cūnctī · tacēre · quattuor · numquam · duō · cōnsistere · nēmō · multī · stāre · clāmāre · ūnus · nōnnūllī · trēs · saepe · quīnque · currere

Übersetzen mit Methode I

Wie du gemerkt haben wirst, unterscheidet sich die lateinische Sprache von der deutschen.

- Viele Informationen sind in den Endungen der Wörter enthalten: portant, tabernam, nōminum.
- Die Wortstellung im Lateinischen ist viel freier: Mārcus Claudiam vocat, Lūcium vocat Claudia, vocat Lūcius Titum.

Daher empfiehlt sich für die Übersetzung lateinischer Sätze ins Deutsche ein planvolles Vorgehen. Hier lernst du zunächst zwei Methoden kennen.

1) Übersetzen der Reihenfolge nach

Viele lateinische Sätze kannst du so übersetzen, wie du einen deutschen Satz lesen und verstehen würdest. Du beginnst also am Satzanfang und folgst der Reihenfolge der Wörter bis zum Ende des Satzes.
Allerdings ist die Wortstellung im Deutschen stärker festgelegt. Daher lautet die Regel:

> „Übersetze solange nach der Reihenfolge, wie es die deutsche Sprache zulässt."

Die wichtigste Einschränkung ist:
In deutschen Aussagesätzen muss an der zweiten Satzgliedstelle das Prädikat stehen. Das siehst du an folgenden Beispielen:

Rasinius [[eröffnet]] heute seinen neuen Laden.
Früh am Morgen [[eilt]] er in die Via Biberatica.
Diese Straße [[hält]] er für besonders attraktiv gelegen.

Das bedeutet für die Übersetzung aus dem Lateinischen:
Nach dem ersten Satzglied musst du zunächst das Prädikat des Satzes übersetzen; es steht oft am Ende des Satzes. Dann kannst du weiter nach der Reihenfolge der Wörter übersetzen; natürlich musst du dabei die in den Endungen enthaltenen Informationen genau beachten.

Ante prīmam hōram ...

Ante prīmam hōram ... dūcit.

Ante prīmam hōram Rasīnius ... dūcit.

Ante prīmam hōram Rasīnius nōnnūllōs servōs ... dūcit.

Ante prīmam hōram Rasīnius nōnnūllōs servōs in Viam Biberāticam dūcit.

Deutsche Aussagesätze:
Prädikat an zweiter Stelle!

1. Bestimme jeweils das erste Satzglied.

2. Übersetze die folgenden Sätze; welche Wortstellungsregeln für andere Satzarten findest du im Deutschen heraus?
Vergleiche mit der Wortstellung im Lateinischen.
a) Dum Rasīnius mercēs probat, servī aquam sūmunt.
b) „Nōnne labōrāre cupitis?", Rasīnius clāmat.

Eine Eigenheit des Deutschen kannst du dir für die Übersetzung aus dem Lateinischen zu Nutze machen: Im Deutschen bestehen viele Verbformen aus zwei Wörtern, so z.B. im Passiv: „(er/sie/es) wird erwartet". Daher genügt es bei solchen Formen, an der zweiten Satzgliedstelle quasi nur die Endung zu übersetzen:

Taberna nova ā servīs parātur. – Der neue Laden wird ...

taberna: Laden

Wenn ein lateinischer Satz mit einem Akkusativ beginnt, so könnte es sich, wie du schon weißt, um einen Aci handeln. Achte in diesem Fall darauf, ob ein Infinitiv folgt und ob das Prädikat ein Kopf-Verb ist (→ 7 G1). Am besten beginnst du deine Übersetzung mit dem Subjekt und dem Prädikat.

Servōs tabernam novam parāre Rasīnius iubet.

> Akkusativ am Satzanfang? – Beginne mit Subjekt und Prädikat.

An diesem Beispiel siehst du aber noch etwas anderes: Innerhalb eines Satzgliedes musst du manchmal für die Übersetzung die Reihenfolge ändern, vor allem bei Attributen:

(tabernam ^novam) – (den ^neuen Laden)

Wichtig dabei: Trenne nie Zusammengehöriges! Dafür kannst du deinen Blick durch eine andere Übersetzungsmethode schärfen:

2) Übersetzen nach Wortblöcken

Jedes Satzglied – einschließlich der zugehörigen Attribute – bildet zunächst einmal einen Wortblock. Folgende Merkmale zeigen dir, was zu einem Wortblock gehört:

- alles, was durch ein Satzzeichen (vor allem Kommas) vom Rest getrennt ist,
- Präposition und zugehöriges Substantiv,
- Substantive mit adjektivischen oder substantivischen Attributen (Achte auf KNG-Kongruenz!),
- Genitivattribut und Beziehungswort, das meist direkt davor oder dahinter steht.

Auch bei dieser Methode gilt:
„Übersetze nach dem ersten Wortblock das Prädikat."

Das Übersetzen nach Wortblöcken kannst du an folgenden Beispielen einüben:

3. Teilt den Lektionstext 9 in Abschnitte auf und gliedert diese in Wortblöcke – das geht am besten in Gruppenarbeit. Diktiert dann euren Mitschülern nacheinander die einzelnen Abschnitte, indem ihr nach jeder Wortgruppe eine Sprechpause macht.

vāsa, -ōrum: Gefäße

ad portum: zum Hafen

Ein Monument auf dem Forum

Quintus und Caecilia haben Besuch von ihrem Freund Lucius, der auf einem Landgut in Etrurien lebt. Gemeinsam spazieren sie über das Forum Romanum. Beim Tempel des vergöttlichten Julius Caesar schlendern sie durch einen Bogen. Plötzlich bleibt Lucius stehen:

[1] titulus: Inschrift

„Quīnte, Caecilia, vidēte! In hōc arcū titulus[1] est. Legite nōmina:
Q. Caecilius Metellus Macedonicus, L. Caecilius Metellus Delmaticus,
3 Q. Caecilius Metellus Crēticus ...
Cūr in titulō[1] huius arcūs tot Caeciliī Metellī nōminantur? Suntne māiōrēs vestrī?"

6 Caecilia: „Ita est. Hōc in titulō[1] māgnī imperātōrēs nōminantur; itaque multa nōmina Caeciliōrum Metellōrum leguntur."
„Num arcus māiōrum vestrōrum est?", Lūcius interrogat.

[2] positus, -a, -um: aufgestellt

9 Quīntus rīdet et respondet: „Minimē. Caeciliīs arcus nōn est. Spectā statuam summō in arcū positam[2]! Arcus est Augustī prae-clārī." – „Ego nihil nisī quattuor equōs videō." – „Venī ad mē! Hinc

[3] quādrīgae, -ārum: Quadriga *(ein von vier Pferden gezogener Wagen)*

12 etiam quādrīgās[3] vidēs et positum[2] in iīs quādrīgīs[3] imperātōrem Augustum." – „Nunc eum videō; sed cūr tot nōmina aliōrum virōrum hīc īnscrīpta sunt[4]?" – „Eō modō triumphī eōrum

[4] īnscrīpta sunt: (sie) sind ein-gemeißelt

15 memoriae trāduntur." – „Triumphī? Quid est triumphus?"
Quīntus rem explicat et „Ducī māgnō", inquit, „post victōriam praeclāram triumphum agere licet. Is agmen per viās urbis dūcit. Ad

[5] triumphātor: Triumphator

18 triumphum multī hominēs laetī contendunt: cūnctī triumphātōrem[5]

Drei Gemälde aus der Folge „Der Triumph Caesars" von Andrea Mantegna, um 1500; Hampton Court, England

exercitumque victōrem vidēre cupiunt. Ā campō Mārtiō agmen venit:
Prīmum sonī[6] tubārum[7] et cornuum audiuntur. Deinde tabulae urbium
21 aliēnārum videntur. Mīlitēs Rōmānī laetī praedam manibus tenent: vāsa
aurea[8], statuās māgnās, arma mīlitum aliēnōrum. Eae rēs spectātōribus
speciem praeclāram praebent."

24 „Sed ubi mīlitēs aliēnī sunt?"
„Iī captīvī[9] post quādrīgās[3] per triumphum trahuntur. Sī vultūs
captīvōrum[9] spectās, sortem eōrum bene scīs. Ante quādrīgās[3] summī
27 magistrātūs comitēs videntur. Mediō in agmine triumphātor[5] superbus
in quādrīgīs[3] stat et ā populō celebrātur. Servus corōnam tenet et eī dīcit:
‚Respice[10] post tē! Tē hominem esse mementō[11]!'
30 Exercituī iocōs mīlitārēs[12] clāmāre et ducem irrīdēre licet. Etiam mīlitēs
laudantur, nam sine exercitū triumphus agī nōn potest. Turba hominum, dum triumphum spectat, iam ‚Macte virtūte[13]', imperātor!', iam ‚Iō
33 triumphe[14]!' clāmat. Triumphus et magistrātibus et mīlitibus et populō
rēs maxima est."

„Hīcne in forō Rōmānō agmen cōnsistit?"
36 „Minimē, sed medium per forum dūcitur. Dum agmen viā Sacrā
summum Capitōlium ascendit[15], ducēs hostium in carcere Tulliānō[16]
necantur. Tum cornua sīgnum dant et ad id sīgnum triumphātor[5] ante
39 templum Iovis taurum immolat[17]. Populus autem tōtā in urbe diem
noctemque celebrat."

Tandem Lūcius dīcit: „Triumphum Rōmānīs rem māgnam esse
42 intellegō." Quīntus autem: „Rēs māgnae in Etrūriā accidunt, triumphus
rēs est maxima, mī Lūcī!"

[6]sonus: das Getöse
[7]tuba: Trompete
[8]vāsa aurea *n.*: goldene Gefäße

[9]captīvus: Gefangener

[10]respicere: schauen
[11]mementō!: denk daran!
[12]iocī mīlitārēs: Soldatenscherze
[13]macte virtūte!: ein Hoch auf
   deine Tapferkeit!
[14]io triumphe!: hurra, Triumph!

[15]ascendere: hinaufsteigen
[16]carcer Tulliānum: *das
   Staatsgefängnis, erbaut vom
   römischen König Tullius*
[17]immolāre: opfern

Verstehen & Vertiefen

1. Forsche nach: Wann und zu welchen Anlässen hat es in Rom Triumphzüge gegeben?

2. Was geschieht mit den verschiedenen Gruppen von Kriegsgefangenen? Kannst du dir denken, warum sie so unterschiedlich behandelt werden?

3. Gibt es noch heute Ereignisse, die sich mit einem Triumphzug vergleichen lassen?

ⓘ Wir interpretieren Münzen

Von dem Augustusbogen auf dem Forum Romanum, den Quintus, Caecilia und Lucius gesehen haben, ist heute außer einigen steinernen Resten des Fundaments nichts mehr zu sehen. Woher wissen
5 wir dann, wie er aussah?

Aureus (Goldmünze) des Augustus, daneben 20-Cent-Münze in entsprechender Größe

Was sehen wir auf dem Aureus?
Auf der Vorderseite ist der Kopf des Kaisers Augustus dargestellt, der nach rechts blickt. Um ihn herum läuft die folgende Inschrift:
10 S.P.Q.R.IMP.CAESARI.AVG.COS.XI.TR.POT.VI.
Löst man die für römische Inschriften charakteristischen Abkürzungen auf, ergibt sich folgender Text: Senātus Populusque Rōmānus Imperātōrī Caesarī Augustō cōnsulī XI, tribūniciā potestāte
15 VI. Übersetzung: „Senat und Volk von Rom für den Imperator Caesar Augustus, der elf Mal Konsul war und alle Amtsvollmachten eines Volkstribunen zum 6. Mal innehat." Imperator Caesar ist Teil des Kaisernamens. Den Titel Imperator machte Augustus
20 zum Bestandteil seines Namens, um sich als siegreichen Feldherrn darzustellen, und Caesar nannte er sich, weil er der Adoptivsohn von C. Iulius Caesar war. Der Angabe der tribūnicia potestās (der Amtsvollmacht eines tribūnus plēbis, eines
25 Volkstribunen) können wir entnehmen, dass die Münze zwischen dem 26. Juni 18 und dem 25. Juni 17 v. Chr. geprägt wurde, denn Augustus übernahm seit 23 v. Chr. in jedem Jahr dieses Amt.
Auf der Rückseite der Münze ist ein dreitoriger
30 Bogen mit runden Durchgängen. Über dem mittleren siehst du die vier Pferde einer Quadriga, eines römischen Triumphwagens. Er wird von einer stehenden Person gelenkt. Links und rechts stehen zwei Figuren, die auf die Person in der Quadriga blicken.
35 Die rechte Figur überreicht ihr einen Legionsadler, in

der anderen Hand hält sie einen Bogen: die traditionelle Waffe der östlichen Nachbarn der Römer, der Parther. Die linke Figur übergibt ein Feldzeichen. Als Fortsetzung der Vorderseite findet sich die Inschrift
40 CIVIB.ET.SIGN.MILIT.A.PART.RECUPER., das heißt cīvibus et sīgnīs militāribus ā Parthīs recuperātīs. Übersetzung: „..., nachdem die Bürger und die Feldzeichen von den Parthern zurückgewonnen worden waren."
45 Mit Hilfe der Münze können wir nicht nur das Aussehen des Bogens erschließen, sondern auch den Anlass seiner Erbauung. Er wurde auf Veranlassung des Volkes und Senats von Rom für den Kaiser Augustus errichtet, der 20 v. Chr. mit den verfeindeten Parthern
50 einen Friedensvertrag abschloss. Zugleich gelang es ihm, die Parther durch diplomatische Verhandlungen dazu zu bewegen, die kriegsgefangenen Römer und die Feldzeichen, die Rom in früheren Kriegen verloren hatte, zurückzugeben. Trotz dieses Erfolges lehnte es
55 Augustus aber ab, einen Triumph zu feiern.

Aureus Trajans

Verstehen & Vertiefen

1. Erkläre, welche Funktion Bild und Umschrift auf römischen Münzen hatten, und erläutere die Unterschiede zu unserem heutigen Geld.

2. a) Vergleiche Inschrift und Darstellungen des Aureus Trajans mit dem Aureus des Augustus: Welche Elemente erkennst du wieder, wo siehst du Unterschiede?
   b) Welche zwei militärischen Erfolge Trajans kannst du aus seinen (abgekürzten) Beinamen erschließen?
   c) Finde heraus, welches Bauwerk auf der Rückseite abgebildet ist und welchem Zweck es diente. Ein Tipp: Es steht noch heute in Rom.

G1   u-Deklination

Hier lernst du eine weitere Deklinationsgruppe kennen, und zwar die der Substantive, deren Stamm auf -u endet (u-Deklination genannt). Diese Substantive sind überwiegend Maskulina.
Die Ausgänge der u-Deklination lauten:

	Maskulina		Neutra	
	Sg.	Pl.	Sg.	Pl.
Nom.	-us	-ūs	-ū	-ua
Gen.	-ūs	-uum	-ūs	-uum
Dat.	-uī	-ibus	-uī	-ibus
Akk.	-um	-ūs	-ū	-ua
Abl.	-ū	-ibus	-ū	-ibus

1.1 Welche Ausgänge sind mehrdeutig?
1.2 Welche Kasussignale der u-Deklination sind dir aus anderen Deklinationen bekannt?
1.3 Wiederhole die zwei Grundregeln für das Neutrum (→ 5 G2) und zeige auf, dass sie auch für die u-Deklination gelten.

Hier findest du zwei Deklinationsbeispiele:

	Sg.	Pl.	Sg.	Pl.
Nom.	magistrātus	magistrātūs	cornū	cornua
Gen.	magistrātūs	magistrātuum	cornūs	cornuum
Dat.	magistrātuī	magistrātibus	cornuī	cornibus
Akk.	magistrātum	magistrātūs	cornū	cornua
Abl.	magistrātū	magistrātibus	cornū	cornibus

G2   Adverbiale: Prädikativum

Iūlius et Tullius et Porcius cum uxōribus ad forum Rōmānum contendunt, nam triumphum imperātōris Trāiānī spectāre cupiunt. Dum forō
3 appropinquant, cūnctī laetī clāmant. Iūlius autem prīmus advenit[1] – sed nōn tempore: Iam triumphātor[2] cum magistrātibus comitibus Capitōlium ascendit[3]. Miser Iūlius Tullium et Porcium recipit. Nunc tandem prīma
6 uxōrum advenit[1]: Terentia est, uxor Tullī; secunda venit Mārcia, tertia[4] Calpurnia. Tum autem Iūlius cūnctōs amīcōs convīvās domum[5] dūcit.

[1] advenīre: ankommen
[2] triumphātor: Triumphator
[3] ascendere: hinaufsteigen
[4] tertius: der dritte
[5] domum: nach Hause

Die blau hervorgehobenen Wörter haben alle ein Beziehungswort in KNG-Kongruenz und sehen deshalb wie Attribute aus. Aber sie antworten nicht auf die Frage „was für …?" oder „welcher …?", sondern geben als Adverbiale auf die Fragen „wie?" bzw. „als was?" eine nähere Angabe zum Prädikat:

2.1 Nenne die Beziehungswörter der blau hervorgehobenen Wörter.
2.2 Wo im Text finden sich echte Attribute?

Wie rufen alle?	–	fröhlich
Als was kommt Iulius an?	–	als erster
Als was führt er seine Freunde nach Hause?	–	als Gäste

2.3 Bilde eine Eselsbrücke: Warum steckt in „Prädikativum" das Wort „Prädikat"?

Ein solches Substantiv oder Adjektiv, das von der **Form** her mit einem Beziehungswort in KNG-Kongruenz übereinstimmt, als **Satzglied** aber ein Adverbiale ist, heißt **Prädikativum**.

Prädikativa kannst du erwarten

- bei Adjektiven, die körperliches oder seelisches Befinden bezeichnen:
  Cūnctī laetī clāmant.

2.4 Nenne für jede Art des Prädikativums ein weiteres Beispiel aus dem Text S.103.

- bei Adjektiven, die Reihenfolge, Rang oder Menge bezeichnen:
  Secunda venit Mārcia.
- bei Substantiven, die Amt, Rolle, Funktion oder Altersstufe bezeichnen:
  Iūlius amīcōs convīvās domum dūcit.

Die doppelte Natur des Prädikativums lässt sich auch in der grafischen Satzgliedbestimmung deutlich machen: Das Prädikativum erhält sowohl die spitzen Klammern des <Adverbiale> als auch das hochgestellte ^{A} des Attributs.

2.5 Schreibe aus dem Text S.103 alle weiteren Sätze mit Prädikativa ab und kennzeichne die Satzglieder.

[Cūnctī] <^{A}laetī> [[clāmant]].
<^{A}Secunda> [[venit]] [Mārcia].
[Iūlius] (amīcōs) <^{A}convīvās> <domum> [[dūcit]].

Ursus[1] māgnus cupidus[2] venit.

Ursus[1] māgnus timidus fugit.

[1] ursus: Bär – [2] cupidus: gierig

G₃   is, ea, id als Demonstrativpronomen

Neben hic, haec, hoc und ille, illa, illud gibt es noch ein weiteres Demonstrativpronomen: is, ea, id – dieser, diese, dies(es). Es verweist auf bereits Genanntes oder gleich Folgendes, ohne dabei wie hic oder ille noch extra Nähe oder Ferne auszudrücken.

Als Demonstrativpronomen tritt is, ea, id vor allem auf
- im Nominativ
- oder in Kombination mit einem Beziehungswort im gleichen KNG.

In allen anderen Fällen handelt es sich in der Regel um das (nichtreflexive) Personal- bzw. Possessivpronomen der 3. Person (→ 3G4, 6G5, 8G3): ihn, ihr, es usw.

Imperātor Trāiānus et mīlitēs triumphum agunt. Is in quādrīgīs stat, post eum multī captīvī sunt. Iī miserī sunt, vultūs eōrum speciem miseram praebent. Populum autem eōs captīvōs, arma eōrum māgnamque praedam spectāre iuvat. Eae rēs mōnstrant populum Rōmānum maximum esse.

3

quādrīgae, -ārum: Quadriga
captīvus: Gefangener

Die Formen lauten:

	Sg.			Pl.		
	m.	*f.*	*n.*	*m.*	*f.*	*n.*
Nom.	is	ea	id	iī (eī)	eae	ea
Gen.	eius	eius	eius	eōrum	eārum	eōrum
Dat.	eī	eī	eī	iīs (eīs)	iīs (eīs)	iīs (eīs)
Akk.	eum	eam	id	eōs	eās	ea
Abl.	eō	eā	eō	iīs (eīs)	iīs (eīs)	iīs (eīs)

Wortbildung

Abstrakte Substantive

Suffixe können aus einem Adjektiv ein abstraktes Substantiv machen; im Deutschen ist ein solches Suffix z. B. -heit oder -keit (vergleiche: Schönheit, Geschicklichkeit).

Im Lateinischen gibt es verschiedene Suffixe, die diesen Zweck erfüllen.

Suffix	Was bedeutet also:
-tās	varietās, bonitās
-itia	laetitia, malitia
-tūdō	pulchritūdō, altitūdō, multitūdō, māgnitūdō

Substantive mit diesen Suffixen sind immer femininum.

Kongruenz

Kombiniere – manchmal gibt es mehrere Möglichkeiten.

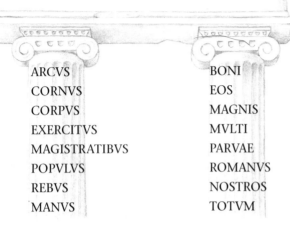

ARCVS	BONI
CORNVS	EOS
CORPVS	MAGNIS
EXERCITVS	MVLTI
MAGISTRATIBVS	PARVAE
POPVLVS	ROMANVS
REBVS	NOSTROS
MANVS	TOTVM

 Tausch

Ersetze ein Substantiv durch das andere; passe, wo nötig, das Attribut an:

a) agmen **durch** exercitus:
agminī māgnō, agmine māgnō, agminum māgnōrum, agmina māgna (2)
b) homo **durch** magistrātus:
is homo, eōrum hominum, eō homine, iīs hominibus
c) arcus **durch** aedificium:
huius arcūs, hunc arcum, hī arcūs, hōs arcūs

 Ergänze

Wie lauten die fehlenden Endungen?

arcuī praeclār▢, manuum māgn▢,
mātrī optim▢, triumphō me▢, tōt▢ urbī,
hī▢ frātribus, agmina māgn▢, hom▢
laetus, homin▢ malōrum, vir▢ stultī,
clāmōr▢ laetīs

✛ Setze anschließend die Singular-Formen in den Plural und umgekehrt.

 **Was passt?**

Welches Pronomen kann jeweils mit den Substantiven verbunden werden?

EXERCITVS
ille illud PONDVS
illī eae id hās
RES illae illīus eās
hic illās illa
huius is eius
PVERI iī
ea eōs hae
haec illōs
INSTRVMENTA

 Konjugieren

Setze die Infinitive in dieselbe Form wie das vorangestellte Verb.

a) dormiunt – exercēre, dēesse, superāre
b) alō – favēre, relinquere, negāre
c) pūnīris – vincere, celebrāre, āmittere
d) dēpōnuntur – colligere, capere, addūcere
e) iacēmus – posse, certāre, vendere
f) mandātur – minuere, condere, trādere

Alltag in Rom

a) Mediā in urbe multa fora, multī arcūs, multae viae videntur.
b) In forō Rōmānō arcūs pulchrī ā multīs hominibus spectantur.
c) Summīs in arcibus nōmina Caesarum leguntur.
d) Mediō diē Trāiānō imperātor dē summō Palātiō[1] forum Rōmānum plēnum hominum esse videt.
e) Prīmā nocte hominēs sē domum[2] recipiunt.
f) Mediā nocte līberī parentēsque dormiunt.

[1]Palatium: der Palatin (Hügel in Rom) – [2]domum: nach Hause

Kasusfunktionen

Welche Kasusfunktionen erkennst du bei den grün gekennzeichneten Wörtern?

a) Vespasiānō imperātōrī Titus fīlius est.
b) Mīlitēs huius ducis hostēs populī Rōmānī vincunt.
c) Et dux et exercitus superbī māgnum triumphum laetīs clāmōribus agunt.
d) Tandem ducī in urbe arcus erigitur[1].
e) In hōc arcū titulus[2] legitur:
f) Senātus[3] populusque Rōmānus dīvō[4] Titō, dīvī[4] Vespasiānī fīliō, Vespasiānō Augustō.

[1]erigere: errichten – [2]titulus: Inschrift – [3]senātus: Senat – [4]dīvus, -a, -um: vergöttlicht

 Eine Fabel

Hier hat jemand eine lateinische Fabel übersetzt; allerdings hat er an manchen Stellen nicht auf den Sinn geachtet.

Im höchsten Baum saß ein Rabe mit einem Stück Käse. Der erste Hund kam vorbei und bat den Raben,
3 ihm etwas abzugeben. Aber der Rabe gab ihm nichts. Da zog der elende Hund ab. Der zweite Fuchs kam vorbei und sagte zum Raben: „O Rabe, wie
6 glänzen deine Federn, wie schön ist dein Körper und wie lieblich dein Gesicht! Wenn du auch noch singen könntest, könnte kein Vogel dich übertreffen!" – Der
9 stolze Rabe wollte etwas singen; da fiel der Käse auf den Boden. Der fröhliche Fuchs schnappte ihn und lief durch den mittleren Wald zu seiner Höhle.

Welche Wörter solltest du anders einbauen?
+ Wie heißen die Adjektive, die hier an der falschen Stelle standen, auf Lateinisch?

 Christliche Gebete

In nōmine patris et fīliī et spiritūs sanctī
Pater noster
Avē Maria

 Heldentaten

Ergänze die jeweils richtige Form von is, ea, id.

a) Lucius Caecilius Metellus hat die Punier in Sizilien besiegt und ihre Elefanten nach Rom gebracht.
Ex ▉ victōriā Metellōrum sīgnum est elephantus.
b) Kreta wurde von Quintus Caecilius Metellus erobert.
Itaque ▉ vir Crēticus nōminātur.
c) Lucius Caecilius Metellus führte ein Heer gegen die Delmater.
Nunc ▉ nōmen Delmāticus est.
d) Ein anderer Quintus Caecilius Metellus heißt Macedonicus, weil viele gefährliche Makedonen von ihm gefangen genommen worden sind.
▉ autem posteā servī Rōmam[1] missī sunt[2].
e) In einer Schlacht wurde Lucius Caecilius Metellus verwundet und erhielt den Namen Diadematus.
▉ nōmen dē fōmentō[3] eius dūcitur.

[1]Rōmam: nach Rom – [2]missī sunt: (sie) wurden geschickt – [3]fōmentum: Verband

 Krieg!

a) Stelle aus dem Lektionstext alle Wörter zusammen, die mit militärischen Handlungen verbunden sind.
b) Ergänze dieses Sachfeld um alle weiteren „militärischen" Vokabeln, die du bereits kennst.

 Englisch leicht gemacht

Haec verba Anglica ā verbīs Latīnīs dūcuntur:

exercise, alien, ingenious, honourable, current, scientific, sacrifice, armour, manual, memorial, ridiculous, diligence

wissenschaftlich, Übung, Gedenkstätte, ausländisch, geläufig, Opfer, Handbuch, Rüstung, Sorgfalt, geistreich, ehrenwert, lächerlich

Im Circus Maximus

L. Rasinius Pisanus und seine Frau Vitellia treffen auf dem Weg zum Circus Maximus den Vater von Spurius, C. Volumnius Memor.

Rasīnius:	Salvē, Volumnī, quid agis? Venī nōbīscum!
Volumnius:	Salvēte, Rasīnī et Vitellia, bene agō. Vōs quō ītis?
3 Rasīnius:	Nōs ad lūdōs circēnsēs[1] īmus. Iam multī hominēs circum ineunt. Et nōs, sī sēdēs bonās cupimus, nunc inīre dēbēmus.
6 Vitellia:	Rēctē dīcis! Ego nunc ineō et locum idōneum ad videndum quaerō. Pompa[2] enim deōrum, equōrum, aurīgārum[3] iam circum init et hōs vidēre cupiō. Cūr nōn venīs nōbīscum, Volumnī? Num aliō[4] īs?
9 Volumnius:	Īte, amīcī, et sēdēs bonās quaerite. Et ego ad lūdōs[1] īre cupiō, sed prīmum Volumniam Alcen sorōrem arcessō. Dīligit enim et illa lūdōs[1].

Als Volumnius mit seiner Schwester schließlich wieder zu Rasinius und seiner Frau stößt, haben die Wagen bereits Aufstellung genommen:

Rasīnius:	Factiōnī[5] albātae[6] faveō! Equōs albātōrum[6] multum valēre sciō. Nisī factiōnem[5] albātam[6] vincere videō, circēnsēs[1] spectāre mē nōn iuvat.
Volumnius:	Occāsiō vincendī eīs nōn datur! Semper frūstrā labōrant. At factiōnis[5] russātae[7] aurīga[3] vir ēgregius est; nēmō tam superandī cupidus est quam ille!
18 Rasīnius:	Factiōnem[5] russātam[7] māgnam esse nōn putō. Hodiē factiō[5] albāta[6] plūs valet.
21 Volumnius:	Ad vincendum factiōnī[5] albātae[6] aurīga[3] bonus dēest. Nēmō ex eīs satis perītus est equōs bene regendī. Nostrōrum aurīga[3] est Mūsculus: eius ars celeritāsque in regendō māxima est.
Vitellia:	Vidēte mappam[8] cadere! Sīgnum ineundī datur.
Rasīnius:	Iam aurīga[3] albātus[6] cēterōs praeterit. Curre, curre!
27 Volumnia:	Ubi sunt russātī[7]? Cūr hodiē tardī sunt?

[1]lūdī circēnsēs: Zirkusspiele, Wagenrennen

[2]pompa: Parade
[3]aurīga *m.:* Wagenlenker
[4]aliō: anderswohin

[5]factiō, -ōnis *f.:* Mannschaft
[6]albātus, -a, -um: weiß

[7]russātus, -a, -um: rot

[8]mappa: Tuch

Verstehen & Vertiefen

1. Was interessiert die einzelnen Gesprächsteilnehmer am Wagenrennen? Erstelle eine Übersicht.

2. Was verhindert den Sieg der weißen Mannschaft?

3. Was bedeutet der Name Musculus? Informiere dich mit Hilfe eines Lexikons.

Volumnius:	Prīmō tardī sunt, sed equōrum curriculum[9] nōn fīnītum est[10]. Necesse est mētās[11] observāre. Ibi aurīga[3] bonus certāmen dēcernit.
30	
Rasīnius:	Albātī! Albātī[6]! Hodiē cūnctōs praeterīmus!
Vitellia:	Quid est? Ecce cāsus! Albātī[6] et russātī[7] concurrunt. Equī cadunt, rotae[12] franguntur. Quantus clāmor!
33	
Volumnius:	Vidētisne aurīgam[3] russātōrum? Quid agit? In arēnā iacet! Num interit?
36 Volumnia:	Perīculum intereundī māgnum nōn putō. Sed vidē: prasinī[13] praetereunt!
Rasīnius:	Praetereuntne prasinī[13]? Quanta calamitās! Equī nostrōrum vulneribus afficiuntur, equī adversāriōrum tardī sunt, sed tamen vincunt. Spēs victōriae nostrōrum mihi nōn iam est, victōriam adversāriōrum vidēre nōn cupiō! Satis est. Abeō!
39	
42 Vitellia:	Abī, sī tibi placet. Nōs quidem cūncta vidēre cupimus, cētera certāmina exspectāmus. Fortūnae rota[12] volvitur, fortēs[14] fortūna adiuvat.

[9]curriculum: Rennen
[10]fīnītum est: es ist zu Ende
[11]mēta: Wendepunkt

[12]rota: Rad

[13]prasinus, -a, -um: grün

[14]fortēs *Akk.:* die Tapferen

Rekonstruktion des Circus Maximus um 300 n.Chr.

ⓘ Fünf Fragen

Tontafel, 1. Jahrhundert n. Chr.; London, British Museum

1. Wo fanden die Wagenrennen statt?

Römische Wagenrennen (lūdī circēnsēs) fanden in Freizeitstätten statt, die eigens für diesen Zweck erbaut wurden und die die Römer circus nannten. Ein circus bestand aus einer langen, schmalen Rennbahn, an deren beiden Enden je drei Kegel (mētae) als Wendemarken dienten. Die Strecke führte um eine Mittelachse (spīna); auf dieser standen Altäre, Statuen, Obelisken und die Rundenanzeiger – eiförmige Gebilde oder Delphine aus Marmor, die auf Holzgerüsten befestigt waren. Der größte circus, der Circus Maximus in Rom, maß nach seinem Umbau durch Trajan ca. 620 x 150 m, die Arena war 580 x 79 m groß, und auf den steinernen Rängen fanden 150 000 bis 200 000 Zuschauer Platz.

2. Wie verliefen Wagenrennen?

In den Startboxen (carcerēs) warteten bis zu zwölf Gespanne, die jeweils von zwei, drei oder vier Pferden gezogen werden konnten. Die Pferde waren prächtig herausgeputzt, und die Rennfahrer trugen einen Helm, hielten eine Peitsche in der Hand, schützten ihre Knie und Schenkel durch Binden und banden sich die Zügel um die Brust. Sie durften die weiße Startlinie erst überfahren, wenn der die Spiele ausrichtende Beamte unter Trompetenstößen das Zeichen zum Start gab, indem er ein weißes Tuch (mappa) in die Arena warf. Dann fiel die zwischen den Startboxen gespannte Leine und die Gefährte schossen los. Sieben Runden mussten zurückgelegt werden. Auf Höhe der weißen Ziellinie saßen die Preisrichter, die den Gewinner ausriefen. Aber auch entlang der Rennstrecke waren Schiedsrichter postiert, die auf regelgerechtes Verhalten beim Start, beim Überholen und an den Wendepunkten achteten.

3. Wer durfte Wagenrennen besuchen?

Erwachsene Männer und Frauen, aber auch Jugendliche besuchten die lūdī circēnsēs. Die Frauen hatten hier – ganz im Gegensatz zu den Gladiatorenspielen – keine gesonderten Plätze. Die Zuschauer mussten ordentlich gekleidet sein; die Männer hatten deshalb eine Toga zu tragen. Im Circus Maximus saßen die Besucher nach ihrem gesellschaftlichen Rang: Die besten Sitze an der Arena hatten Senatoren und Ritter.

4. Was gefiel den Zuschauern?

Die Schnelligkeit der Pferde und die Kunst der Wagenlenker faszinierten die Zuschauer. Einen besonderen Nervenkitzel boten riskante Überholmanöver in einer der beiden engen Wendekurven, bei denen es oft zu Unfällen mit Verletzten und Toten kam. Die Zuschauer begeisterten sich für eine Mannschaft (factiō), die durch eine bestimmte Farbe gekennzeichnet war. Es gab die Weißen (factiō albāta), die Blauen (factiō veneta), die Roten (factiō russāta) und die Grünen (factiō prasina). Jeder Wagenlenker trug ein entsprechend gefärbtes „Trikot" (pannus). Viele Zuschauer schlossen vor Rennbeginn Wetten ab.

5. Wer waren die Wagenlenker?

Die Angehörigen dieses Berufstandes waren meist Sklaven. Dennoch feierte das Publikum erfolgreiche Wagenlenker, die mehrmals am Tag an den Start gingen, als Stars. Wer mehr als 1000 Siege eingefahren hatte, zählte zur Elite der miliāriī und wurde zum Millionär. Der Wagenlenker Diocles hatte nach 4257 Rennen und 1462 Siegen 36 Millionen Sesterzen verdient.

Verstehen & Vertiefen

1. Schaut gemeinsam das Wagenrennen in dem Film „Ben Hur" an und überprüft, inwieweit Rennbahn und Wagenrennen der historischen Wirklichkeit entsprechen.

2. Sucht im Internet Texte und Abbildungen zu den antiken Wagenrennen und fertigt zu diesem Thema eine Wandzeitung an.

ire

Das Verb īre („gehen") hat in der Regel den Stamm **i-**, nur in einigen wenigen Formen den Stamm **e-**. Welche das sind, kannst du der folgenden Übersicht entnehmen:

	Sg.	*Pl.*
1. Pers.	e-ō	ī-mus
2. Pers.	ī-s	ī-tis
3. Pers.	i-t	e-u-nt
Imp.	ī	ī-te
Inf.	ī-re	

Zwei Freunde streiten sich, wer den kürzesten Brief schreiben kann.
Marcus schreibt:
„Eō rūs." (**rūs:** aufs Land)
Schreibt Lucius zurück:
„Ī!"

Wortbildung

Das Verb īre

Das Verb īre gehört zu den Wörtern, die besonders oft mit einem Präfix verbunden werden. Du kennst z. B. abīre und inīre.
Was bedeuten also die Verben
adīre, exīre, trānsīre?

Von diesen Komposita werden auch Substantive gebildet:
aditus, exitus, trānsitus, initium.

 Der substantivierte Infinitiv: nd-Formen

1) Wie du schon weißt, kann ein Infinitiv als Subjekt oder Objekt verwendet werden:
   a) Vincere iuvat.
   b) Mūsculus vincere cupit.

2.1 Bestimme die Satzgliedfunktion der substantivierten Infinitive in den Sätzen a–d.

Ein Infinitiv kann aber auch in anderer Satzgliedfunktion auftreten. Dafür gibt es im Lateinischen eigene Formen mit -**nd**-:
   c) Equī ad currendum parātī sunt.
   d) In praetereundō aurīga cēterōs observāre dēbet.

aurīga *m.:* Wagenlenker

Da der Infinitiv hier wie ein Substantiv verwendet wird, heißt er substantivierter Infinitiv.
Die nd-Formen werden nach der o-Deklination dekliniert; in der i-, der konsonantischen und der gemischten Konjugation tritt vor das -nd- noch der Aussprechvokal -e-.

2.2 „Das Wandern ist des Müllers Lust": Woran ist im Deutschen ein substantivierter Infinitiv zu erkennen?

Hier zwei Beispiele sowie die nd-Form von īre:

Nom.	pugnāre	petere	īre
Gen.	pugna-nd-ī	pet-e-nd-ī	eundī
Dat. (selten)	pugna-nd-ō	pet-e-nd-ō	eundō
Akk. (nur nach Präp.)	ad pugna-nd-um	ad pet-e-nd-um	ad eundum
Abl.	pugna-nd-ō	pet-e-nd-ō	eundō

2.3 Erstellt eine Übersicht: Welche Möglichkeiten der Übersetzung von nd-Formen ins Deutsche findet ihr?

2) Oft kannst du eine nd-Form auch mit einem gewöhnlichen Infinitiv (evtl. mit „zu") übersetzen, so besonders nach Adjektiven, von denen eine nd-Form im Genitiv abhängt:

    e) Aurīgae vincendī cupidī sunt.

aurīga *m.:* Wagenlenker

3) Die nd-Form kann durch weitere Angaben ergänzt werden, so z.B. durch ein Adverbiale oder ein Objekt. Auch in diesem Fall liegt also eine satzwertige Konstruktion vor (→7G2).

    f) Mūsculus cēterōs praetereundī cupidus est.
    g) Bonī aurīgae est bene regendō equōs cēterōrum vincere.

Nachdenken über Sprache

Chiasmus und Parallelismus

Die Römer liebten es, einander entsprechende Satzglieder auffällig zu stellen:

Rasīnius: Aurīga[1] albātōrum[2] ēgregius est.

Volumnius: Russātōrum[3] aurīga[1] optimus est!

Gleiche Satzglieder können über Kreuz stehen – das sieht aus wie der griechische Buchstabe Chi (X). Die Überkreuzstellung heißt daher **Chiasmus**.
Wenn die Satzglieder parallel zu einander stehen, spricht man von einem **Parallelismus**.
Ob innerhalb eines Satzes einander entsprechende Satzglieder einen Chiasmus oder einen Parallelismus bilden, findest du heraus, wenn du die gleichen Satzglieder untereinander schreibst:
a) Aurīga[1] regit, equī currunt.   b) Albātī[2] cadunt, praetereunt prasinī[4].

    Aurīga[1] regit,   Albātī cadunt,

    equī currunt.   praetereunt prasinī.

Suche in dem Lektionstext 12 jeweils ein Beispiel für Parallelismus und Chiasmus.

[1] aurīga: Wagenlenker – [2] albātus: weiß – [3] russātus: rot – [4] prasinus: grün

Nachdenken über Sprache

Doppelte Verneinung

Wenn ein Satz zwei Verneinungen enthält, so heben diese sich gegenseitig auf; die Aussage des Satzes wird bejaht, oft sogar noch besonders verstärkt.

    a) Nūllus aurīga vincendī cupidus nōn est.
Vergleiche: „Das ist nicht unklug."

Eine Verneinung in Kombination mit nisī („außer") lässt sich im Deutschen oft mit „nur" wiedergeben.
    b) Nūllā rē aurīga dēlectātur nisī victōriā.
Vergleiche: No one but me can do this.

 ## Substantivierte Adjektive

Adjektive können auch ohne ein Beziehungswort stehen; sie werden dann wie ein Substantiv verwendet und werden dekliniert.

novum   bonī   nostrī

Im Deutschen musst du meist ein entsprechendes Substantiv wählen. Dazu kannst du den lateinischen Endungen entscheidende Informationen entnehmen, vor allem über Genus und Numerus des Substantivs.

novum   bonī   nostrī
die Neuigkeit   die Anständigen   unsere Leute

3.1 Erkläre, welche Merkmale zu diesen Übersetzungen geführt haben.

Im Neutrum Plural fasst ein substantiviertes Adjektiv mehrere Dinge zu einer Menge zusammen. Im Deutschen verwenden wir dafür in der Regel den Singular:

multa   cūncta   stulta
viel(es)   alles   dummes Zeug

3.2 Was heißt tuī, perītī, in mediō, aliēnī, mala, suī?

Nachdenken über Sprache

Alliteration

Prīmō praetereunt prasinī. – Anfangs überholen die Grünen.
Wenn mehrere Wörter in einem Satz mit dem gleichen Laut beginnen (hier mit p: prīmō praetereunt prasinī), sprechen wir von einer Alliteration.
a) Denkt euch weitere Beispiele für Alliterationen aus – im Deutschen und Lateinischen.
b) Diskutiert, welche Wirkungen Alliterationen haben.
c) Wo finden sich im Lektionstext Alliterationen?

Hin & her

Vertausche Singular und Plural.

īmus, dīligit, init, regis, praeterītis, certāmina

 Bildersprache

Welches Wort gehört zu welcher Zeichnung?

praeterit, init, interit, it, eunt

a)   c)   e)

b)   d)

 nd-Form?

Welche der folgenden Formen ist eine nd-Form?
condō – concurrendō – contendō – abeundō –
dēfendō – mandō – observandō – vendō –
respondeō.

+ Bilde von den übrigen Verben die nd-Form im
Ablativ.

 Rätsel

Im folgenden Wortgitter haben sich fast alle dir bekannten Formen von īre versteckt. Welche fehlt aber?

e	u	n	t
o	i	r	e
i	t	i	s
s	u	m	i

 Auf dem Sklavenmarkt

Ein Händler preist seine Ware an. – Welches Wort
gehört in die Lücke?

a) Audīte: Hodiē vōbīs datur occāsiō servōs bonōs
▭▭▭ (emendī – condendī – surgendī).
b) Ille servus ēgregius scit artem ▭▭▭
(mandandī – scrībendī – vīvendī).
c) Hic servus māgnus idōneus est ad ▭▭▭
(fugiendum – manendum – pūgnandum).
d) Illa serva pulchra artem scit īnfantēs[1]
▭▭▭ (alendī – iudicandī – crescendī).
e) Ille servus stultus numquam cōnsilium capit
▭▭▭ (recipiendī – dēcipiendī – collo-
candī).
f) Cūnctī servī meī cupidī sunt ▭▭▭
(relinquendī – labōrandī – cōnfīdendī).

[1] īnfāns, infantis: kleines Kind

Nachdenken über Sprache

Ein „unmögliches" Wort

Für das lateinische Wort afficere gibt es keine all-
gemein gültige Übersetzung. Wenn du aber den
zugehörigen Ablativ beachtest, fällt dir sicher eine
passende Formulierung ein.

Beispiel:
Equī vulneribus afficiuntur. – Die Pferde werden verwundet.

Wer findet den besten Ausdruck für:
a) Spurius amōre afficitur.
b) Tullius cliēns[1] semper calamitātibus afficitur.
c) Spectātōrēs gladiātōrem praeclārum honōre
afficiunt.
d) Spectātōrēs gladiātōrem timidum malīs verbīs
afficiunt.

[1] cliēns: Klient

Fans

Beim Wagenrennen ist es so laut, dass Vitellia nicht alles versteht. Sie muss überlegen, wie die Endungen der folgenden Wörter lauten müssten:

a) Citō, Clāre, contend■■!
b) Necesse est equōs incitā■■, haec est occāsiō vinc■■!
c) Favēte factiōn■■[1] nostr■■, frātrēs!
d) Fusce, equōs incit■■, praeter■■ cēterōs aurīgās[2]!

[1]factiō: Mannschaft – [2]aurīga: Wagenlenker

✛ Welche Stilfiguren findest du in den Fan-Gesängen?

 Wie unsportlich

Viele Besucher der Spiele hatten große Angst vor einer Niederlage ihrer Mannschaft. Daher fertigten sie manchmal Fluchtäfelchen an, mit denen sie Dämonen baten, gegnerische Wagenlenker zu vernichten.

„Victōriam ōrō, daemon: Equōs cēterārum factiōnum[1] vulneribus affice! Aurīgīs[2] illōrum da spem vincendī, tum autem favē factiōnī nostrae! Ades nostrīs! Cēterīs nūllam vincendī occāsiōnem relinque! Da nōbīs hodiē victōriam, daemon!"

[1]factiō: Mannschaft – [2]aurīga: Wagenlenker

 **Wie sag ich´s auf Deutsch?**

a) Hostibus spēs est Rōmānōs vincendī.
b) Nunc mīlitum Rōmānōrum est dē victōriā certāre.
c) Subitō sīgnum hostēs petendī audītur.
d) In dēfendendō Rōmānī labōrant.
e) Tamen cūnctī plēnī sunt speī hostēs superandī armaque eōrum accipiendī.

 Gespräch unter Nachbarn

Vor der Haustür trifft Gaius Volumnius Memor seinen neuen Nachbarn Stephanus Arintheus.

C.: Salvē, Stephane; ī nōbīscum ad lūdōs[1]!
S.: Salvē, Gaī. Lūdōs[1] spectāre mihi nōn licet,
3   nam servus deī sum.
C.: Nōnne scīs cūnctōs deōs in pompā[2] celebrārī?
S.: Sciō deōs vestrōs in pompā[2] celebrārī imā-
6   ginibus stultīs et superbīs. Eās videndī cupidus nōn sum!
C.: Cupidus nōn es videndī? Nōnne oculōs[3] ha-
9   bēmus ad videndum?
S.: Ego nōn habeō ad illud videndum.
C.: Neque circus neque equī sunt rēs malae. Nōn-
   ne equī quoque ā deō tuō factī[4] sunt?
S.: Factī[4] sunt nōn ad dēlectandum, sed ad deum laudandum.
15 C.: Quid dīcis dē arte regendī, dē spē vincendī, dē clāmōre turbae?
S.: Ea dīcō opera diabolī[5] esse.

[1]lūdī: Zirkusspiele – [2]pompa: Prozession der Götterbilder – [3]oculus: Auge – [4]factus: geschaffen – [5]diabolus: Teufel

 Memorabilia

Sprüche von Erziehern an ihre Schüler:

Per aspera[1] ad astra[2]!
Multum, nōn multa!
Aliīs īgnōsce[3] multa, tibi nihil!
Parvōs parva dēlectant.

[1]asper, -a, -um: hart – [2]astrum: Stern – [3]īgnōscere: verzeihen

Textvorerschließung I

1) Vorerschließung über unterschiedliche Textmerkmale

Der Begriff Text stammt von texere (weben) und bezeichnet etwas aus verschiedenen Fäden Gewebtes. Diese Fäden stammen von Personen, Gegenständen oder Handlungen; sobald sie verknüpft sind, können sie spannende Texte ergeben. Du kannst sie aber auch einzeln verfolgen. Das ist vor allem dann hilfreich, wenn du dir erst einmal einen Überblick über den Text verschaffst.

2) Vorerschließung über Personen

Wenn du den folgenden Text „überfliegst", stellst du fest, dass es um mehrere Personen geht. Beachte, dass Personen nicht immer durch Namen oder Pronomina genannt werden müssen, sondern manchmal in den Verben „versteckt" sind.

1. Stelle alle Informationen, die du über die Personen erhältst (Name, Stellung, Anliegen, Art der Hilfe), in einer Tabelle zusammen. Beachte dabei, dass Verneinungen den Sinn einer Aussage völlig verändern können.
[1] saepe: oft
[2] iūdicium: Gerichtsprozess
[3] dictāre: diktieren

Bei der Salutatio

Gāius Caecilius Metellus clientibus saepe[1] adest. Hodiē Porcius patrōnō dōnum parvum dat. Cliēns sportulam accipit. Iūlius uxōrem aegrōtam
3 esse dīcit. Neque ā patrōnō pecūniam recipit, sed patrōnus eum ūnum ex servīs vendere iubet. Tullius patrōnō litterās mittit. Sē ad eum venīre nōn posse scrībit. Cupit sē ā patrōnō in iūdiciō[2] dēfendī. Gāius Caecilius statim
6 servum vocat et eī respōnsum dictat[3], nam Tullium adiuvāre cupit.

3) Vorerschließung über Konnektoren

Meist sind nicht nur die Informationen selbst wichtig, sondern auch ihr Zusammenhang. Diese Verknüpfung wird durch Konnektoren wie „dann" oder „dort" ausgedrückt. Sie lassen erkennen, in welcher Reihenfolge oder an welchen Orten eine Handlung erfolgt. Und sie geben darüber Auskunft, in welchem Zusammenhang zwei Handlungen stehen: Macht jemand zum Beispiel etwas, **weil** oder **obwohl** etwas anderes geschehen ist?

2. Stelle alle Informationen aus dem Text in einer Tabelle zusammen
a) über die verschiedenen Personen bzw. Gruppen,
b) über die zeitliche Abfolge der Handlung,
c) über die verschiedenen Schauplätze,
d) über die logische Verknüpfung der Sätze miteinander.

In dem folgenden Text kannst du auch so die wesentlichen Informationen mit Hilfe der Konnektoren im Voraus erschließen.

Apud[1] patrōnum patrōnōrum

Gāius Caecilius Metellus patrōnus bonus est, quod semper clientēs adiu-
3 vat. Multī autem clientēs eī nōn sunt, nam māgna pecūnia Caeciliō nōn est. Etiam Caecilius, quamquam patrōnus est, cliēns imperātōris Trāiānī est.
6 Hodiē imperātor Trāiānus clientēs exspectat. Itaque Caecilius Metellus prīmā iam hōrā clientēs suōs in ātriō exspectat, tum cūnctī ad imperātōrem properant. Caecilius Trāiānum verbīs multīs et blandīs[2] laudāre
9 cupit, nam cūnctī Rōmānī imperātōrem valdē dīligunt. Itaque clientēs haec verba docet[3]: „Salvē imperātor, patrōne patrōnōrum". Secundā hōrā Caecilius clientēsque ad domum[4] imperātōris veniunt. Dum ante ātrium
12 stant, multōs hominēs vident: prīmum multī mīlitēs Trāiānum adeunt[5],

postea imperātor centum senātōrēs māgnōs excipit[6]. Caecilius senātōrēs Trāiānum multīs verbīs laudāre audit. Tum et Caeciliō Metellō et clien-
15 tibus eius Trāiānō appropinquāre licet. Iam ante imperātōrem stant, iam hōrā tertiā cum aliīs senātōribus Trāiānum laudāre cupiunt, iam „salvē" dīcere incipiunt, cum subitō Trāiānus sūrgit et cūnctīs clientibus grātiās
18 agit. Tum ātrium relinquit. Hostēs enim imperium[7] Rōmānum petunt. Itaque Trāiānus mīlitēs colligere dēbet. Tandem Caecilius cum clientibus quartā hōrā domum[4] redit[8].

[1]apud: bei – [2]blandus, -a, -um: schmeichelnd – [3]docēre: beibringen – [4]domus: Haus – [5]adīre: besuchen – [6]excipere: empfangen – [7]imperium: Reich – [8]redīre: zurückkehren

4) Vorerschließung über Hinweise und Textmerkmale

In Lektion 2 möchte Sextus eine Geschichte hören. Vielleicht fängt diese mit „Es war einmal …" an. Dann wäre es ein Märchen, und vermutlich spielen darin sprechende Tiere eine wichtige Rolle. Allerdings würdest du dich sehr wundern, wenn du ein Polizeiprotokoll zu einem Fahrraddiebstahl lesen würdest, in dem es um sprechende Wölfe oder verwunschene Schlösser geht. Bei einem Protokoll oder einer Anzeige erwartest du eine ganz sachliche Darstellung. Ähnlich ist es bei einer Gebrauchsanweisung: Hier wird alles – eher langweilig – Schritt für Schritt erklärt. Häufig gibt es Bilder als Hilfen. Jede Textsorte löst also unterschiedliche Erwartungen über den möglichen Inhalt aus; diese können dir helfen, den Text zu verstehen, auch ohne ihn vollständig zu übersetzen.
Zusätzliche Hilfen erhältst du durch Überschriften, einleitende Sätze und Bilder. Außerdem kannst du dich besonders bei einem Gespräch an der Textstruktur orientieren. Dann weißt du, wer was sagt und wie es gemeint ist, weil wichtige Punkte häufiger angesprochen werden.

3. Schau dir noch einmal die Lektionstexte 7 und 9 an; welche Vermutungen über den Inhalt kannst du aus der Textsorte, der Überschrift und der Einleitung ableiten?

5) Welche Vorerschließung ist die beste?

Häufig führen mehrere Erschließungsmethoden zum Ziel. Je mehr Spuren du folgst, desto mehr findest du bereits vor einer Übersetzung über den Text heraus. Du kannst auch erst deine Beobachtungen und Erwartungen in dein Heft schreiben und anschließend bei der Übersetzung prüfen.

In Lektion 3 geht es um die Schule. Ich erfahre aus der deutschen Überschrift und der Einleitung, dass Caecilia und Quintus Schüler sind und der Pädagoge Atticus sie zum Lehrer Lysander bringen soll. Am Anfang reden nur Caecilia und Quintus. Es scheint unruhig bei der Familie zu sein, denn die Kinder schreien (clamat), und mehrmals geht es darum, dass sie sich beeilen sollen (properare). Sie sind wohl schon recht spät dran.
Ab Zeile 5 kommt Atticus dazu, und er stellt Fragen. Wahrscheinlich fragt er, ob die Kinder noch nicht fertig sind. Bis zum Ende der Seite kommt der Lehrer nicht vor, die Kinder sind also noch nicht in der Schule angekommen. Quintus sagt nicht viel auf dem Weg zum Unterricht. Er läuft aber viel (currit; recurrit); wahrscheinlich hat er etwas vergessen und muss das schnell von zu Hause holen. Das könnten stilus und tabella sein, die er dann vorzeigt …

Tödliche Blicke

Perseus und seine Mutter Danae hat es auf die Insel Seriphos verschlagen. Um seine Mutter vor den Nachstellungen des dortigen Königs zu schützen, verspricht Perseus diesem, er werde ihm alles herbeischaffen, was er wolle, und wenn es das Haupt der Gorgo Medusa sein müsse. Und so hatte sich Perseus wohl oder übel auf den Weg gemacht, das furchtbare Monster zu suchen, bei dessen Anblick alle Lebewesen zu Stein werden. Nach langer Abwesenheit kehrt Perseus endlich nach Hause zurück, wo er von seiner Mutter freudig begrüßt wird:

[1] cibisis, *Akk.* -im, *Abl.* -ī *f.:* Tasche

[2] cōnscendere: besteigen
[3] clipeus: der Schild
[4] loca deserta *(Pl.):* die Einöde

„Salvē, mī fīlī. Quam laeta sum, quod tē salvum esse videō! Quid agis? Et quid in illā cibisī[1] tēcum portās?"
3 „Salvē, māter. Et ego gaudeō mē salvum esse. Illud mōnstrum nōn iam vīvit, caput eius in hāc cibisī[1] mēcum portō. Num cupida es caput videndī?"
6 „Minimē! Sed valdē cupida sum cūncta audiendī. Nārrā mihi!"
„Memoriāne tenēs illud cum rēge colloquium? Illā nocte multa cogitābam, diū dormīre nōn poteram, cum subitō Minerva apparuit
9 lectōque appropinquāvit et ‚Perseu', inquit, ‚nōlī timēre! Tū semper sacrificia nōbīs faciēbās, tū numquam nōbīs deīs dēfuistī, cōnsilia nostra ā tē numquam neglegebantur. Itaque tibi iam adfuimus et
12 nunc quoque adesse cupimus: Cōnscende[2] nāvem, Āfricam pete!'
Cōnsiliō paruī. Māne gladium clipeumque[3] arripuī, nāvem parāvī. Nōnnūllōs diēs nāvigābam ad ōram Āfricae. Inde per loca dēserta[4]
15 errābam, iterum iterumque nōmina Medūsae Gorgonumque vocābam neque eās invenīre potuī. In quaerendō Graeīs, sorōribus Gorgonum, appropinquāvī; iīs, quamquam sunt trēs, ūnus est oculus,
18 ūnus est dēns. Viam ex iīs quaesīvī, eae autem respōnsum negāvērunt.

Verstehen & Vertiefen

1. Wodurch fällt die sprachliche Gestaltung von Z. 12 und Z. 32–34 auf?

2. In der Antike wurde das Haupt der Medusa oft auf Kampfschilden und Tempelgiebeln abgebildet. Warum?

3. Betrachte das abgebildete Relief:

   a) Welche Elemente der Geschichte erkennst du wieder?

   b) Welche Körperteile sind bei Perseus und der Medusa besonders betont? Warum ist das so?

   c) Woher kommt das Pferd? – Informiere dich in einem Sagenbuch oder im Internet.

Itaque oculum dentemque dolō rapuī; tum dēmum Graeae viam mōnstrāvērunt: ‚Prīmum ad Nāiadēs īre dēbēs. Illae habent cibisim[1], tālāria[5],
21 pīleum[6]. In cibisī[1] caput Medūsae occultārī potest, tālāribus[5] facultās volandī
datur, pīleus[6] autem hominem invīsibilem[7] reddit. Nōlī Medūsam aspicere,
sed spectā imāginem eius in clipeō[3] tuō!' Tum ego laetus: ‚Quod viam
24 mihi mōnstrāvistis, oculum dentemque vōbīs reddō.'
Et profectō Nāiadēs cūncta mihi praebuērunt. Posteā sēdēs Gorgonum
petēbam, cum multa et mīra saxa animum meum sollicitāvērunt: formās
27 hominum, avium aliārumque bestiārum praebēbant. Inde scīvī Gorgonēs
ibi habitāre. Quod ea mōnstra reperiendī cupidus eram, saxīs appropinquāvī. Clipeum[3] māgnā cum dīligentiā observābam, cum subitō imāginēs
30 illārum sorōrum mē perterruērunt: capita eārum māgna erant, in
capitibus nōn crīnēs[8], sed anguēs[9] erant, linguae ex ōribus pendēbant.
Subitō falcem[10] in manū meā esse putāvī. Movebātur manus mea, manus
33 cum falce[10] ad caput Medūsae dūcebātur, subitō caput Medūsae in
manibus habuī, statim caput in cibisī[1] fuit."
„Hoc, mī fīlī, fuit opus Minervae!"

[5] tālāria *(Pl.):* Flügelschuhe
[6] pīleus: Tarnkappe
[7] invīsibilis, *Akk.* -em: unsichtbar

[8] crīnis: Haar
[9] anguis, -is: Schlange
[10] falx, falcis: Sichel

Relief von einem griechischen
Tempel in Selinunt (Sizilien),
Höhe 147 cm, 6. Jahrhundert
v. Chr.; Palermo, Museo
Archeologico Regionale

ⓘ Was ist ein Held?

Wandgemälde aus Pompeji, 93 x 106 cm, Mitte 1. Jahrhundert n. Chr.; Neapel, Museo Archeologico Nazionale

Die Geschichte von Perseus ist eine typische Heldengeschichte. Sie beginnt wie viele andere solche Mythen mit einer Prophezeiung. Akrisios, dem König von Argos, wurde geweissagt, dass, wenn seine
5 Tochter einen Sohn bekäme, er von diesem getötet werde. Deshalb ließ Akrisios seine Tochter Danae in ein unterirdisches Verlies aus Bronze einsperren, damit sie nicht schwanger werden könne. Doch Zeus hatte sich in die schöne Prinzessin verliebt und
10 gelangte als goldener Regen in ihre Kammer. Danae wurde schwanger und brachte einen Sohn zur Welt, übernatürlich gezeugt und von göttlicher Herkunft. Sie nannte ihn Perseus. Akrisios hörte aus der unterirdischen Kammer die Schreie des kleinen Babys; vol-
15 ler Angst und Zorn ließ er Perseus und Danae in eine Kiste stecken und mitten auf dem Meer aussetzen.
Die Kiste wurde an den Strand der Insel Seriphos gespült. Dort wuchs Perseus zu einem jungen Mann heran. Der König von Seriphos, Polydektes, stellte
20 ihn auf die Probe: Er solle ihm das Haupt eines schrecklichen Monsters, der Gorgo Medusa, bringen. Obwohl Perseus von Athene und Hermes göttlichen Beistand erhielt, musste er den Weg an das Ende der Welt, wo die Gorgonen hausen, erst herausfin-
25 den. Dabei begegnete er rätselhaften Wesen, die er mit List überwältigte; die Graien nannten ihm den Weg zu den Nymphen, die ihm Zaubergegenstände gaben: Flügelschuhe, Tarnkappe und Tasche.
So ausgerüstet gelangte Perseus zu den grausigen
30 Gorgonen, deren versteinernden Blick er trickreich vermied. Mit einer Sichel schnitt Perseus das Haupt der Medusa ab; diese ungewöhnliche Waffe hatte ihm Hermes geschenkt. Durch die Todesschreie der Medusa aufgeweckt, verfolgten die beiden ande-
35 ren Gorgonen Perseus, der sich jedoch mit der Tarnkappe unsichtbar machte und mit dem Kopf der Medusa entkam.
Auf dem Rückflug erblickte Perseus an der Küste Äthiopiens ein junges Mädchen, das an einen Felsen
40 gekettet war. Es war die Prinzessin Andromeda, die einem Seeungeheuer geopfert werden sollte. Perseus verliebte sich in die schöne Andromeda und beschloss sie zu retten. Er griff das übermächtige Ungeheuer aus der Luft an, täuschte es mit sei-
45 nem Schatten und konnte es so erstechen. Freudig willigten Andromedas Eltern in die Heirat ihrer

Tochter mit Perseus ein. Dann kehrte Perseus mit Andromeda nach Seriphos zurück, wo er sich an Polydektes rächte: Er verwandelte ihn mit dem
50 Medusenhaupt in Stein.
Später machte sich Perseus auf den Weg nach Argos, um seinen Großvater kennenzulernen. Dieser ließ gerade Sportwettkämpfe veranstalten, zu denen auch Perseus eingeladen wurde. Perseus warf den
55 Diskus – und verwundete damit Akrisios, der bald darauf an der Verletzung starb. Dies war die Erfüllung der Prophezeiung.
Noch lange nach seinem Tode wurde Perseus an verschiedenen Orten Griechenlands wie ein Gott ver-
60 ehrt. Junge Männer sahen in ihm ein Vorbild auf dem schwierigen Weg zum Erwachsensein. Und wenn die Griechen nachts zum Himmel schauten, glaubten sie dort sein Bild zu erkennen, in dem nach ihm benannten Sternbild des Perseus.

Verstehen & Vertiefen:

1. Nenne zu den in Z. 17–37 genannten Informationen die entsprechenden Stellen aus dem Lektionstext.

2. Vergleiche die Geschichte von Perseus mit anderen Heldengeschichten, die du kennst. Welche Merkmale erkennst du wieder?

3. Wie sind in dem Wandgemälde verschiedene Geschehnisse zusammengefasst?

G1 Vergangenheitstempora

1) Um Geschehnisse der Vergangenheit darzustellen, gibt es im Lateinischen zwei Tempora, die unterschiedlich eingesetzt werden:

Das **Imperfekt**,
zu erkennen am Signal -ba-, schildert Vorgänge oder Zustände, die
- lang andauern:
  durativ ⟹
- oder sich wiederholen:
  iterativ ⇢ ⇢ ⇢

Das **Perfekt**,
zu erkennen z. B. an Signalen wie -v- oder -u-, erzählt **punktuell**
- einmalige Geschehnisse,
- oder Vorgänge, auf deren zeitliche Ausdehnung es nicht ankommt. ○

> **Imperfekt:**
> durativ oder iterativ
>
> **Perfekt:**
> punktuell

dūrāre: dauern
iterāre: wiederholen

a) Perseus et Danaē māter in īnsulā vītam miseram agēbant.
b) Saepe fugere cupiēbant.
c) Rēx autem īnsulae Serīphī Danaem amāvit.
d) Fīlium eius ad cēnam invītāvit.

cēna: Essen
invītāre: einladen

2) Häufig beschreibt das Imperfekt auch Vorgänge im Hintergrund, die schon länger andauern, während das Perfekt den Beginn oder Fortschritt eines Geschehens markiert.

> **Imperfekt:**
> Hintergrundshandlung
>
> **Perfekt:**
> Handlungsfortschritt

e) Perseus post illam cēnam multa cōgitābat, diū in lectō iacēbat. Tum subitō Minerva dea eī apparuit et animum eius incitāvit: „Pete Āfricam!"

1.1 Welche Tempora musst du wählen, wenn du die beiden Bilder mit lateinischen Sätzen beschreiben willst?

G2 Imperfekt: Formen

Die Formen des Imperfekts setzen sich zusammen aus dem Präsensstamm, dem Tempuskennzeichen und der Personalendung:

vocā-ba-t

Das Tempuskennzeichen für das Imperfekt lautet:
- in der a- und e-Konjugation: -ba-
- in den anderen Konjugationen: -eba-

Die Personalendungen sind bis auf eine Ausnahme die gleichen wie im Präsens, wie du der folgenden Übersicht entnehmen kannst:

2.1 Welche Personalendung ist im Imperfekt anders als im Präsens? Woher kennst du diese Endung schon?

	Aktiv	
	Sg.	Pl.
1. Pers.	vocā-ba-m	vocā-bā-mus
2. Pers.	vocā-bā-s	vocā-bā-tis
3. Pers.	vocā-ba-t	vocā-ba-nt

	Aktiv	
	Sg.	Pl.
1. Pers.	audi-ēba-m	audi-ēbā-mus
2. Pers.	audi-ēbā-s	audi-ēbā-tis
3. Pers.	audi-ēba-t	audi-ēba-nt

	Passiv	
	Sg.	Pl.
1. Pers.	vocā-ba-r	vocā-bā-mur
2. Pers.	vocā-bā-ris	vocā-bā-mini
3. Pers.	vocā-bā-tur	vocā-ba-ntur

	Passiv	
	Sg.	Pl.
1. Pers.	audi-ēba-r	audi-ēbā-mur
2. Pers.	audi-ēbā-ris	audi-ēbā-mini
3. Pers.	audi-ēbā-tur	audi-ēba-ntur

īre bildet das Imperfekt mit -ba-: ībam, ībās ...
Das Imperfekt von esse und posse lautet so:

	Sg.	Pl.
1. Pers.	eram	erāmus
2. Pers.	erās	erātis
3. Pers.	erat	erant

	Sg.	Pl.
1. Pers.	poteram	poterāmus
2. Pers.	poterās	poterātis
3. Pers.	poterat	poterant

3.1 Bilde von folgenden Verben das Perfekt; gehe dabei immer eine Person weiter:

a) v-Perfekt

amāre, ambulāre, apportāre, appropinquāre, celebrāre, certāre, cessāre, clāmāre, collocāre, disputāre, errāre, imperāre, incitāre, interrogāre, intrāre, iudicāre, labōrāre, laudāre, mandāre, mōnstrāre, narrāre, necāre, negāre, nōmināre, observāre, occultāre, ōrāre, ōrnāre, portāre, probāre, properāre, pūgnāre, putāre, salūtāre, servāre, spectāre, spērāre, superāre, volāre, audīre, cupere, dormīre, pūnīre

b) u-Perfekt

appārēre, dēbēre, exercēre, habēre, iacēre, monēre, pārēre, placēre, praebēre, tacēre, tenēre, timēre, valēre

 G3 **Perfekt Aktiv: Stamm und Endungen**

Das Perfekt hat zwei Merkmale, einen eigenen Perfektstamm und besondere Personalendungen:

vocāv-ī

Der Perfektstamm hat im Stammauslaut verschiedene Kennzeichnen:
- das Kennzeichen -v- findet sich vor allem bei Verben der a-Konjugation: **v-Perfekt,**
- das Kennzeichen -u- findet sich vor allem bei Verben der e-Konjugation: **u-Perfekt.**

Das Personalendungen des Perfekts im Aktiv lauten:

	Sg.	Pl.
1. Pers.	-ī	-imus
2. Pers.	-istī	-istis
3. Pers.	-it	-ērunt

Hier die vollständige Konjugation von v- und u-Perfekt sowie das unregelmäßige Perfekt von esse und posse:

	Sg.	Pl.
1. Pers.	vocāv-ī	vocāv-imus
2. Pers.	vocāv-istī	vocāv-istis
3. Pers.	vocāv-it	vocāv-ērunt

	Sg.	Pl.
1. Pers.	monu-ī	monu-imus
2. Pers.	monu-istī	monu-istis
3. Pers.	monu-it	monu-ērunt

	Sg.	Pl.
1. Pers.	fu-ī	fu-imus
2. Pers.	fu-istī	fu-istis
3. Pers.	fu-it	fu-ērunt

	Sg.	Pl.
1. Pers.	potu-ī	potu-imus
2. Pers.	potu-istī	potu-istis
3. Pers.	potu-it	potu-ērunt

G4 Imperfekt und Perfekt: Übersetzung

Wie du gesehen hast, gibt es im Lateinischen zwei verschiedene Vergangenheitstempora, die unterschiedlich verwendet werden, je nachdem ob die zeitliche Ausdehnung eine Rolle spielt oder nicht (Imperfekt oder Perfekt, → G1.1).

Auch im Deutschen gibt es zwei verschiedene Vergangenheitstempora: Präteritum („er schlief") und Perfekt („er hat geschlafen"). Ihr Gebrauch deckt sich nicht mit der Verwendung von Imperfekt und Perfekt im Lateinischen; deshalb kontrollierst du deine Übersetzung am besten mit Hilfe deines Sprachgefühls. Betrachte folgende Beispiele:

a) Minerva Perseō appropinquāvit et eum laudāvit:
b) „Semper cōnsiliīs meīs parēbās."

Was hältst du von folgender Übersetzung?

a) Minerva hat sich Perseus genähert und ihn gelobt:
b) „Immer gehorchtest du meinen Ratschlägen."

L ≠ D!

G5 cum inversivum

Hintergrundshandlung und Handlungsfortschritt (→ G1.2) lassen sich auch durch einen Hauptsatz und einen temporalen Gliedsatz voneinander abheben.

Der Hauptsatz steht im Imperfekt und beschreibt die Hintergrundshandlung.	Der Temporalsatz wird durch cum oder cum subitō eingeleitet, steht im Perfekt und gibt den plötzlich eintretenden Handlungsfortschritt an.

Perseus Graeās diū spectā**bat**,   **cum (subitō)** eī occāsiō illa mōnstra superandī sē prae**buit**.

Ein solches cum heißt **cum inversivum**.

invertere: umstürzen

Hin & her

Vertausche Imperfekt und Perfekt

a) tacēbās
b) licuit
c) potuī
d) observāvimus
e) appropinquābātis
f) exercuērunt

 Bastelecke

In den Säcken findest du Wortanfänge und -enden. Welche passen zusammen? – Manchmal gibt es mehrere Möglichkeiten.

cōgitāv- mandā-
fu-
exercu-
monu-
al- habē-
audīv-
er- custōdī-

-ēbās   -am
-ērunt
-ī
-ebam
-istī   -ēbam
-bam
-istis   -bātis

 Imperfekt?

Suche alle Formen heraus, die im Imperfekt stehen.

properābās, probās, tacēbam, turbam, errās, erās, probāmus, turbās, trahebāmus, mandātis, erātis, litterās, properāmus, erāmus, spērāmus

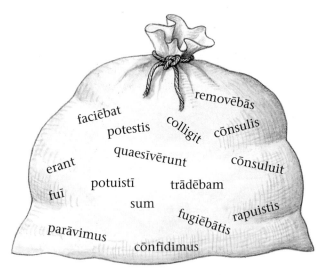 **Durcheinander**

In diesem Sack stecken Verbformen in allen dir bekannten Tempora. Lege im Heft eine Konjugationstabelle an und sortiere sie dort ein. Zwei Lücken bleiben; fülle sie mit Formen von īre.

faciēbat
removēbās
potestis
colligit cōnsulis
quaesīvērunt
cōnsuluit
erant
potuistī trādēbam
fuī
sum
fugiēbātis rapuistis
parāvimus
cōnfīdimus

Auswahl

Lucius hat in Rom viel erlebt. Später erzählt er davon seinen Freunden. Wann muss er Perfekt, wann Imperfekt verwenden?

a) Fēriīs[1] apud[2] Mārcum et Quīntum fuī/eram.
b) Saepe thermās petīvimus/petēbāmus.
c) Quōdam diē[3] etiam cum amīcīs amphitheātrum intrāvī/intrābam.
d) Iterum iterumque spectātōrēs nōmina gladiātōrum clāmāvērunt/clāmābant.
e) Tum tubās[4] audīvimus/audiēbāmus.
f) Id gladiātōribus sīgnum intrandī fuit/erat.
g) Gladiātōrēs imperātōrem salūtāvērunt/salūtābant.
h) Subitō Aemiliānus Urbicum petīvit/petēbat.
i) Diū Urbicus et Aemiliānus bene pūgnāvērunt/pūgnābant, fortūna autem Urbicō adfuit/aderat.

Nachdenken über Sprache

Unterbrochene Handlungen

Eine Handlung, die länger dauert, kann durch eine andere unterbrochen werden. Wie wird so etwas im Lateinischen, wie im Englischen ausgedrückt?

Perseus diū in lectō iacēbat, cum subitō Minerva dea apparuit.
While Perseus was lying in his bed, the goddess Minerva suddenly appeared.

[1] fēriae: Ferien – [2] apud: bei – [3] quōdam diē: eines Tages – [4] tuba: Trompete

 **Ü6 Rückblick**

Quintus erinnert sich an das letzte Jahr. Bilde aus seinen Gedanken vollständige Sätze.

a) diēs lūstricus[1] – soror – esse
b) saepe – convīvae – adesse
c) Sextus – semper – fābulae – audīre – cupere
d) Ad – vīlla rūstica – avēs - servāre

[1] diēs lūstricus: Tag der Namengebung

 Ü7 Grabinschrift

Auf einigen Grabsteinen aus römischer Zeit liest man die Abkürzung N F N S N C. Sie steht für:

Nōn fuī, nōn sum, nōn cūrō[1].

[1] cūrāre: besorgt sein

Welche Vorstellung von Leben und Tod erkennst du in der Inschrift?

 Ü8 Biologie

Cūr in arēnā Libyae terrae multae anguēs[1] vīvunt?

Perseus Gorgonem superāvit, in cibisī[2] caput eius per caelum altum portāvit. Dē capite iterum iterumque guttae sanguineae[3] in terram cadēbant. Terra autem eās in anguēs[1] mūtāvit[4].

[1] anguis: Schlange – [2] cibisis: Tasche – [3] gutta sanguinea: Blutstropfen –
[4] mūtāre: verwandeln

 Ü9 inde – inde – inde

Perseus in īnsulā Serīphō habitābat. Inde in Āfricam nāvigāvit. Inde Medūsam quaerēbat, sed reperīre nōn potuit. Graeae deinde viam eī mōnstrāvērunt. Perseus cōnsiliō eārum pāruit; inde Medūsam vincere potuit.

Wortbildung

Gegenteile

Das Präfix com- bedeutet meist „zusammen-", das Präfix dis- „auseinander-", „aus-", „zer-":

Damit kannst du die Bedeutung folgender Verben erschließen:

contrahere	– distrahere
concurrere	– discurrere
compōnere	– dispōnere
corripere	– dīripere
colligere	– dīligere

Manchmal ist dis- auch nur das Gegenteil von com-:
cōnfīdere ⟷ diffīdere

Jetzt verstehst du den Arzt, der angesichts eines Röntgenbildes folgende Diagnose stellt:
„Hier sehen wir am distalen Ende der Speiche eine Fraktur mit Dislokation."
(Dabei helfen dir die Wörter stāre, frangere, locus.)

Ü10 Rätsel

Im folgenden Wortgitter haben sich mindestens zwölf unterschiedliche Verbformen versteckt:

e	x	e	r	c	u	i
r	r	i	n	u	p	t
r	i	r	s	p	o	i
a	u	e	a	i	t	u
b	f	s	r	v	u	c
a	f	t	r	i	i	a
m	a	b	e	m	i	t

Der Heilige Georg

Aufgaben zur selbstständigen Arbeit mit dem Text

Lies den Text zunächst bis Z. 9 und beantworte dann folgende Fragen:

1. Wie heißen die beiden Hauptpersonen? Was erfährst du über sie? Antworte auf Deutsch und nenne die entsprechenden Textstellen auf Latein.

2. Was erfährst du über das Tier, das eine weitere wichtige Rolle im Text spielt? Antworte auf Deutsch und nenne die entsprechenden Textstellen auf Latein.

3. Was vermutest du: Welchen Verlauf und welches Ende nimmt die Geschichte?

Gemälde von Raffael, 1505,
29,5 x 25,5 cm; Paris, Louvre

Lies nun den Text weiter bis zum Ende und bearbeite die folgenden Aufgaben.

4. Übersetze den Text ins Deutsche.

5. Prüfe, ob deine Vermutungen zu Frage 3 richtig waren. Wenn nicht – wie unterscheidet sich deine Geschichte von der hier erzählten? Wie bist du auf deine Geschichte gekommen?

6. Erkläre das Verhalten Georgs.

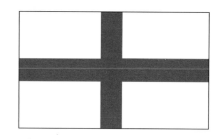

Sanctus Georgius

Georgius mīles in exercitū imperātōris Dioclētiānī erat. Aliquandō ad urbem Silēnam ībat, cum puella pulchra eī appropinquāvit; ea autem
3 lacrimābat.

„Quis es?", Georgius interrogāvit. „Cūr misera es?"

„Margarēta sum, fīlia rēgis urbis Silēnae. Hominēs huius urbis miserī sunt,
6 nam ā mōnstrō māgnō iam diū perterrēmur. Illī mōnstrō necandī cupidō iterum iterumque bestiās praedam praebēbāmus, sed bestiās nōn iam habēmus. Itaque nunc fīliī et fīliae eī dantur. Hodiē ego mōnstrō mittor
9 et vītam meam āmittere dēbeō."

„Nōlī timēre, fīlia rēgis," Georgius inquit. „In nōmine Chrīstī tē adiuvāre parātus sum!"
12 Subitō clāmōrem māgnum audīvērunt. „Mōnstrum nōbīs appropinquat! Fuge! Servā tē!", Margarēta timida clāmāvit. Georgius autem arma arripuit, et quod pūgnandī perītus erat, mōnstrum sine labōre vulnerāvit.
15 Tum Georgius: „Collocā zōnam tuam in collum mōnstrī et dūc bestiam in urbem!" Et profectō mōnstrum cum Margarētā ambulāvit. Populus urbis autem mōnstrum valdē timēbat et clāmāvit: „Vidēte, mōnstrum in
18 urbe nostrā est! Nunc cūnctī interīmus!" Sed Georgius: „Nōlīte timēre! Gaudēte! Mōnstrum auxiliō Chrīstī superāvī. Grātiās Dominō agite et fidem deī meī accipite! Tum dēmum mōnstrum necāre et vōs ab eō ser-
21 vāre possum." Statim cūnctī Chrīstum laudāvērunt, ab Georgiō baptizābantur. Posteā Georgius mōnstrum gladiō necāvit et ex urbe properāvit.

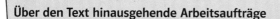

Später Georg Monster schwert tötet und die Stadt eilen

aliquandō: einmal, eines Tages

lacrimāre: weinen

vulnerāre: verwunden
zōna: Gürtel
collum: Hals

fidēs *(hier):* Glaube
baptizāre: taufen

Über den Text hinausgehende Arbeitsaufträge

7. Vergleiche die Legende des Heiligen Georg mit der Heldengeschichte von Perseus. Welche typischen Elemente einer Heldengeschichte findest du hier wieder? Was ist in der Georgslegende anders? Der Informationstext zu Lektion 13 kann dir bei der Beantwortung der Frage helfen.

8. Informiere dich über den Heiligen Georg: Wie lautet sein Beiname? Was ist von seinem Leben bekannt? Wessen Schutzpatron ist er? Wann wird sein Namenstag gefeiert?

9. Georg ist kein „Heiliger von gestern". Finde heraus, was folgende Dinge mit ihm zu tun haben: Pfadfinder; England und die englische Nationalflagge; die Städte Freiburg im Breisgau, Bocholt, Stein am Rhein; die Staaten Georgien und Georgia (USA).

Ein Ungeheuer im Sumpf

In einem Sumpfgebiet auf der Peloponnes hauste einst die Hydra. Das war eine gefährliche Wasserschlange mit neun Köpfen, von denen einer sogar unsterblich war. Ihr Atem war so giftig, dass er Menschen und Tiere tötete. Die Bewohner der Stadt Argos hatten besonders unter diesem Ungeheuer zu leiden.

In forō Argōrum māgna multitūdō hominum Chrȳsostomum nūntium exspectāvit, nam Herculem in regiōne suā esse iam
3 sciēbant. Tandem Chrȳsostomus in forō appāruit.
Ūnus ē cīvibus interrogāvit: „Audīvimus Herculem prope adesse. Quā dē causā vēnit in hās regiōnēs?"
6 Chrȳsostomus dīxit: „Eurystheus rēx eum Hydram necāre iussit. Id Herculēs fēcit."
Alius cīvis clāmāvit: „Nēmō Hydram necāre potest, quod ūnum ex
9 eius capitibus immortāle[1] est. Et illa hominēs bestiāsque afflātū[2] venēnī interficere potest. Itaque Herculem hoc opus perfēcisse nōn crēdimus."
12 Chrȳsostomus: „Audīte! Herculēs, postquam cum Iolāō amīcō advēnit, statim ad palūdēs[3] properāvit. Nam ibi Hydram in specū[4] māgnō vīvere sciēbat. Clāvam[5], gladium pellemque[6] leōnis[7] arripuit,
15 Iolāum ad equōs relīquit, ad specum[4] cucurrit. Hydra, ubi hominem adesse animadvertit, specum[4] relīquit et spīritūs mortiferōs[8] in Herculem mīsit. Sed is pelle[6] leōnis[7] ā venēnō tūtus erat. Statim
18 clāvā[5] caput prīmum frēgit, iam secundum caput petēbat, cum duo nova capita ē vulnere crēvisse animadvertit."
Ille cīvis: „Herculēs, ubi id vīdit, certē timidus fūgit."
21 At Chrȳsostomus: „Minimē Herculēs id mōnstrum metuit. Nōn fūgit, sed cōnsilium novum cēpit. Iolāum vocāvit, is statim accurrit[9], Herculēs dīxit: ‚Spectā mōnstrum! Postquam prīmum
24 caput clāvā[5] frēgī, statim duo nova capita crēvērunt. Itaque incende facem et vulneribus admovē!' Tum Herculēs singula capita frēgit, Iolāus vulnera exussit[10]. Eō modō Herculēs Iolāusque Hydram
27 interfēcērunt."
Alius incola: „Sed quid dē capite immortālī[1]? Quōmodo tē nōn fābulās nōbīs nārrāvisse scīmus?"
30 Chrȳsostomus: „Bene mē monuistī. Crēdite mihi, Herculem meīs oculīs vīdī illud caput ad viam sepelīvisse[11], māgnum saxum eī imposuisse. Sciēbat sanguinem mōnstrī mortiferum[8] esse; ergō
33 corpus gladiō duās in partēs dīvīsit sagittāsque[12] sanguine tīnxit[13]. Nunc sagittae[12] Herculis mortiferae[8] sunt!"
„Dīc nōbīs, Chrȳsostome: Ubi Herculem invenīre possumus? Eī
36 grātiās agere cupimus, quod nōs ab illā bestiā līberāvit."

[1] immortālis, -is, -e: unsterblich
[2] afflātus, -ūs: Hauch
[3] palus, palūdis: Sumpf
[4] specus, -ūs: Höhle
[5] clāva: Keule
[6] pellis, -is: Fell
[7] leō, leōnis: Löwe
[8] mortiferus: tödlich
[9] accurrit: **Perf. zu accurrere:** herbeilaufen
[10] exūrere: ausbrennen
[11] sepelīre: begraben
[12] sagitta: Pfeil
[13] tinguere: befeuchten, in etw. eintauchen

Griechische Vase, 480–460 v. Chr.;
Palermo, Museo Archeologico
Regionale

Verstehen & Vertiefen

1. Mit welchen Mitteln versucht Herakles der Hydra Herr zu werden?

2. Beschreibe, wie sich die Einstellung der Argiver zu Herakles im Laufe der Erzählung von Chrysostomus ändert.

3. Was meinen Politiker, wenn sie sagen, sie wollten „der Hydra die Köpfe abschlagen" oder „diesen Sumpf austrocknen"?

ⓘ Zwischen Göttern und Tieren

Von klein auf hatte Herakles – die Römer nannten ihn Hercules – mit Tieren zu kämpfen. Denn Hera, die Gattin des Zeus, hatte schon kurz nach seiner Geburt zwei Schlangen zu ihm geschickt, die ihn im Schlaf
5 töten sollten. Doch Baby Herakles erwürgte die beiden eigenhändig. Da erkannten alle, dass er göttliche Kräfte hatte. Herakles war nämlich das Kind von Zeus und Alkmene, der Königin Thebens. Alkmenes Mann war Amphitryon, und sie liebte ihn sehr. Weil Zeus
10 das wusste, nahm er Amphitryons Gestalt an und zeugte so mit Alkmene einen Sohn. Mit dem hatte er Großes vor: Er sollte König werden. Hera jedoch, erbost über Zeus' erneuten Seitensprung, verfolgte Herakles mit unversöhnlichem Hass. Deshalb zöger-
15 te sie seine Geburt heraus, damit ein anderes Kind aus der Königsfamilie vor ihm geboren würde. So kam es, dass Eurystheus, Herakles' Vetter, an dessen Stelle König wurde.

Herakles wuchs in Theben zu einem mutigen und
20 erstaunlich kräftigen Mann heran. Er heiratete und hatte drei Kinder. Wieder griff Hera in sein Leben ein: Sie ließ ihn wahnsinnig werden, sodass er in besinnungsloser Raserei seine Frau und seine Kinder tötete. Zur Sühnung dieser schrecklichen Tat befahl ihm
25 das Orakel von Delphi, zwölf Jahre Eurystheus als Sklave zu dienen. Dieser stellte ihm zwölf Aufgaben, die eigentlich nicht zu schaffen waren, und hoffte, ihn dadurch für immer loszuwerden. Doch so unüberwindlich die Aufgaben auch schienen, Herakles
30 überstand sie alle durch seine Kraft, Intelligenz und Entschlossenheit, unterstützt von der Göttin Athene. Als erstes erwürgte er den Löwen von Nemea, dessen Fell unverwundbar war und das Herakles seitdem als Schutzmantel trug. In den Sümpfen von
35 Lerna tötete er eine vielköpfige Wasserschlange. In Arkadien verfolgte er ein Jahr lang eine wundersam schnelle Hirschkuh, die er lebend zu Eurystheus brachte, genauso wie danach den riesigen Eber vom Berg Erymanthos. Dann musste er die stinkenden
40 Viehställe des Königs Augias, der eine gewaltige Rinderherde besaß, ausmisten. Anschließend erschoss Herakles die Vögel am See Stymphalos; diese hatten mit ihren bronzenen Federn Menschen und Tiere getötet und die Felder verpestet.
45 Nun schickte ihn Eurystheus in andere Gegenden Griechenlands. Aus Kreta hatte er einen gefährlichen

Fußbodenmosaik aus Liria, 2. Jahrhundert n. Chr.; Madrid, Museo Arqueológico Nacional

Stier zu besorgen, in Thrakien zähmte er die menschenfressenden Stuten des Königs Diomedes. Der Königin der Amazonen musste er den Gürtel rauben.
50 Von einer Insel weit draußen auf dem Ozean brachte er die Rinderherde des dreiköpfigen Riesen Geryon zu Eurystheus, am Rande der Welt raubte er die goldenen Äpfel der Hesperiden, die von einem Drachen bewacht wurden. Schließlich musste er sogar in die
55 Unterwelt herabsteigen, um von dort den dreiköpfigen Höllenhund Kerberos zu holen.

Danach hatte Herakles noch viele Abenteuer zu bestehen. Nach seinem Tod wurde er als Gott in den Olymp, den Sitz der Götter, aufgenommen.

Verstehen & Vertiefen

1. Welche Elemente einer Heldengeschichte (vgl. Lektion 13, Informationstext) findest du bei Herakles wieder?

2. Welche Taten erkennst du auf dem Mosaik?

3. Schreibe eine der Taten des Herakles als spannende Geschichte. Informiere dich dazu in einem Sagenbuch, wie Herakles die einzelnen Aufgaben erledigte.

G1 Weitere Perfektbildungen

Neben dem u- und dem v-Perfekt (→13G1) gibt es noch vier andere Arten von Perfektstämmen:

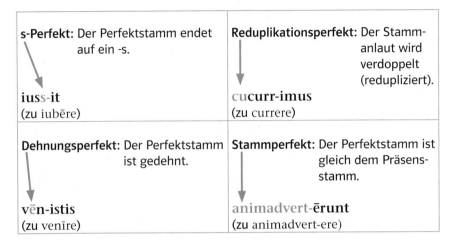

s-Perfekt: Der Perfektstamm endet auf ein -s. ↓ iuss-it (zu iubēre)	**Reduplikationsperfekt:** Der Stammanlaut wird verdoppelt (redupliziert). ↓ cucurr-imus (zu currere)
Dehnungsperfekt: Der Perfektstamm ist gedehnt. ↓ vēn-istis (zu venīre)	**Stammperfekt:** Der Perfektstamm ist gleich dem Präsensstamm. ↓ animadvert-ērunt (zu animadvert-ere)

1.1 Konjugiere von allen vier Verben Präsens und Perfekt. Wer schafft beides parallel?

Bei Verben, die das Perfekt auf eine dieser vier Weisen bilden, ist das Perfekt im Lektionsvokabular immer angegeben.
Oft ist der Perfektstamm gegenüber dem Präsensstamm noch weiter verändert:

crēvērunt – impōsuit – mīsī – frēgistī

1.2 Nenne jeweils Inf. Präsens.

 ## G2 Zeitverhältnisse im Aci

1) Wie du weißt, kannst du dir einen Aci als eigenständigen Satz vorstellen, der mit einem weiteren Satz kombiniert ist (→7G2).
Nun gilt es zu beachten: Der Infinitiv Präsens im Aci zeigt an, dass die beiden Handlungen des Satzes gleichzeitig stattfinden. Wir sprechen deshalb auch vom **Infinitiv der Gleichzeitigkeit**.

> a) Incolae Argōrum nūntium appārēre gaudent.
> b) Herculēs Hydram in specū vīvere sciēbat.

Infinitiv Präsens = Infinitiv der Gleichzeitigkeit

specus: Höhle

Bei der Übersetzung gleichen wir das Tempus im dass-Satz dem des übergeordneten Satzes an:

> a) Die Einwohner von Argos freuen sich, dass der Bote erscheint.
> b) Hercules wusste, dass die Hydra in einer Höhle lebte.

2) Eine zweite Möglichkeit besteht darin, dass die Handlung im Aci vor der Handlung des Rahmensatzes stattgefunden hat.
Das zeigt der Infinitiv Perfekt an, der auch **Infinitiv der Vorzeitigkeit** heißt; er wird aus dem Perfektstamm und der Endung -isse gebildet.

> c) Incolae Herculem fūgisse pūtant.
> d) Herculēs sē Hydram interfēcisse gaudēbat.

Infinitiv der Vorzeitigkeit: Perfektstamm + -isse

Den Infinitiv der Vorzeitigkeit übersetzen wir ins Deutsche in Abhängigkeit vom Tempus des Verbs im übergeordneten Satz:

- vorzeitig zum   Präsens   ist das   Perfekt
- vorzeitig zum   Präteritum   ist das   Plusquamperfekt
  bzw. Perfekt

c) Die Einwohner glauben, dass Herkules geflohen ist.
d) Hercules freute sich, dass er die Hydra getötet hatte.

Nachdenken über Sprache

Zeitverhältnis

Die folgenden Sätze wirst du möglicherweise anders als in G2 empfohlen übersetzen.
Zwei Argiver unterhalten sich:

A: „Iamne audīvistī Herculem prope adesse?"
B: „Audīvī. Sed ego Herculem mōnstrum superāre posse nōn pūtō."
A: „Nōnne audīvistī eum iam aliud mōnstrum superāvisse?"
B: „Nihil dē illā rē sciō. Nārrā mihi!"

+ Finde heraus, warum du von der Regel abweichen musstest.

 Zeitverhältnis bei Temporalsätzen

Einige temporale Gliedsätze haben im Lateinischen eine Besonderheit:

- vorzeitige Temporalsätze mit der Einleitung postquam („nachdem") oder ubi („sobald", „gleich nachdem") zur Angabe der Vorzeitigkeit stehen immer im Perfekt,
- Temporalsätze zur Angabe der Gleichzeitigkeit, die mit dum in der Bedeutung „während" eingeleitet werden, stehen im Präsens, ganz egal, welches Tempus im Hauptsatz steht.

L ≠ D!

Anders im Deutschen: Hier musst du dich nach dem Tempus im Hauptsatz richten, um die Gleichzeitigkeit oder Vorzeitigkeit richtig auszudrücken.

a) Chrȳsostomus, ubi forum intrāvit, cūncta nārrat.
b) Herculēs, postquam Hydram superāvit, ad Eurystheum properāvit.
c) Dum nūntius nārrat, Herculēs iam ad Eurystheum properāvit.

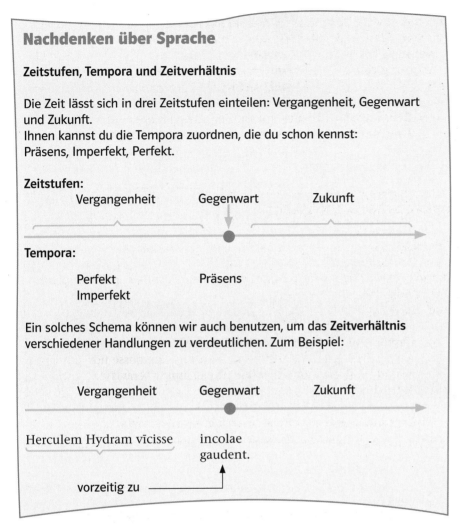

Nachdenken über Sprache

Zeitstufen, Tempora und Zeitverhältnis

Die Zeit lässt sich in drei Zeitstufen einteilen: Vergangenheit, Gegenwart und Zukunft.
Ihnen kannst du die Tempora zuordnen, die du schon kennst:
Präsens, Imperfekt, Perfekt.

Zeitstufen:

Vergangenheit   Gegenwart   Zukunft

Tempora:

Perfekt   Präsens
Imperfekt

Ein solches Schema können wir auch benutzen, um das **Zeitverhältnis** verschiedener Handlungen zu verdeutlichen. Zum Beispiel:

Vergangenheit   Gegenwart   Zukunft

Herculem Hydram vīcisse   incolae
gaudent.

vorzeitig zu

Erstelle gleiche Übersichten für das Deutsche und Englische. Ordne alle Tempora zu, die du kennst.

Erstelle gleiche Übersichten für die Beispielsätze in G3.

G₄

Unregelmäßige Imperative

Einige Verben der konsonantischen und der gemischten Konjugation bilden den Imperativ Singular ohne Signal. Dazu gehören dīcere, dūcere und facere:

    dīc!   dūc!   fac!

Komposita, die von diesen Verben abgeleitet sind, bilden den Imperativ Sg. zum Teil mit, zum Teil ohne -e:

      addūc!   affice!

4.1 Bilde zu allen Formen den Plural.

4.2 Bilde die Imperative von interficere und perficere.

Perfektbildung

Setze die Formen in die entsprechende Form des Perfekts.

dīvidit – metuunt – rapis – sumus – crēscit – curritis – negant – animadvertit – faciō – relinquunt – iubēs – praebent – habēmus – venītis

➕ Sortiere die Verben nach ihrer Perfektbildung.

 Perfekt!

Welche der folgenden Formen sind Perfektformen?

orī, cāsuī, certāvī, mīsī, cibī, pūnīvī, parāvī, facieī, fēcī, plēnī, miserī, parvī, observāvī.

 Lesen wie die Römer

Bestimme folgende Formen. Achtung: Bei jeder Form gibt es mehrere Möglichkeiten!

PORTA • PVGNA • AMOR • DVCIS • NOMINA • ORA • SEDES • SERVA

➕ Vertausche Singular und Plural.

 Synonyme

Ersetze ein Verb durch das andere.

a) tenēre **durch** capere:
   teneō, tenuistī, tenēbant, tenentur, tenuisse
b) currere **durch** properāre:
   currēbāmus, cucurrimus, curris, cucurrērunt
c) interrogāre **durch** quaerere:
   interrogāvī, interrogātur, interrogātis, interrogābat, interrogāvit

 Entscheide

Welches Tempus passt?

a) Nocte Herculēs puer parvus in lectō iacēbat/iacuit.
b) Frāter quoque dormiēbat/dormīvit.
c) Subitō duo anguēs[1] lectō Herculis appropinquābant/appropinquāvērunt.
d) Herculēs parvus perīculum animadvertēbat/animadvertit.
e) Manibus suīs anguēs singulōs capiēbat/cēpit.
f) Suffōcandō[2] eōs interficiēbat/interfēcit.

[1]anguis, -is: Schlange – [2]suffōcāre: erwürgen

 Zeitverhältnisse

Wähle den richtigen Infinitiv aus.

a) Eurystheus rēx iussit Herculem stabulum[1] Augiae pūrgāre/pūrgāvisse[2].
b) Scīmus Herculem id ūnō diē facere/fēcisse.
c) Herculēs scīvit flūmen prope stabulum esse/fuisse.
d) Multī hominēs putābant eum frūstrā labōrāre/labōrāvisse.
e) Tum autem vīdērunt Herculem aquam flūminis per stabulum dūcere/dūxisse.
f) Eurystheō autem nōn placuit Herculem eō modō rem perficere/perfēcisse.

[1]stabulum: Stall – [2]pūrgāre: reinigen

 Das fabelhafte Löwenfell

Wovor schützte Herkules das Löwenfell? – Suche die richtigen Wörter heraus.

Pelle leōnis Herculēs tūtus erat ā/ab

venēnō – lūminibus – hostibus – calamitāte – pūgnā – occāsiōnibus – vulneribus – sorte – cornibus – vultū – gladiīs – labōribus

Gespräch in der Schule

Lys.: Cūr Eurystheus Herculem in illa perīcula
mittere poterat?
3 M.: Eurystheus rēx erat; rēgis est iubēre.
Lys.: Nōnne frātrēs erant Eurystheus et Herculēs?
M.: Nōn erant; patrēs eōrum frātrēs erant, fīliī
6 Perseī.
Lys.: Cūr Eurystheus rēx fuit, nōn Herculēs?
Q.: Eurystheus prīmus nātus[1] erat.
9 M.: Accēdit hoc quoque: pater Eystheī homō
erat, pater Herculis Iuppiter.
Lys.: Cūr Eurystheus rēx fuit, nōn Herculēs, sī hic
12 deī, ille autem hominis fīlius erat?
Q.: Herculēs etiam pūnītur, quod fīlius Iovis est;
semper enim Iūnō, uxor Iovis, sī animad-
15 vertit hunc uxōribus aliēnīs appropinquā-
visse, prīmum eum reprehendit, tum autem
illās līberōsque illārum pūnīre contendit.
18 Herculem perīculīs illīs interficere cupit.

[1]nātus: geboren

 ## Gespräch auf der Straße

In Argos begegnen sich zwei Nachbarn.

A: Salvē, amīce! Quō contendis?
B: Salvē et tū. Nōnne audīvistī? Chrȳsostomus
3 nūntius in forō exspectātur. Frāter meus con-
tendit Herculem in regiōne nostrā adesse.
A: Cūr adest?
6 B: Frāter dīcit illum cum Hydrā contendisse[1].
A: At Hydrae spīritus mortiferus[2] est!
B: Audīvī Herculem summā vī[3] contendisse[1],
9 tandem rem perfēcisse. Venī mēcum! Certē
Chrȳsostomus tōtam rem narrāre potest.

[1]contendisse: **Perf. zu contendere** – [2]mortiferus: tödlich – [3]summā
vī: mit aller Kraft

+ Du kannst das Wort contendere auch durch andere
Wörter ersetzen: pūgnāre, properāre, dīcere oder
labōrāre. Was passt wohin?

 ## Die Wörterschlange

Wenn du die folgenden Wörter ins Lateinische übersetzt, beginnt jedes mit dem Endbuchstaben des
vorangegangenen.

Mensch – Mund – Hoffnung – Schule – Waffen –
Liebe – übrig – Gespräch – Küste – Atrium –
Vorfahren – genug

 ## Latein im Alltag

Im Sommer des Jahres 1924 fertigten die Schweden
Gabrielsson und Larson Konstruktionszeichnungen
für ein Auto an. Zwei Jahre dauerte es, bis sie
zehn Testfahrzeuge zusammengeschraubt hatten.
Schließlich erklärte sich der Kugellagerhersteller
SKF bereit, 1000 Wagen zu bauen. Im folgenden Jahr
waren sie auf Schwedens Straßen unterwegs. Die
Fahrzeugmarke gibt es immer noch. Benannt ist sie
nach der Haupteigenschaft der Autos.
Wie heißt die Marke?

 ## Memorabilia

Sprüche großer Geister:

Vēnī, vīdī, vīcī[1]. (Caesar)
Sciō mē nihil scīre. (Sokrates)
Patria[2] mea tōtus hic mundus[3] est. (Seneca)

[1]vīcī: **Perf. zu vincere** – [2]patria: Heimat – [3]mundus: Welt

Wortbildung

facere

Aus dem Verb facere ist das Suffix -ficium abgeleitet. Vergleiche sacri-ficium (Opfer-handlung oder
-tat), aedi-ficium (Bau-werk).

Was bedeuten:
beneficium, maleficium, artificium, venēficium?

Der Kampf mit dem Drachen

[1]specus, -ūs: Höhle
[2]dracō, -ōnis: Drache
[3]vāstāre: verwüsten
[4]agricola: Bauer

[5]gravidus: schwanger

[6]geminī: Zwillinge

[7]sagitta: Pfeil

[8]formīdolōsus: schrecklich
[9]blandus, -a, -um: schmeich-
     lerisch
[10]ēlicere: herauslocken
[11]nārēs, -ium (Pl.): Nase
[12]ēvomere: spucken
[13]unguis, -is m.: Kralle
[14]āla: Flügel
[15]pharetra: Köcher
[16]mūgītus, -ūs: Gebrüll

[17]odor, -ris: Geruch

In Graeciā sub monte Parnāssō locus praeclārus est, quī Delphī vocātur. Ibi ōlim in specū[1] māgnō Pȳthōn, dracō[2] saevus, vīvēbat.
3 Vāstābat[3] agrōs agricolārum[4], quī prope habitābant, multōs incolās illīus terrae necābat. Sed etiam hominibus, quī ab eō cōnsilium petēbant, respōnsa dē rēbus futūrīs dābat. Sciēbat autem ex ōrāculō
6 suō imminēre sibi mortem ā fīliō Lātōnae deae. Itaque illam, ubi eam gravidam[5] esse audīvit, quaerēbat neque vērō repperit. Inde in specum[1] suum sē recēpit. Nōn intellēxit fīlium Lātōnae iam appro-
9 pinquāre...
Lātōna enim ad īnsulam Dēlum fūgerat, in quā Diānam Apollinem- que geminōs[6], fīliōs Iovis, pepererat. Post diēs quattuor Lātōna fīliō,
12 quī nōn iam puer parvus fuerat, sed vir māgnī rōboris, id, quod deī cōnstituerant, aperuerat: Apollinis erat Pȳthōnem necāre. Sine morā deus arcum sagittāsque[7], quōs Vulcānus arte suā fēcerat eīque
15 dēderat, sūmpserat et ad montem Parnāssum properāverat. Ibi eum vestīgia, quae ubīque cōnspēxerat, ad specum[1] dūxerant, in quō mōnstrum formīdolōsum[8] sē occultābat.
18 Blandīs[9] verbīs deus Pȳthōnem ēliciēbat[10]. Et vēnit mōnstrum. Prīmō caput ē specū[1] tetendit flammāsque per nārēs[11] ēvomuit[12]. Deinde mōnstrum, cui nōn modo unguēs[13], sed etiam ālae[14]
21 fuērunt, impetum in fīlium Iovis fēcit. Sed ubi mōnstrum specum[1] relīquit, Apollō deus sagittās[7], quās sēcum pharetrā[15] portābat, in illud mīsit. Īrae plēnus Pȳthōn in Apollinem ruit. Sed deus, quī
24 firmō animō erat, impetūs dracōnis[2] prohibēbat. Mīlle sagittās[7] iam in mōnstrum mīserat; tandem dracō[2] formīdolōsus[8], quī in terrā iacuerat, surrēxit et mūgītum[16] saevum dēdit. Tum dēmum cecidit
27 et animam ēdidit.
Fīlius Iovis dracōnem[2], cuius corpus plēnum venēnī erat, diū sub sōle iacēre sīvit. Sed incolae, quibus odor[17] malus nōn placēbat,
30 Apollinem deum hīs verbīs ōrābant: „Tū nōs, quī hoc mōnstrum tam diū tolerāvimus, tandem ab illō terrōre līberāvistī. Conde ergō corpus eius terrā!" Apollō id, quod incolae ōrāverant, fēcit. Eō locō,
33 quō corpus dracōnis[2] condiderat, templum aedificāvit, ōrāculum suum īnstituit.

Verstehen & Vertiefen

1. Erstelle eine Liste mit Ähnlichkeiten zwischen Python und der Hydra.

2. Suche aus dem Text alle Wörter heraus, mit denen zum einen Python, zum anderen Apollon bezeichnet wird.

3. Schreibe eine Charakteristik von Python und Apollon.

Verstehen & Vertiefen

4. Vergleiche die beiden Abbildungen hinsichtlich
   • der Darstellung Apollons,
   • der Darstellung des Drachen,
   • der Verteilung von Hell und Dunkel.

5. Was haben Menzel und Turner in ihren Bildern zum Ausdruck bringen wollen?

Holzstich von Adolph Menzel, um 1845

Gemälde von J. M. William Turner, 1811; London, Tate Gallery

ⓘ Das Orakel von Delphi

Wie der Mythos erzählt, nahm Apollon die Orakelstätte von Delphi in seinen Besitz, indem er den Drachen Python tötete. Von dessen Namen leiten sich zwei Namen her: „Pythios", der Beiname
5 Apollons, und „Pythia", die Bezeichnung der Priesterin, die die Weissagungen des Gottes verkündete. Die Pythia wurde unter den Frauen Delphis ausgewählt und diente dem Gott ihr Leben lang. Sie saß im Allerheiligsten des Apollon-Tempels auf
10 einem Dreifuß und offenbarte den Ratsuchenden die Antworten Apollons. Zuvor hatte sie sich in einer nahe gelegenen Quelle gewaschen, heiliges Wasser getrunken und Lorbeerblätter vom heiligen Baum des Apollon gekaut. Dies alles sowie Dämpfe, die
15 aus einer Erdspalte unter dem Dreifuß aufstiegen, sollen nach antiker Vorstellung die Pythia in Trance versetzt haben. Von einer Spalte ist heute nichts mehr zu sehen, aber immerhin liegt Delphi in einem Gebiet mit extremen Erdverwerfungen, wo Spuren
20 berauschender Gase nachgewiesen wurden.
Aus ganz Griechenland kamen Pilger nach Delphi. Auch sie reinigten sich in der Quelle, vollzogen ein Opfer und entrichteten den Priestern eine Gebühr;

erst dann konnten sie ihr Anliegen vorbringen.
25 Bei Privatleuten ging es um Fragen der konkreten Lebensgestaltung; Städte schickten Gesandte, z.B. wenn sie eine Kolonie gründen, eine neue Verfassung erlassen oder den Ausgang eines bevorstehenden Krieges erfahren wollten.
30 In der Regel wurden der Pythia konkrete Entscheidungsfragen vorgelegt; sie antwortete mit Ja oder Nein oder wählte eine von zwei Alternativen. Manchmal wurde die Entscheidung mit Hilfe von verschiedenfarbigen Bohnen oder Steinchen gefällt.
35 Neben solchen sehr einfachen Antworten des Orakels wurden jedoch auch Orakelsprüche bekannt, die in Versform abgefasst waren und häufig sehr rätselhaft klangen:
480 v.Chr. wurden die Athener von einem riesigen
40 Heer der Perser bedroht; deshalb wandten sie sich an das delphische Orakel, das ihnen prophezeite, eine „hölzerne Mauer" werde ihnen helfen. Lange überlegten die Athener, was damit gemeint sei. Schließlich bauten sie Schiffe und schlugen die
45 Perser erfolgreich in einer Seeschlacht.
Einmal erhielt ein Mann, der das Lachen verloren hatte, die Prophezeiung, er werde es „bei der Mutter" wieder bekommen. Einige Zeit später kam er auf die Insel Delos und erblickte dort in einem Heiligtum
50 ein altertümliches Kultbild der Göttin Leto, das er so komisch fand, dass er in lautes Lachen ausbrach.
Schon in der Antike war bekannt, dass manche Prophezeiungen erfunden, andere durch Bestechungen gezielt herbeigeführt oder durch politi-
55 schen Druck erzwungen wurden. Dennoch blieb der Einfluss Delphis mehr als tausend Jahre erhalten – zu groß war der Wunsch nach göttlichem Rat und Beistand in schwierigen Lebenssituationen.

Griechische Trinkschale, um 440–430 v.Chr., Durchmesser 32 cm;
Berlin, Staatliche Museen Preußischer Kulturbesitz,
Antikenmuseum

Das Heiligtum von Delphi
im heutigen Zustand

Verstehen & Vertiefen

1. Worin besteht die Auflösung der beiden im Text genannten Prophezeiungen?

2. Welche Veranstaltungen fanden in Delphi noch statt? Das Foto gibt dir Hinweise.

3. Welche Möglichkeiten nutzen Menschen heute, um etwas über ihre Zukunft zu erfahren? Was hältst du davon?

G1   **Attributive Relativsätze**

draco: Drache

a) Apollō   dracōnem   māgnum   superāvit.
b) Apollō   dracōnem, quī māgnus erat,   superāvit.

In beiden Sätzen wird das Substantiv dracōnem durch ein Attribut näher erläutert:
- in Satz a durch ein Adjektiv,
- in Satz b durch einen Gliedsatz.

Attribut:
^Aadjektivisches Attribut
^Asubstantivisches Attribut
^AGenitiv-Attribut
^ARelativsatz^A

Da der Gliedsatz ein Attribut ist, nehmen wir ihn bei der grafischen Satzgliedbestimmung mit in die Klammer seines Beziehungswortes und kennzeichnen ihn durch ein hochgestelltes ^A, und zwar am Anfang und am Ende:

[Apollō] (dracōnem, ^Aquī māgnus erat,^A) [[superāvit]].

1.1 Woran erkennst du, dass Satz b einen Gliedsatz enthält?

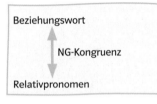

Dieser attributive Gliedsatz ist ein **Relativsatz**. Er wird durch das Relativpronomen quī eingeleitet. Beziehungswort und attributiver Relativsatz gehören zusammen; das siehst du daran, dass Beziehungswort und Relativpronomen in Numerus und Genus übereinstimmen:

dracōnem: **Akk.**   Sg. m.
quī: **Nom.**   Sg. m.

1.2 Wiederhole (→ 4G1): Woran erkennst du beim adjektivischen Attribut die Zusammengehörigkeit mit dem Beziehungwort?

1.3 Vergleiche die Formen des Relativpronomens mit anderen Pronomina. Was fällt dir auf?

1.4 Erstelle eine entsprechende Tabelle mit den Formen des deutschen Relativpronomens.

	Sg.			*Pl.*		
	m.	*f.*	*n.*	*m.*	*f.*	*n.*
Nom.	quī	quae	quod	quī	quae	quae
Gen.	cuius	cuius	cuius	quōrum	quārum	quōrum
Dat.	cui	cui	cui	quibus	quibus	quibus
Akk.	quem	quam	quod	quōs	quās	quae
Abl.	quō	quā	quō	quibus	quibus	quibus

Wie jeder Gliedsatz ist auch ein Relativsatz ein vollständiger Satz und besteht deshalb aus Satzgliedern. Wir können sie entsprechend ihrer Funktion grafisch kennzeichnen:

Apollō dracōnem, ^A[quī] [[māgnus erat]],^A superāvit.

Du siehst: Das Relativpronomen bildet hier das Subjekt des Relativsatzes und steht deshalb im Nominativ. Das Relativpronomen kann aber auch andere Satzgliedstellen füllen:

specus: Höhle.

c) Specus, ^A(quem) [Apollō] [[quaerēbat]],^A sub monte Parnāssō erat.
d) Deus specuī, ^A<in quō> [dracō] [[vīvēbat]],^A appropinquābat.

Relativpronomen:
Kasus durch Satzgliedfunktion
im Relativsatz bestimmt

In seinem **Kasus** richtet sich das Relativpronomen nach seiner Satzgliedfunktion im Relativsatz:
- In Satz c ist quem das direkte Objekt und deshalb Akkusativ.
- In Satz d bildet quō zusammen mit der Präposition in ein Adverbiale des Ortes und ist deshalb Ablativ.

Das Relativpronomen blickt also wie der römische Gott Janus in zwei Richtungen:

e) Pȳthōn deum,   ā quō   mors eī imminēbat, quaesīvit.

 ## Genitivus und Ablativus qualitatis

Eigenschaften können auch durch Wortblöcke im Genitiv oder Ablativ angegeben werden; wir sprechen dann von **Genitivus qualitatis** bzw. **Ablativus qualitatis**. Solche Wortblöcke bestehen stets aus einem Substantiv und einem zugehörigen Adjektiv. Zusammen füllen sie die Satzgliedstelle Attribut oder Prädikatsnomen.

a) [Herculēs] (mōnstrō) (saxum ^Amāgnī ponderis^A) [[imposuit]].
b) [Herculēs] [[māgnō rōbore erat]].

qualitās: Eigenschaft

Attribut:
^Aadjektives Attribut
^Asubstantivisches Attribut
^AGenitiv-Attribut
^ARelativsatz^A
^AGen. qual./Abl. qual.^A

Einen Genitivus qualitatis oder Ablativus qualitatis kannst du mit Hilfe der Präposition „von" ins Deutsche übersetzen; allerdings solltest du nach gelungeneren Übersetzungen suchen:

a) Herakles legte auf das Ungeheuer einen Stein von großem Gewicht
   → einen sehr schweren Stein.
b) Herakles war von großer Stärke → war sehr stark.

Plusquamperfekt (Aktiv)

Wie im Deutschen gibt es im Lateinischen ein eigenes Tempus, um auszudrücken, was vor einer Handlung der Vergangenheit schon geschehen ist: das Plusquamperfekt. Die Bildung des Plusquamperfekt Aktiv im Lateinischen ist einfach:

   Perfekt-Stamm + Imperfekt von esse = Plusquamperfekt (Plpf.)
   Also z.B.: laudāv-erat, tolerāv-erāmus, fu-erant.

Oft wird das Plusquamperfekt verwendet, um den Hintergrund der eigentlichen Handlung zu schildern – wie in einem Rückblick:
Apollō Pȳthōnem necāvit; aliī hominēs gaudēbant, aliī dolēbant. Nam Pȳthōn et agrōs vāstāverat et hominibus futūra aperuerat.

plūs: mehr – quam: als

3.1 Wie wird das Plusquamperfekt im Deutschen gebildet?

3.2 Welches andere lateinische Tempus dient auch zur Hintergrundsschilderung? Wo liegt der Unterschied zum Plpf.?

dolēre: traurig sein
vāstāre: verwüsten

Ü1 Plusquamperfekt?

Welche Form steht im Plusquamperfekt?

importāveram, spectāverātis, laudāverat, spērant, līberat, relīquerātis, mōveram, properāmus, superātis, tacueram, tolerās, vīderant

 Ü2 Hin & her

Vertausche Perfekt und Plusquamperfekt.

perterruī, dēfuerat, crēvit, advēnimus, cōnspēxerās, potuistī, arripuerant, sūmpserātis, imposuērunt, interfēcit, metuerāmus, negāvistis, surrēxeram, dīvīsit

 Ü3 Pronomina

Ersetze jedes Demonstrativpronomen durch die entsprechende Form des Relativpronomens.

eius, hāc, eam, illōs, hārum, iīs, hās, hoc, eī, hōc, id, eae, hunc, ea, hic

---

Wortbildung

Korrelativa

Es gibt Wortpaare, bei denen der größte Teil des Wortes gleich ist und nur der Anfang den Unterschied macht. Im Deutschen ist das z. B. wann? – dann! Vergleiche:

quam? – tam!
quantus? – tantus!
ubi? – ibi!
unde? – inde!

Ähnlich ist es bei manchen Verneinungen:
D niemand – jemand
L numquam – umquam
 nullus – ullus
E never – ever
 none – one

 Ü4 Die Helfer des Perseus

Bestimme die Satzgliedfunktion des Relativpronomens.

a) Māter Perseum, quem avus[1] necāre cupiēbat, servāvit.
b) Minerva Perseō, quī semper deīs sacrificia fēcerat, appāruit.
c) Minerva enim, cui Perseus semper sacrificia fēcerat, eum adiuvāre gaudēbat.
d) Perseus deae, cuius cōnsiliō iam saepe adiuvābātur, iterum pāruit nāvemque parāvit.
e) Graeae eī dēdērunt tālāria[2], quibus volāre poterat.
f) Falx[3], quā Medūsam necāvit, erat dōnum Minervae.

[1]avus: Großvater – [2]tālāria: Flügelschuhe – [3]falx: Sichel

Ü5 Relativsätze

Mache aus dem eingeklammerten Satz einen Relativsatz.

a) Apollō puer cum aliīs puerīs (iī amīcī eius erant) lūdēbat.
b) Aliquando[1] Apollō lūsit cum puerō (eī nōmen erat Hyacinthus).
c) Apollō (is māgnī rōboris erat) prīmus discum[2] mīsit.
d) Hyacinthus (is secundus discum[2] mittere cupiēbat) discum[2] tollere[3] properāvit.
e) Discus[2] autem (eum Apollō māximō rōbore mīserat) nōn in terrā manēbat, sed iterum in altum volāvit.
f) Ita discus[2] Hyacinthī faciem (eā deus praecipuē[4] delectābātur) percussit[5].
g) Deus (is amīcum suum interfēcerat) māximō dolōre[6] afficiēbātur.
h) Ē guttīs[7] sanguinis (eae in terram cadēbant) flōrēs nōmine Hyacinthī crēvērunt.

[1]aliquando: eines Tages – [2]discus: Diskus – [3]tollere: aufheben – [4]praecipue: besonders – [5]percutere: durchschlagen – [6]dolor: Schmerz – [7]gutta: Tropfen

Ü6 Tempus-Fragen

Welche Verbform ist die richtige?

a) Apollō erat frāter Diānae deae. Lātōna enim duōs līberōs peperit/pepererat.

b) Irae plēna Iūnō Lātōnae deae poenam[1] imposuit. Nam pater hōrum līberōrum Iuppiter erat/fuerat.

c) Poena[1] fuit haec: Nūllī terrae licuit Lātōnam līberōsque recipere. Itaque ea in Dēlum īnsulam fūgit/fūgerat.

d) Pȳthōn fīlium Lātōnae deae timēbat. Vīdit/Vīderat enim mortem sibi ab eō imminēre.

e) Pȳthōn impetum in Apollinem fēcit. Deus autem impetum prohibuit/prohibuerat.

[1]poena: Strafe

Ü7 Aus zwei mach eins

Mache aus dem jeweils ersten Satz einen Relativsatz, den du in den anderen einbaust. Du brauchst dann das Plusquamperfekt, damit die Reihenfolge der Handlungen nicht vertauscht wird.

Beispiel: Iuppiter puellam pulchram in ōrā Lȳdiae cōnspēxit. Amor cēpit Iovem.

→ *Amor cēpit Iovem, quī puellam pulchram in ōrā Lȳdiae cōnspēxerat.*

a) Eurōpa taurum flōribus ōrnāvit. Iuppiter Eurōpam in tergō[1] ad Crētam īnsulam portāvit.

b) Iuppiter pulchram faciem Alcmēnae laudāvit. Amor cēpit Iovem.

c) Iuppiter in Alcmēnae lectō dormīvit. Alcmēna Herculem, fīlium deī, peperit.

d) Acrisius rēx ōrāculum malum audīvit. Acrisius rēx fīlium fīliae suae metuit.

e) Pater Danaem in cellam[2] parvam mīsit. Iuppiter invēnit Danaem.

f) Acrisius rēx fīliam in cellam[2] parvam mīsit. Acrisius rēx tabellam[3] imposuit cellae[2] parvae.

g) Iuppiter deam amāvit. Lātōna duōs deōs peperit, Apollinem Diānamque.

[1]tergum: Rücken – [2]cella: Zimmer – [3]tabella: Riegel

Ü8 Achtung

Aufpassen musst du bei den Verben parāre, pārēre und parere. – Welches Verb ist jeweils richtig?

Iūnō Lātōnae deae māgnum malum pāruit/parāvit/peperit: Nūllam terram Lātōnam recipere sīvit. Cūnctae terrae Iūnōnī pepererunt/parāvērunt/pāruērunt praeter[1] Dēlum īnsulam. Ibi ergō Lātōna līberōs parāvit/pāruit/peperit.

[1]praeter: außer

Ü9 Wahr oder falsch?

Welche der folgenden Aussagen stimmen?

a) Pȳthōn erat bestia parvī corporis.

b) Pȳthōnī erat caput quinque oculōrum.

c) Pȳthōn bestia summō rōbore erat.

d) Apollō puer quattuor diērum Pȳthōnem interfēcit.

e) Lātōna dea, māter Apollinis, pulchrā speciē erat.

Ü10 Erklärungen

Ordne die grün gedruckten Wörter den Erklärungen zu.

a) ...in urbe habitat.

b) ...pūgnat et ducī paret.

c) ...sunt rēs, quās emere possumus.

d) ...hominēs dēlectat.

e) ...semper fugit, numquam manet.

f) ...est vir, quī in nāve nāvigat.

g) ...est hominibus, quī rem facere possunt.

h) ...ex ōre hominis audītur.

i) ...est homō, quī in amphitheātrō pūgnat.

j) ...ē vulneribus ruit.

ars – cīvis – facultās – gladiātor – mercēs – mīles – nauta – sanguis – tempus – vōx

Wenn Menschen zu Schweinen werden

Auf seinen Irrfahrten gelangte der listenreiche Odysseus auf die Insel der Zauberin Kirke, die die Gefährten des großen Helden in Schweine verwandelte und Odysseus zum Bleiben überreden wollte. So erzählt es Homer in der „Odyssee". Spätere Autoren hat es gereizt, die beliebte Geschichte neu zu erzählen und in verschiedene Richtungen auszuschmücken.

[1] libenter: gern	**Ulixēs:** Libenter[1] in hāc pulchrā īnsulā manēre volō! Tū autem nōn modo sociōs meōs, sed etiam cēterōs hominēs, quōs 3 in bestiās mutāvistī, rūrsus in virōs mutāre dēbēs.

Ulixēs: Libenter[1] in hāc pulchrā īnsulā manēre volō! Tū autem nōn modo sociōs meōs, sed etiam cēterōs hominēs, quōs
3 in bestiās mutāvistī, rūrsus in virōs mutāre dēbēs.

Circē: Quam stultus es, Ulixēs! Num putās hominem, quī in animal mutātus est, iterum vītam hominum agere velle?
6 Spectā comitēs tuōs! Vītam animālium amant. Nam animālia beāta sunt neque miseram vītam hominum dēsiderant.

9 **Ulixēs:** Sunt hominēs sociī meī! Homō autem in patriā suā tantum beātus est. Itaque sociī, postquam tam diū terrā marīque iactātī sunt, in patriam redīre volunt.

12 **Circē:** Et tū, Ulixēs, quī ācrī ingeniō es, adhūc vītam miseram ēgistī; ego tē amō et tē fēlīcem esse volō. Manē in hāc īnsulā! Num crēdis uxōrem tuam post tam multōs annōs etiam nunc tibi
15 fidem servāre?

Ulixēs: Tacē dē trīstī fortūna uxōris meae, quae iam diū mē exspectat et tandem vidēre vult! Redde mihi sociōs!

18 **Circē:** Id perficere facile nōn est! Sī vīs, interrogā eōs, persuādē iīs! – Heus[2] tū, venī et respondē Ulixī, amīcō tuō fidēlī!

[2] heus!: he!

Ulixēs: Num animālia hūmānās vōcēs reddere possunt?

21 **Socius:** Salvē, Ulixēs. Cūr tacēs? Nōnne nōbīscum verba facere vīs?

Ulixēs: Iam volō. Salvē, amīce. Salvēte et vōs,
24 cēterī amīcī! Quam miserī estis! Vōs tantā iniūriā affectōs esse doleō! Sed sī modo
27 vultis, Circē vōs ex animālibus rūrsus in hominēs mutāre parāta est.

Verstehen & Vertiefen

1. Will Odysseus bei Kirke bleiben oder nicht?

2. Welche Kritik am menschlichen Verhalten enthält das Lob des Tierlebens?

3. Diskutiert zu zweit über die Vorteile des Tier- oder Menschseins. Dabei sollte einer den Tier-, einer den Menschenstandpunkt einnehmen.

30 Socius: Audī, Ulixēs: postquam tēcum per mare ingēns ad hanc īnsulam
actī sumus, Circē nōs incrēdibilī hūmānitāte ad cēnam[3] invitā-
vit. Nōs in suēs[4] mutāvit. Quidnī[5]? Nūllā rē carēmus. Intellege
33   vītam animālis nōn miseram, sed beātam esse. Nōs in hominēs
īnfēlīcēs mutārī neque volebāmus neque volumus.

Ulixēs: Quam stultī estis! Virī est sē fortem praebēre in pūgnandō, in
36   agendō prūdentem ...

Socius: Nōlī virtūtem hominum laudāre, Ulixēs. Animal, sī pūgnat cum
animālī, omnī dolō caret. Dolō autem tuō Trōia, urbs pulchra,
39   dēlēta est, hominēs miserī māgnā calamitāte affectī sunt. Dolō
rem agere est hominis īgnāvī[6].

Circē: Intellegisne nunc tandem, Ulixēs, eōs vītam animālium, nōn
42   hominum fortium prūdentiumque agere velle?

Ulixēs: Iam intellegō mē verbīs iīs persuādēre nōn posse. Nunc vī opus
est!

[3]cēna: Essen
[4]sūs, suis: Schwein
[5]quidnī?: warum auch nicht?

[6]īgnāvus: feige

Links: Bronzefigur, Länge 4,5 cm.
Mitte 5. Jahrhundert v. Chr.;
Baltimore, The Walters Art
Gallery.
Rechts: Etruskische Vase, Höhe
28 cm, um 350 v. Chr.: Parma,
Museo Archeologico Nazionale

Verstehen & Vertiefen

4. Welche Stelle des
Lektionstextes würde zu
dem Vasenbild passen?

5. Fasse die Gesten der auf
dem Vasenbild dargestell-
ten Personen in Worte.

145

ⓘ Die Magie der Griechen und Römer

Kirke ist das Urbild aller Zauberinnen: Den Gefährten des Odysseus nahm sie zuerst durch einen magischen Kräutertrank die Erinnerung an ihre Heimat, dann verwandelte sie sie mit Hilfe von Zauberstab
5 und Zaubersprüchen in Tiere.

Auch Medea, Kirkes Nichte, wusste von den magischen Kräften besonderer Kräuter; Jason, ihren Geliebten, schützte sie auf diese Weise vor Feuer spuckenden Stieren und gefährlichen Drachen, sei-
10 nem alten Vater gab sie mit einem Zaubertrank die Jugend zurück, eine Nebenbuhlerin tötete sie mit einem vergifteten Kleid.

Auch im Alltag vertrauten viele Griechen und Römer auf die Macht der Magie. Abweisende oder untreue
15 Geliebte glaubte man durch einen Liebeszauber an sich binden zu können. Häufig wurde ein Bild des Geliebten mit drei verschiedenfarbigen Fäden umwickelt, in jeden Faden ein Knoten geknüpft und das Ganze dreimal um einen Altar getragen. Gegenstände,
20 die in direkten Kontakt mit dem Angebeteten gekommen waren, spielten in den Beschwörungen eine wichtige Rolle. Andererseits hören wir auch davon, dass aus Krötenblut, Schlangenknochen, Eulenfedern und

Leichenteilen Zaubertränke gebraut wurden, die Liebe erwecken sollten. In seiner *Ars amatoria* erklärte der Dichter Ovid solche Liebestränke allerdings für
30 nutzlos, ja sogar für gefährlich: „Sie schaden dem Verstand und bewirken Wahnsinn." So wurde dem Kaiser Caligula nachgesagt, er sei durch einen misslungenen Liebestrank seiner Frau geisteskrank geworden.

Direkten Schadenzauber gegen unliebsame Gegner
35 versuchte man mit Puppen zu bewirken, die gefesselt und mit Nägeln durchbohrt wurden. Böswillige Verwünschungen wurden auf spezielle Täfelchen aus Blei eingeritzt, den dēfīxiōnum tabulae. Ein Opfer solcher Fluchtäfelchen und anderer Zauberdinge
40 soll, wie der Historiker Tacitus berichtet, auch der Feldherr Germanicus geworden sein, der urplötzlich erkrankte und starb: „Man fand im Fußboden und in den Wänden seines Hauses Reste menschlicher Körper, Beschwörungen und Verfluchungen und
45 Bleitafeln mit dem Namen des Germanicus darauf, halbverbrannte Asche voller Verwesung und andere Zauberdinge, mit denen man nach allgemeinem Glauben Seelen den unterirdischen Göttern weiht."

Aber auch zur Heilung von Krankheiten bediente man
50 sich magischer Praktiken. Das folgende Rezept verwendet einen noch heute bekannten Zauberspruch zur Bekämpfung der Malaria: „Schreibe auf ein Blatt mehrfach das Wort ABRACADABRA, von oben nach unten, aber lass jeweils den letzten Buchstaben weg
55 und Zeile für Zeile soll ein Buchstabe wegfallen, bis nur noch ein Buchstabe übrig bleibt, der die Spitze bildet. Vergiss nicht, dieses Blatt am Hals mit einem Leinenfaden festzubinden!"

Magische Hand zur Abwehr böser Geister, Bronze, 1.–3. Jahrhundert n. Chr.; London, British Museum

---

Verstehen & Vertiefen

1. Informiert euch in Sagenbüchern und im Internet über Medea und präsentiert die einzelnen Abschnitte ihrer Sage vor der Klasse. Welches Bild gewinnt ihr von Medea?

2. Stelle zusammen: In welchen Formen und wofür wurde Magie eingesetzt?

3. Zeichne das magische Blatt gegen die Malaria.

3. Deklination: Nomina mit -i

In dieser Lektion begegnen dir Substantive und Adjektive, die zur 3. Deklination gehören, aber drei Besonderheiten zeigen:

- der Abl. Sg. endet auf   -ī
- der Gen. Pl. endet auf   -ium
- der Nom./Akk. Pl. n. endet auf   -ia

1.1 Warum spricht man bei solchen Nomina manchmal auch von der i-Deklination?

An **Substantiven** brauchst du nur drei zu lernen; zwei davon sind Neutra:

	Sg.	Pl.	Sg.	Pl.
Nom.	mare	maria	animal	animālia
Gen.	maris	marium	animālis	animālium
Dat.	marī	maribus	animālī	animālibus
Akk.	mare	maria	animal	animālia
Abl.	marī	maribus	animālī	animālibus

1.2 Wie betonst du den Nom./Akk. Pl. von mare?

Das dritte Substantiv, vīs („die Kraft"), ist Femininum und zeigt einige Unregelmäßigkeiten:

	Sg.	Pl.
Nom.	vīs	vīrēs
Gen.	–	vīrium
Dat.	–	vīribus
Akk.	vim	vīrēs
Abl.	vī	vīribus

1.3 Dekliniere im Heft nebeneinander vīs und vir.

Adjektive der 3. Deklination mit -ī, -ium, -ia gibt es viele. Von ihnen haben im Nom. Sg. einige nur eine Form für alle Genera, andere zwei Formen (eine für Maskulinum und Femininum), wieder andere haben für jedes Genus eine eigene Form. Für alle aber gilt:
Gen., Dat. und Abl. haben immer nur eine Form für alle Genera.

1.4 Dekliniere schriftlich in deinem Heft:

is fēlīx victor,
haec trīstis fābula,
illud ingēns rōbur

	Sg.			Pl.		
	m.	f.	n.	m.	f.	n.
Nom.	fēlīx	fēlīx	fēlīx	fēlīcēs	fēlīcēs	fēlīcia
Gen.	fēlīcis	fēlīcis	fēlīcis	fēlīcium	fēlīcium	fēlīcium
Dat.	fēlīcī	fēlīcī	fēlīcī	fēlīcibus	fēlīcibus	fēlīcibus
Akk.	fēlīcem	fēlīcem	fēlīx	fēlīcēs	fēlīcēs	fēlīcia
Abl.	fēlīcī	fēlīcī	fēlīcī	fēlīcibus	fēlīcibus	fēlīcibus

	Sg.			Pl.		
	m.	f.	n.	m.	f.	n.
Nom.	omnis	omnis	omne	omnēs	omnēs	omnia
Gen.	omnis	omnis	omnis	omnium	omnium	omnium
Dat.	omnī	omnī	omnī	omnibus	omnibus	omnibus
Akk.	omnem	omnem	omne	omnēs	omnēs	omnia
Abl.	omnī	omnī	omnī	omnibus	omnibus	omnibus

	Sg.			Pl.		
	m.	*f.*	*n.*	*m.*	*f.*	*n.*
Nom.	ācer	ācris	ācre	ācrēs	ācrēs	ācria
Gen.	ācris	ācris	ācris	ācrium	ācrium	ācrium
Dat.	ācrī	ācrī	ācrī	ācribus	ācribus	ācribus
Akk.	ācrem	ācrem	ācre	ācrēs	ācrēs	ācria
Abl.	ācrī	ācrī	ācrī	ācribus	ācribus	ācribus

Der Akk. Pl. m. und f. kommt auch mit der Endung -īs vor.

 velle

Das Verb velle „wollen" bildet folgende Formen:

Präsens:

	Sg.	Pl.
1. Pers.	volō	volumus
2. Pers.	vīs	vultis
3. Pers.	vult	volunt
Inf.	velle	

Imperfekt: volēbam, volēbās usw.
Perfekt: voluī, voluistī usw.

 Perfekt Passiv

Auch im Perfekt gibt es das Passiv; es besteht aus einer Zwei-Wort-Form:

mūtātus est

Den zweiten Bestandteil kennst du schon, es ist das Präsens von esse.
Der erste Bestandteil ist das Partizip Perfekt Passiv (PPP, → G4).
Das Perfekt Passiv gibt es auch im Infinitiv (= Infinitiv der Vorzeitigkeit):

mūtātum esse

Beim Perfekt Passiv stimmt das PPP mit dem Subjekt in KNG überein:
a) [Sociī ^Ulixis] ā Circe in animālia [[mūtātī sunt]].
b) [Circē] ab Ulixe [[iussa est]] sociōs rūrsus in hominēs mūtāre.
c) Nam Ulixēs [sociōs] tantā iniūriā [[affectōs esse]] dolēbat.

3.1 Bestimme jeweils KNG von Subjekt und PPP.

Partizip Perfekt Passiv: Formen

Ein Partizip ist eine Verbform, die aber wie ein Adjektiv dekliniert wird und deshalb auch in verschiedenen Kasus, Numeri und Genera vorkommt.
Das Partizip Perfekt Passiv (abgekürzt: PPP) erkennst du an dèm

Ausgang   -tus, -ta, -tum,
oder   -sus, -sa, -sum.

In der a- und der i-Konjugation tritt der Ausgang -tus, -ta, -tum meist direkt an den Stamm: servātus, audītus. Für die anderen Konjugationen gibt es keine Regel. Deshalb ist bei solchen Verben das PPP ab sofort im Lernvokabular immer mit angegeben (und zwar der Einfachheit halber nur im Neutrum auf -um). Du musst also vier Formen lernen:

monēre,	moneō,	monuī,	monitum
Inf. Präs.	1. Sg. Präs. Akt.	1. Sg. Perf. Akt.	PPP

> Partizip
> Perfekt
> Passiv

4.1 Von welchen Verben stammen die folgenden PPP?

apertum, arreptum, aspectum, captum, conditum, cōnspectum, cōnstitūtum, cupītum, datum, dictum, dīvīsum, ductum, ēditum, factum, fractum, impositum, incēnsum, īnstitūtum, intellectum, interfectum, iussum, missum, neglēctum, partum, perfectum, perterritum, pūnītum, quaesītum, raptum, receptum, redditum, relictum, repertum, situm, sūmptum, vīsum

Nachdenken über Sprache

Übersetzung des Perfekt Passiv

Ein Perfekt Passiv kannst du im Deutschen auf drei Arten wiedergeben:
> Sociī in animālia mūtātī sunt.

- Normales Erzähltempus:
  Die Gefährten wurden in Tiere verwandelt.

- Feststellend, mit Betonung des Vorgangs:
  Die Gefährten sind in Tiere verwandelt worden.

- Feststellend, mit Betonung des Ergebnisses:
  Die Gefährten sind in Tiere verwandelt.

Welche dieser Möglichkeiten passt, hängt vom Zusammenhang ab. Überprüfe dies immer mit Hilfe deines deutschen Sprachgefühls.
a) Lātōna ā Iūnōne per omnēs terrās acta est.
b) Apollō, postquam dracōnem[1] superāvit, mātrī hunc nūntium mīsit: „Sagittīs[2] meīs bestia necāta est."
c) Tum Lātōna: „Nunc incolae quoque terrōre līberātī sunt."

[1] dracō: Drache – [2] sagitta: Pfeil

Formenübung

Ersetze die Formen von cupere durch die von velle.

cupis, cupiēbam, cupit, cupīverant, cupiēbant, cupitis, cupiō, cupīvistis, cupiunt, cupīvimus, cupīverātis, cupimus

 Helden

Setze zu den folgenden Substantiven die Adjektivkombination fortis et praeclārus:

REGIS, VIRO, HOMINES (2), MAGISTRATVS (4)

 Hin & her

Vertausche Präsens und Perfekt.

mōnstrant, perfectum est, agimur, monita est, affēcī, datum est

 Infinitive

Bilde alle Infinitive von folgenden Verben, soweit möglich:

quaerō, relinquō, veniō, iubeō, afficiō, currō, dūcō, crēscō, dō

 Entscheide

Welche Verbform ist richtig?

a) Ulixēs, postquam decem annōs per maria (errātur/errāvit/errāverant), tandem patriam (inveniēbātur/invēnit/invenite).
b) Pēnelopa uxor decem annōs summā fide Ulixem (exspectābātur/exspectābat/exspectāverat).
c) Multī enim virī (veniēbat/vēnit/vēnerant), quī Pēnelopam in mātrimōnium[1] dūcere (cupiēbantur/cupīvit/cupiēbant).

d) Īra Ulixis māgna (est/fuit/fuerant), nam iī virī māgnam pecūniam (āmittēbātur/āmissae sunt/āmīserant).
e) Itaque eōs (pūniēbantur/pūnīvit/pūnītī sunt) et posteā Neptūnum deum sacrificiō (plācāvit/plācātum esse/plācant[2]).

[1] in mātrimōnium dūcere: heiraten – [2] plācāre: besänftigen

 Jeder, ganz oder alle?

Wähle die richtige Übersetzung.

a) Equī intrant; statim omnis turba clāmat.
b) Spectātōrēs eōs omnī modō incitant.
c) Omnēs enim certāmen bonum exspectant.

 Austausch

Ersetze im folgenden Text die Wörter aqua durch mare und bestia durch animal. Achtung: Manchmal musst du auch die Attribute angleichen.

a) Mediā in aquā fuit īnsula Circes.
b) Circē omnēs hominēs in bestiās mūtāvit.
c) Ulixēs sōlus[1] in bestiam mūtātus nōn est.
d) Perīcula aquae Ulixēs nōn tam timuit quam perīcula illīus īnsulae.
e) Sociī Ulixis vītam bestiārum beātam esse contendēbant.
f) Ulixēs autem cum sociīs per aquam ingentem in patriam nāvigāre voluit.
g) Itaque Circem coēgit[2] sociōs ē bestiīs rūrsus in hominēs mūtāre.

[1] sōlus: allein – [2] coēgit: er zwang

 Odysseus' erste Abenteuer

Suche für jede Lücke das richtige Relativpronomen.

a) Ulixēs, ▢▢▢▢ ab urbe Troiā in patriam redīre volēbat, ventīs[1] ad Ciconēs iactātus est; oppidum[2] eōrum dēlēvit.

b) Inde ventī[1] eum portāvērunt ad Lōtophagōs, ▨▨▨ cibī mīrī erant.

c) Hominēs, postquam illum cibum, ▨▨▨ nomen erat lōtos, sūmpsērunt, omnia neglegēbant, nihil memoriā tenēbant, patriam nōn iam dēsīderābant.

d) Ulixēs nihil eōrum cibōrum sūmpserat; itaque sociōs, ▨▨▨ cibus ille dūlcis[3] fēlīcēs stultōsque reddiderat, vī ad nāvēs dūcere potuit.

[1]ventus: Wind – [2]oppidum: Stadt – [3]dūlcis: lecker

 Bei den Lotophagen

Bilde von den eingeklammerten Verben den richtigen Infinitiv.

a) Ulixēs, postquam in ōram novam advēnit, trēs sociōs in terram mīsit speculātōrēs[1]; volēbat enim nōnnūllās rēs dē illā terrā hominibusque (reperiō).

b) Posteā ex sociīs audīvit ibi hominēs fēlīcēs (habitō).

c) Sociī dīcēbant illōs hominēs sibi cibōs mīrōs (praebeō).

d) Omnēs gaudēbant illōs cibōs sibi (dō).

e) Nesciēbant[2] enim Lōtophagum cibōs hominēs fēlīcēs, sed stultōs (reddō).

f) Ulixēs autem doluit sociōs illīs cibīs (superō) neque aliud (volō) nisi illōs cibōs.

g) Frūstrā iūssit nāvem rūrsus in mare (trahō), patriam (petō).

h) Tandem cōnsilium cēpit vī eōs in nāvem (dūcō).

[1]speculātor: Kundschafter – [2]nescīre: nicht wissen

 Memorabilia

Nōn omnia possumus omnēs.
Omnia vincit amor.
Omnia tempus habent.
Omnī pede[1] stāre dēbēs.
Nōn omne, quod nitet[2], aurum[3] est.

[1]pēs, pedis: Fuß – [2]nitēre: glänzen – [3]aurum: Gold

 Französisch leicht gemacht

Die Bedeutung der folgenden französischen Adjektive kannst du leicht erschließen:

facile, triste, fort, fidèle, aigre

 Immer -er

Unterteile nach Wortarten.

pulcher, inter, puer, vester, semper, ācer, per, pater, miser, māter, noster

 Inschrift

Folgende Inschrift findet sich auf dem Grab eines sehr alten Mannes:

Numquam trīstis erat, laetus gaudēbat ubīque,
nec senibus similis mortem cupiēbat obīre,
sed timuit mortem nec sē mori posse putābat.

nec ≈ neque – senex, senis: alter Mann – similis: ähnlich – mortem obīre / morī: sterben

✛ Die Inschrift ist metrisch gestaltet. Du erkennst das Versmaß, wenn du die hervorgehobenen Silben betont vorliest.

Wortbildung

Verneinung

Du kennst jetzt die Wörter in-iūria (Un-recht), in-crēdibilis (un-glaublich) und īn-fēlīx (un-glücklich).

Was bedeuten die Adjektive
īnfīrmus, inhūmānus, īnfidēlis,
imperītus, imprūdēns, īnformis, ingrātus,
impūnis, invalidus?

Die folgenden Adjektive kannst du ebenfalls erschließen, wenn du die Vokalabschwächung beachtest:
inimīcus, iners.

Eine Welt voller Wunder

Isidor von Sevilla lebte von 570 bis 636 n. Chr. in Spanien. Er war Erzbischof von Sevilla und ein äußerst gebildeter Mann, ein richtiger Universalgelehrter: Er wusste fast alles, was man zu seiner Zeit wissen konnte, ob in Naturwissenschaft oder Grammatik, Geschichte oder Theologie. Isidor hatte die antiken Autoren gründlich studiert, vor allem Marcus Terentius Varro, der im 1. Jahrhundert v. Chr. in Rom Bücher über Kultur und Religion der Römer, über Recht, Kunst, Grammatik und Literaturgeschichte geschrieben hat. Mit diesem überlieferten Wissen setzt sich Isidor in seinen Büchern auseinander und hat so dazu beigetragen, antike Erkenntnisse an die Menschen des Mittelalters zu übermitteln.

Isidorus Hispalensis

Dē mōnstrīs

Mōnstra esse Varrō dīcit eās creātūrās, quae contrā nātūram sunt. Sed nōn sunt contrā nātūram,
3 quod dīvīna voluntās eās creāvit et quod omnēs rēs omnēsque creātūrae, quās dīvīna potestās creāre vult, nātūra sunt. Mōnstrum ergō nōn est
6 contrā nātūram, sed contrā eam nātūrae partem, quae nōbīs nōta est.

creātūra: Geschöpf – contrā: gegen – nātūra: Natur – dīvīnus: göttlich – voluntās: Wille – potestās: Macht – creāre: erschaffen – nōtus: bekannt

Dē nōmine „mōnstrō"

Mōnstra nōminantur ā verbō mōnstrāre; nōnnūlla enim nōbīs futūra mōnstrant.
3 Nam Deus interdum rēs futūrās mōnstrāre vult hominī singulō vel tōtī populō; id multīs experīmentīs probātum est. – Alexandrō Māgnō
6 mōnstrum, cui superiōrēs partēs hominis, inferiōrēs autem variārum bestiārum erant, sē praebuit, et paulō post rēx interfectus est.

interdum: manchmal – vel: oder – experīmentum: Erfahrung – superior: der/die obere – īnferior: der/die untere – paulō post: wenig später

Kolorierte Holzschnitte
aus H. Schedels
Weltchronik von 1493

Catalogus mōnstrōrum

Cynocephalī nōminantur iī, quibus caput canis, corpus autem hominis est; vōcem habent bestiae, 3 nōn hominis. Hī in Indiā vīvunt.

Cyclōpēs quoque in Indiā inveniuntur; ūnum oculum habent mediā in fronte. Hī nihil nisī 6 carnēs bestiārum edunt.

Blemmyiae crēscunt in Libyā: iī capita nōn habent, et ōs et oculōs portant in pectore vel in umerīs.

9 In ultimō Oriente haec mōnstra vīvunt: alia nārēs nōn habent, sed vultūs tōtōs plānōs; aliīs labrum superius maximum est: etiam flammās sōlis ā 12 faciē dēfendit; nōnnūlla sine linguīs sunt, sermōnem nōn habent.

Panotiī in Scythiā vīvunt; aurēs eōrum tōtum cor-15 pus prōtegunt.

Artabatitae in Aethiopiā quattuor pedibus ambulant.

18 Saturī homunciōnēs sunt aduncīs nāribus; cornua in frontibus habent et pedēs caprārum.

Sciopedēs in Aethiopiā habitant: mīrā celeri-21 tāte currunt, quamquam ūnum tantum pedem habent. Sī in umbrā iacēre volunt, pedem maximum in altum tendunt et sub eō dormiunt.

24 In Indiā populus est eōrum, quī Macrobiī nōmi-nantur; duodecim pedēs habent.

canis, -is: Hund – carō, carnis *f.*: Fleisch – edere: essen – vel: oder – ultimus: der äußerste – plānus: eben – superior: der/die obere – prō-tegere: bedecken – homunciō: Menschlein – aduncus: gekrümmt – capra: Ziege – umbra: Schatten

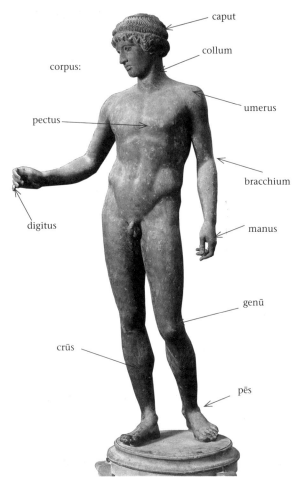

Jünglingsstatue, Bronze, Höhe 1,5 m, 1. Jahrhundert n. Chr.; Neapel, Museo Archeologico Nazionale

corpus:
caput
collum
umerus
pectus
bracchium
manus
digitus
genū
crūs
pēs

1. Versuche die Wohnorte der Monster auf der Karte vorne im Buch zu finden. Was fällt dir auf?

2. Suche in einem Sagenbuch oder einem mytho-logischen Lexikon: Welche Monster sind auch in antiken Sagen bekannt?

3. Wer kann eines der Monster malen?

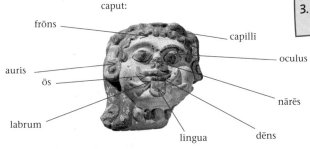

caput:
frōns
capillī
auris
oculus
ōs
nārēs
labrum
lingua
dēns

Gorgonenkopf, Terrakotta, Höhe 11,5 cm, 6./5. Jahrhundert v. Chr.; Berlin, Pergamonmuseum

ⓛ Flucht aus dem brennenden Troja

[1] ruīnae: eingestürzte
Gebäude

[2] obruere: überschütten

[3] trucīdāre: töten

[4] nātus: Sohn

[5] mortem obīre: sterben

[6] recēdere: zurückweichen

[7] mīrābilis: erstaunlich

[8] umerīs subīre: auf die
Schultern nehmen

[9] tumulus: Hügel

[10] extrēmus: der äußerste

[11] ā viā aberrāre: vom Weg
abkommen

Graecī maximam partem Trōiae urbis dēlēverant. Multī Trōiānī necātī erant, multa aedificia iam dēlēta erant, ubīque flammae
3 ruīnaeque[1] vidēbantur. Sōla arx Priamī, quae firmīs mūrīs contrā impetūs hostium mūnīta erat, nōndum expūgnāta erat.
Aenēās adhūc ad templum Minervae hostibus resistēbat. Tum ā rēge
6 ad auxilium vocātus statim cucurrit ad arcem, quam per portam occultam intrāvit. Cum nōnnūllīs sociīs fortibus Aenēās summīs in tectīs cōnstitit et hostēs ab arce prohibēbat. Sed iī tēlīs obrutī[2] tamen
9 oppūgnandī fīnem nōn fēcērunt. Tandem aditus arcis vī apertus est, invāsērunt arcem Graecī, iam trucīdātī sunt[3] prīmī Trōiānōrum. Cēterī metū hostium commōtī fugae sē mandāvērunt.
12 Aenēae in tectīs arcis relictō subitō Venus māter apparuit. Dextram fīliī cēpit et „Nāte[4]", inquit, „adhūc pater Anchīsēs vīvit, vīvunt uxor Creūsa Ascaniusque puer. Neque tuīs neque tibi est fātum in Trōiā
15 mortem obīre[5]. Itaque fīnem impone labōrī, fugā salūtem pete!" Hīs verbīs mātris adductus pius Aenēās arcem relīquit et inter flammās et hostēs domum suam properāvit. Dābant tēla locum flammaeque
18 recēdēbant[6]; nam dea fīlium dūcēbat.
Sed pater Anchīsēs Trōiam ab hostibus expūgnātam tamen relinquere negāvit. Nē lacrimīs quidem Ascaniī Creūsaeque movēbātur,
21 cum subitō circum caput Ascaniī flamma vīsa est. Hōc mīrābilī[7] mōnstrō victus pater domum urbemque relinquere nōn iam dubitāvit. Pius Aenēās patrem, quī deōs penātēs manibus tenuit,
24 umerīs subiit[8]. Fīlium Creūsamque uxōrem iūssit ūnā sēcum ad portum properāre, cēterōs autem sociōs ad tumulum[9] templumque Cereris convenīre.
27 Aenēās cum familiā per viās Trōiae ad portam urbis properābat, cum pater ācrī clāmōre perterritus „Nāte[4]", clāmāvit, „fuge, nāte[4]; hostēs appropinquant!" Hōc novō metū commōtus Aenēās cum
30 suīs viam relīquit. Per regiōnēs urbis extrēmās[10] errābant. Dum per ruīnās[1] flammāsque mare petunt, Creūsa uxor āmissa est, quae aut ā viā aberrāverat[11] aut longō itinere fatīgāta cōnsēderat. Tandem
33 Aenēās cum patre fīliōque ad sēdem Cereris vēnit, omnēs deīs grātiās ēgērunt. Dum hōc locō manent, ingēns comitum numerus adveniēbat: virī, līberī, mātrēs, quī ē Trōiā effūgerant.
36 Aenēās comitēsque novum diem exspectābant; tum spē salūtis ductī nāvibus Trōiam relīquērunt, novās sēdēs patriamque novam petīvērunt.

Verstehen & Vertiefen

1. Warum wird Aeneas pius genannt?

2. Wie überredet Venus Aeneas zur Flucht? Gehe dabei auch auf die sprachliche Gestaltung ihrer Rede ein.

3. Welche „Familienmitglieder" nimmt Aeneas mit?

Marmorstatue von
Gian Lorenzo Bernini,
Höhe 220 cm, 1618/19;
Rom, Galleria Borghese

i Der Trojanische Krieg

Die ältesten bekannten Dichtungen der Griechen sind die beiden Erzählungen *Ilias* und *Odyssee*. Die *Ilias* berichtet vom Krieg der Griechen gegen die Stadt Troja; sie endet jedoch nicht mit dem
5 Fall Trojas, sondern bereits mit dem Tod des trojanischen Helden Hektor im zehnten und letzten Kriegsjahr. Die *Odyssee* schildert die abenteuerliche Reise des Griechen Odysseus von Troja zurück in seine Heimat. Die beiden Werke werden dem Dichter
10 Homer zugeschrieben, über den wir nur sehr wenig wissen. Wahrscheinlich lebte er gegen Ende des 8. Jahrhunderts v. Chr. Es ist umstritten, ob er beide Werke verfasst hat. Sicher ist nur, dass in der *Ilias* und in der *Odyssee* eine jahrhundertealte mündli-
15 che Überlieferung erstmals schriftlich festgehalten wurde.

Um den Krieg der Griechen gegen Troja rankten sich viele weitere Geschichten. Versuchen wir, die unterschiedlichen Berichte zusammenzufassen:
20 Am Anfang steht ein sonderbarer Wettstreit: Paris, der Sohn des trojanischen Herrschers Priamos, soll entscheiden, welche der drei Göttinnen Hera, Athene und Aphrodite die Schönste sei. Er entscheidet sich für Aphrodite, da sie ihm Helena
25 verspricht, die schönste Frau der Welt. Sie ist aber schon mit Menelaos, dem König von Sparta, verheiratet. Paris reist zu Menelaos, missbraucht dessen Gastfreundschaft und raubt Helena. Da alle diplomatischen Versuche, die Entführte zurückzuerhal-
30 ten, scheitern, rüstet Agamemnon, der König von Mykene, für seinen Bruder Menelaos zum Krieg gegen Troja.

Ein schneller Sieg kann nicht errungen werden. Die Griechen sind zur Belagerung der Stadt gezwungen,
35 die sich über zehn Jahre hinzieht. Das Kriegsglück wechselt, da auch die Götter uneins sind und auf beiden Seiten eingreifen. Später streitet sich Achill, der tapferste der Griechen, mit Agamemnon und zieht sich mit seinen Kriegern, den gefürchteten
40 Myrmidonen, aus dem Kampf zurück. Die Griechen scheinen den Krieg zu verlieren. Doch dann wird Achills bester Freund Patroklos getötet: Hektor, der älteste Sohn des Priamos, hat ihn im Zweikampf besiegt. Da greift Achill erneut ein, um den Tod des
45 Freundes zu rächen. Er tötet Hektor und schleift ihn an seinem Streitwagen um die Stadtmauern ins Lager der Griechen. Der greise Priamos muss den Leichnam seines Sohnes durch einen Bittgang zu Achill auslösen.
50 Später wird Achill von einem Pfeil des Paris, den der Gott Apollon lenkt, tödlich getroffen. Dennoch gelingt es den Griechen, die stark befestigte Stadt durch eine List einzunehmen: Sie täuschen ihren Abzug vor, verstecken ihre Schiffe aber hinter einer
55 Insel. Am Strand lassen sie ein großes hölzernes Pferd zurück, in dessen Bauch sich griechische Krieger verbergen. Als die Trojaner, verwundert über das Verschwinden der Feinde, vor die Stadt ziehen und das Pferd finden, entschließen sie sich, es als
60 Weihegeschenk für ihren – vermeintlichen – Sieg mit in die Stadt zu nehmen. Ausgelassen feiern sie ein großes Fest. In der folgenden Nacht, als alles schläft, klettern die Griechen aus dem Bauch des Pferdes, öffnen ihren inzwischen herbeigeeilten
65 Waffengefährten die Stadttore und zerstören Troja. Nur wenige Trojaner können entkommen, unter ihnen Aeneas. Diesem ist Italien als neues Vaterland bestimmt; seine Irrfahrten dorthin beschrieb im 1. Jahrhundert v. Chr. der römische Dichter Vergil
70 in dem Werk *Aeneis*, das zum Nationalgedicht der Römer wurde.

Ist diese Erzählung ein reines Phantasieprodukt oder spiegelt sie ein geschichtliches Ereignis wider? Heinrich Schliemann hat Ende des 19. Jahrhunderts
75 die alten homerischen Stätten, Mykene und Troja (heute: Hirsalık), durch umfangreiche Grabungen freigelegt. Seitdem streiten sich Forscher immer wieder, ob die Sage vom Trojanischen Krieg einen historischen Kern enthält.

Verstehen & Vertiefen

1. Sucht aus einem Sagenbuch einzelne Episoden aus der Geschichte vom trojanischen Krieg heraus und erzählt sie in der Klasse.

2. Projekt: Erstellt mit Hilfe des Internets eine kleine Ausstellung mit Bildern und Anschauungsmaterial zum aktuellen Stand der Troja-Diskussion.

Plusquamperfekt Passiv

Das Plusquamperfekt Passiv wird gebildet durch das
PPP plus Imperfekt von esse.

	Sg.	Pl.
1. Pers.	amātus, -a, -um eram	amātī, -ae, -a erāmus
2. Pers.	amātus, -a, -um erās	amātī, -ae, -a erātis
3. Pers.	amātus, -a, -um erat	amātī, -ae, -a erant

1.1 Vergleiche die Bildung des Plpf. Akt. (→ 15 G3) und des Perf. Pass. (→16 G3).

Wie beim Perfekt Passiv (→ 16 G3) gilt: Subjekt und das PPP im Plusquamperfekt Passiv stimmen in KNG überein.
  a) Trōia ā Graecīs dēlēta erat.
  b) Forum urbis corporibus complētum erat.
  c) Nōnnūllī incolae ab Aenēā servātī et in patriam novam ductī erant.

complēre: anfüllen

 Participium coniunctum

Wenn du die beiden folgenden Sätze nach Verbformen durchsuchst, wirst du erkennen, dass jeder von ihnen zwei Ausssagen enthält:
  a) Trōiānī tōtam urbem dēlētam esse vīdērunt.
  b) Trōia ā Graecīs expūgnāta ab incolīs relicta est.

2.1 Formuliere die satzwertigen Aussagen, die in den Sätzen a und b enthalten sind, als Hauptsatz – auch auf Latein.
2.2 Um was für eine Konstruktion handelt es sich in Satz a?
2.3 Trōia ā Graecīs expūgnāta: Bestimme die Satzglieder.

Beide Sätze enthalten einen satzwertigen Ausdruck (→ 7 G2):
  • in Satz a: tōtam urbem suam dēlētam esse,
  • in Satz b: Trōia ā Graecīs expūgnāta.

Die Form expūgnāta ist ein Partizip Perfekt Passiv (PPP). Wie du an der KNG-Kongruenz erkennen kannst, ist expūgnāta mit Trōia verbunden; ein solches mit einem Satzglied verbundenes Partizip nennt man **Participium coniunctum** (abgekürzt: Pc).
Das Beziehungswort des Partizips expūgnāta ist Trōia; zusammen mit dem Partizip expūgnāta bildet es eine Klammer:

coniunctus: verbunden

  Trōia ā Graecīs **expūgnāta** ab incolīs relicta est.

Alles, was von dieser Klammer eingeschlossen wird, gehört noch zum Partizip (hier die Angabe ā Graecīs). Wir nennen dies den Partizipialbereich.

Manchmal ist das Beziehungswort nicht zu sehen, sondern im Prädikat versteckt:
  c) Aenēās ad templum Minervae cum hostibus pūgnābat. Tum ā rēge vocātus ad arcem properāvit.

G3 Prädikativer Gebrauch des Pc

Trōia ā Graecīs expūgnāta ab incolīs relicta est.

Das Partizip expūgnāta ist nicht nur mit seinem Beziehungswort Trōia verbunden, sondern macht auch eine Angabe zum Prädikat (relicta est). Es handelt sich deshalb um ein Prädikativum, um ein **prädikatives Partizip**. Der ganze Partizipialbereich ist als Satzglied ein Adverbiale, wie du an der folgenden Satzgliedbestimmung erkennen kannst:

[Trōia] <ā Graecīs expūgnāta> <ab incolīs> [[relicta est]].

Da die Satzgliedposition Adverbiale hier durch eine satzwertige Konstruktion gefüllt ist, liegt es nahe, sie ins Deutsche mit einem adverbialen Gliedsatz zu übersetzen:

Nachdem Troja von den Griechen erobert worden war, wurde es von den Einwohnern verlassen.

3.1 Rekapituliere die wichtigsten Merkmale eines Prädikativums (→ 11 G2).

3.2 Wie und wie oft wird Trōia in der deutschen Übersetzung wiedergegeben?

G4 Eigenschaften des PPP

> PPP:
> vorzeitig – passiv

Das PPP ist (bis auf einige wenige Ausnahmen)
- **immer vorzeitig** (es heißt daher auch „Partizip der Vorzeitigkeit"),
- **immer passiv** (im Deutschen wählen wir allerdings bisweilen lieber das Aktiv – wie auch sonst bei der Übersetzung des lateinischen Passivs).

4.1 Wiederhole die fünf verschiedenen Möglichkeiten ein lateinisches Passiv ins Deutsche zu übersetzen (→ 10 NüS, S. 94).

G5 Gedankliches Verhältnis

Ein prädikatives Partizip könnte auch als Verkürzung eines Adverbialsatzes aufgefasst werden:

Trōia, postquam ā Graecīs expūgnāta est, ab incolīs relicta est.
Trōia   ā Graecīs expūgnāta   ab incolīs relicta est.

In dieser Verkürzung liegt der Vorteil einer solchen Ausdrucksweise: viel Information auf wenig Raum.

Allerdings ist nicht festgelegt, welches **gedankliche Verhältnis** zwischen dem prädikativen Partizip und dem übergeordneten Prädikat besteht; daher musst du das gedankliche Verhältnis aus dem Zusammenhang bestimmen.

Folgende Möglichkeiten kommen in dieser Lektion vor:

5.1 Woher kennst du diese Einteilung von gedanklichen Verhältnissen schon?

gedankliches Verhältnis	Frage	Angabe
temporal	wann?	Zeit
kausal	warum?	Grund
konzessiv	trotz welchem Umstand?	Gegengrund

Beispiele:
a) Aenēās ā rēge vocātus statim cucurrit ad arcem.
b) Ibi autem cēterī mīlitēs multitūdine hostium perterritī fugae sē mandāvērunt.
c) Aenēās ab omnibus relictus tamen spem salūtis nōn āmīsit.

G6　Übersetzungsmöglichkeiten

Trōia ā Graecīs expūgnāta ab incolīs relicta est.
Ein prädikatives Partizip lässt sich nicht nur durch einen Adverbialsatz übersetzen. Es gibt noch andere Möglichkeiten; hier sind sie alle mit Beispielen
aufgelistet:

> Prädikative Partizipien werden **UEB**ersetzt.

- **Unterordnung:** Übersetzung mit einem adverbialen Gliedsatz
  Nachdem Troja von den Griechen erobert worden war, ...
- **Einordnung:** Übersetzung mit Präposition plus Verbalsubstantiv
  Nach der Eroberung Trojas durch die Griechen ...
- **Beiordnung:** Übersetzung mit Hauptsatz
  Troja wurde von den Griechen erobert und dann ...

6.1 Erkläre die Bezeichnungen Unterordnung, Einordnung, Beiordnung.

6.2 Was ist bei der Einordnung aus dem Partizip geworden, wodurch wird das gedankliche Verhältnis ausgedrückt?

6.3 Wodurch wird bei der Beiordnung das gedankliche Verhältnis zum Ausdruck gebracht?

Daneben gibt es manchmal noch die Möglichkeit der Übersetzung mit einem
deutschen Partizip:
Aenēās ā rēge vocātus statim cucurrit ad arcem. –
Vom König gerufen, lief Aeneas sofort zur Burg.

Bei der Übersetzung mit deutschem Partizip bleibt das gedankliche Verhältnis
offen, das gedankliche Verhältnis ist dadurch nicht mehr eindeutig.

Hier drei Beispiele für die UEBersetzung von prädikativen Partizipien:
a) Mīlitēs Graecōrum in equō līgneō occultātī diū tacēbant. –
Nachdem sich die Soldaten der Griechen im hölzernen Pferd verborgen
hatten, waren sie lange ganz still.
b) Urbs Trōia ā Graecīs capta ab incolīs relicta est. –
Nach der Einnahme durch die Griechen wurde die Stadt Troja von ihren
Einwohnern verlassen.
c) Ulixēs māgnīs labōribus vexātus et diū per mare plēnum perīculōrum
pulsus tamen spem salūtis nōn āmīsit. –
Odysseus wurde von großen Strapazen geplagt und lange über das gefahr-
volle Meer getrieben, verlor aber dennoch nicht die Hoffnung auf seine
Rettung.

līgneus: hölzern

vexāre: quälen
pulsus: PPP von pellere: treiben

6.4 Bei a–c wurde versucht in der Übersetzung gewisse Eigenschaften der lateinischen Sätze beizubehalten. Wann wurde U, wann E, wann B gewählt? Achte dabei auf die Länge der Partizipialbereiche. Welche Empfehlung lässt sich daraus ableiten?

Hier eine Übersicht, wie du bei den verschiedenen Übersetzungsmöglichkeiten
die gedanklichen Verhältnisse ausdrückst:

	Unterordnung	Einordnung	Beiordnung
temporal	als, nachdem, sobald	nach	und darauf/danach/dann
kausal	weil, da	wegen	und deshalb/daher
konzessiv	obwohl, obgleich	trotz	aber trotzdem/dennoch

PPP?

Welche Form ist wirklich ein PPP?

magistrātus, aegrōtae, tōtum, vocātōs, tolerātī, stultīs, mandātus, perterritōrum, spīritus, aedificātum, vultus, frūmentō, mūnītō, tantō, multum

 Hin & her

Vertausche Perfekt und Plusquamperfekt.

pūnīvērunt, arripueras, commōtī erant, cūstōdīta sum, spērātum erat, addūxerātis, effūgerant, incitātī sumus, iniit.

+ Vertausche danach Singular und Plural.

 Kettenglieder

Bilde eine Kette von Formen, indem du immer genau die angegebene Veränderung vornimmst.

vīdērunt ⊙ 2. Pers. ⊙ Pass. ⊙ Imperf. ⊙ 1. Pers. ⊙ Sg. ⊙ Plpf. ⊙ Akt. ⊙ 3. Pers. ⊙ Pl. ⊙ Perf.

 Auf der Flucht

Bevor den Trojanern die Flucht gelang, gab es viel Tumult. Was war passiert? – Hänge das richtige Ende an die Satzanfänge.

a) Aenēās ā Venere mātre
b) Anchīsēs ab Ascaniō Creūsāque
c) Et Anchīsēs et Creūsa mōnstrō mīrābilī[1]
d) Creūsa ab Aenēā
e) Ā patre timidō Aenēās
f) Comitēs ab Aenēā

[1] mīrābilis: erstaunlich

monīta erat – monītī erant – monītus erat

 Relativsätze

Mache aus dem jeweils ersten Satz einen Relativsatz, indem du ihn in den anderen einbaust. Du brauchst dann das Plusquamperfekt, damit die Reihenfolge der Handlungen nicht vertauscht wird.

Beispiel:
Aenēās ad templum Minervae hostibus resistēbat. Priamus vocāvit Aenēam.

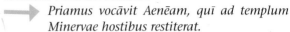 *Priamus vocāvit Aenēam, quī ad templum Minervae hostibus restiterat.*

a) Incolae urbem mūrīs firmīs mūnīvērunt. Diū Graecī urbem Trōiam expūgnāre nōn poterant.
b) Venus fīlium monuit. Aenēās fugā salūtem petīvit.
c) In itinere Creūsa āmissa est. Aenēās sine uxōre patriam novam petīvit.
d) Aenēās comitēsque diū per mare iactābantur. In Thrāciā terrā Aenēās comitēsque urbem novam condidērunt.
e) Aenēās mōnstrum mīrābile[1] vīdit. Mōnstrum mīrābile[1] Aenēam iūssit illam terram relinquere et aliō locō quaerere.

[1] mīrābilis: erstaunlich

 Aus zwei mach eins

Bilde aus jeweils zwei kurzen Sätzen einen längeren; der, der hier als erster steht, wird zum Pc. Denke auch daran, die Adverbien tum und itaque zu tilgen.

Beispiel:
Trōiānī ā maximō Graecōrum exercitū oppūgnātī sunt. Tamen Trōiānī decem annōs resistēbant.

Trōiānī ā maximō Graecōrum exercitū oppūgnātī tamen decem annōs resistēbant.

a) Trōiānī a Graecīs victī sunt. Itaque Trōiānī patriam novam quaerēbant.
b) Aenēās ab ōrāculō iussus est mātrem antīquam[1] Trōiānōrum petere. Itaque Aenēās Crētam in īnsulam nāvigāvit.

c) Ibi Trōiānī morbō² malō affectī sunt. Itaque Trōiānī nōn cessābant fortūnam suam iterum marī mandāre.
d) Nāvēs ad nāvigandum parātae sunt. Tum manus Trōiānōrum nāvēs in mare dūxit.

¹antīquus: alt – ²morbus: Seuche

 Ü7 Auswahl

Welches der eingeklammerten Worte muss in den Text eingesetzt werden?

a) Ulixēs Circem sociōs iterum in hominēs (mūtāre/mūtārī/mūtāvisse) iūssit.
b) Circē parāta erat id perficere, quod Ulixēs (iūsserat/iubēbat/iubet).
c) Circē amōre Ulixis (commōta/commōtōs/commōvēre) virōs rūrsus in hominēs mūtāvit.
d) Ulixī autem sociī dīxērunt: „In (hominēs/hominum/hominibus) mūtārī nōn cupimus, nam (nūllam rem/nūllīus reī/nūllā rē) carēmus."
e) Tamen ā Circē (mūtāre/mūtāta/mūtātī) sunt.

 Ü8 aut – aut – aut

Achte auf die verschiedenen Verwendungsweisen von aut.

Hominēs, quī in tabernam Rasīniī veniunt, statuās aut vāsa¹ emere volunt. Rasīnius sē aut ā servīs aut ā nautīs dēcipī putat.

¹vāsa, -ōrum: Gefäße

 Ü9 Memorabilia

Contrā vim nōn valet iūs¹.
Vim vī repellere² licet.
Vincit omnia vēritās³.

¹iūs, iūris *n.:* Recht – ²repellere: zurückweisen – ³vēritās: Wahrheit

Wortbildung

PPP

Von einigen PPP lassen sich Substantive oder Adjektive ableiten. Die Adjektive bezeichnen dabei das Ergebnis der Handlung:
apertus, parātus, fatīgātus, praeteritus.

Die Substantive bezeichnen ebenfalls das Ergebnis der Handlung oder die Handlung selbst:
dictum, factum, respōnsum, mandātum.

Häufig gehören sie der u-Deklination an:
raptus, cāsus, actus, cantus, cōnspectus, exercitus, status, ductus, habitus.

 Ü10 Kirkes Warnung

An einem alten Manuskript hat eine Maus geknabbert, und jetzt fehlen einzelne Buchstaben. Was muss in die Lücken eingesetzt werden?

a) Multa mōnstra in ▮arī māgnō habitant, Ulixēs.
b) H▮nc in regiōnem Sīrēnārum nāvigās.
c) Audī verba ▮ea:
d) Sī domum redīre vi▮, fuge Sīrēnās!
e) Sīrēna est mōnstrum, ▮uius caput est hominis, corpus autem a▮is.
f) Vō▮ eius mīra est, sed māgnum ma▮um praebet:
g) Hominēs vo▮at, iī autem dē nāve cadunt et intereunt.
h) Itaque obtūrā¹ aurēs² sociōrum cērā³, tē autem a▮ mālum⁴ alligārī⁵ iubē.
i) Itā occāsiōnem habēs ar▮em Sīrēnārum audiendī; tamen salvus do▮um redīre potes.

¹obtūrāre: verstopfen – ²auris: Ohr – ³cēra: Wachs – ⁴mālus: Mast – ⁵alligāre: anbinden

Die Prophezeiung der Sibylle

Nach langen Irrfahrten ist Aeneas bei Cumae an der Küste Süditaliens gelandet. Ganz in der Nähe des Landeplatzes befinden sich ein Heiligtum Apolls und die Grotte der Seherin Sibylle.

Aenēās sociīque perīculīs maris līberātī dē nāvibus dēscendērunt. Sociī laetī terram pulchram, silvās dēnsās[1], flūmina grāta spectābant,

3 pius autem Aenēās sine morā templum Apollinis petīvit. Ibi prō salūte suā suōrumque deō sacra fēcit. Ante templum ipsum in rūpem incīsum[2] est antrum[3] ingēns Cūmaeae Sibyllae. Eō Aenēās

6 post sacra iit, nam respōnsa dē rēbus futūrīs ā Sibyllā ipsā petere volēbat.

Centum aditūs in antrum[3] dūcunt, unde ruunt centum vōcēs,

9 respōnsa Sibyllae. Aenēās vix ad līmen antrī[3] accesserat, cum vōcem māgnam atrōcemque Sibyllae audīvit. Timōre perterritus cōnstitit et: „Tū, sancta vātēs," inquit, „quae omnia futūra scīs, dic mihi:

12 Quandō Trōiānīs quiēs labōrum dābitur? Ubi habēbunt sēdēs novās Trōiānī? Ubi aedificābunt domōs, templa, urbēs? Cuius auxilium in terrā ignōtā contrā hostēs implōrābimus? Ā quō recipiēmur? Cui

15 deōrum placēbit nōs adiuvāre? Ōlim Apollinī templum solidō dē marmore[4] tibique ipsī locum sacrum sēdibus novīs īnstituam. Eō locō ego ipse omnēs tuās sortēs dēpōnam."

18 Iam patuērunt portae ingentēs centum, respōnsa vātis ipsīus audīta sunt: „Salvē tū, quī tam māgna perīcula maris superāvistī, salvē, nāte[5] Veneris! Audī, nam rēs futūrās canam: Trōiānī mox in Latium

21 venient, illa terra eōs accipiet. Sed nōn vēnisse volent: Bella, atrōcia bella cernō, quae cum gentibus Italiae gerent. Novus Achilleus iam in Latiō partus est, quī ipse est fīlius deae. Is vōs ā Latiō diū

24 prohibēbit, nec eī Iūnō, dea Trōiānīs inimīca[6], aberit. Prōvideō vōs frūstrā auxilium gentium urbiumque Italārum implōrātūrōs esse. Frūstrā cum hostibus ipsīs dē pāce agētis. Haec omnia tē nōn

27 prohibēbunt ea, quae tibi fātō praedicta sunt[7], perficere: malīs nōn cēdēs, sed hostibus obviam ībis, exemplum virtūtis eris. Sciō vōs Trōiānōs dēnique hostēs superātūrōs sēdēsque novās in Latiō vōbīs

30 parātūrōs."

[1] dēnsus: dicht

[2] in rūpem incīsum: in den Felsen eingeschnitten

[3] antrum: Höhle

[4] solidō dē marmore: aus massivem Marmor

[5] nātus: Sohn

[6] inimīca: Feindin

[7] praedīcere: vorhersagen

Verstehen & Vertiefen:

1. Stelle den Fragen des Aeneas die entsprechenden Antworten der Sibylle gegenüber.

2. Vergleiche die Orakelstätten von Cumae und Delphi miteinander.

3. Wie reagiert Aeneas auf die Prophezeiung? – Vergleiche damit sein Verhalten bei der Flucht aus Troja (Lektionstext 17).

Hīs verbīs Cūmaea Sibylla Trōiānīs futūra aperuit. In novam spem
adductus respondit Aenēās: „Omnia, quae dē labōribus futūrīs cecinistī,
33 mihi inopīnāta[8] nōn sunt. Omnia iam animō meō volvī. Tamen spērō
deōs nōs perīculīs līberātūrōs esse. Trōiānōs posteā dominōs nōn modo
Italiae, sed etiam tōtīus mundī fore certē sciō."

[8]inopīnātus: unerwartet

Der Zugang zur Höhle der Sibylle in Cumae

ⓘ Göttliche Vorzeichen

„Jupiter lässt regnen", sagten die Römer. Was in der Natur geschah, war für sie ein Werk der Götter, und auch in das Leben der Menschen griffen die Götter nach Ansicht der Römer ein. Sie glaubten, dass man
5 den Willen der Götter durch bestimmte Vorzeichen (ōmina; Sg. ōmen) erkunden könne. Besondere Bedeutung wurde göttlichen Zeichen zugemessen, die sich in der Natur boten. Wenn sich unheilverheißende Zeichen am Himmel oder auf der Erde zeigten,
10 versuchten die Römer durch bestimmte Handlungen und Mittel, den Zorn der Götter zu besänftigen. Ziel war es, in Frieden mit den Göttern zu leben; nur so war das Wohl des Staates gesichert.
Für die Deutung göttlicher Zeichen gab es in
15 Rom die Auguren (augurēs; Sg. augur). Diese Priester stammten aus vornehmen römischen Familien und interpretierten für die römischen Beamten verschiedene Vorzeichen, so genannte
20 Auspizien (auspicia; Sg. auspicium). Ihre Aufmerksamkeit galt besonders den Gewittern: Blitze und Donner während einer Volksversammlung wurden als ungünstiges Vorzeichen angesehen;
25 die Versammlung musste abgebrochen und verschoben werden. Blitze dagegen, die aus heiterem Himmel kamen, galten als günstiges Vorzeichen. Häufig prüften die Auguren auch den
30 Vogelflug: Mit ihrem Augurenstab (lituus) legten sie ein viereckiges und klar abgegrenztes Beobachtungsfeld (templum) fest; von der Mitte dieses Bezirkes untersuchten sie den Himmel auf Vorzeichen,
35 die dem Flug oder dem Schreien einzelner Vögel entnommen wurden. Darüber hinaus beobachteten die Auguren den Appetit der heiligen Hühner. Wenn sie so gierig fraßen, dass sie Körner aus dem Schnabel fallen
40 ließen, galt dies als günstiges Omen. Seher (haruspicēs; Sg. haruspex) gaben ebenfalls für den römischen Senat Gutachten über einzelne Vorzeichen ab und empfahlen Mittel zur
45 Entsühnung. Auch sie deuteten Blitze, aber ihre Hauptaufgabe

war die Weissagung (dīvīnātiō) aus den Eingeweiden von Tieren, die zur Befragung der Götter geopfert wurden. Besonders wichtig war die Untersuchung
50 der Leber des Opfertieres. Aus der Beschaffenheit dieses Organs glaubten die Seher, Schlüsse über zukünftige Ereignisse ziehen zu können. Diese Beobachtungstechniken hatten die Römer von den Etruskern übernommen, einem Volk, das nördlich
55 von Rom ansässig war.
Um möglichen Schaden vom Staat abzuwenden, konnte der römische Senat das Priesterkollegium der Zehnmänner beauftragen, die sibyllinischen Bücher im kapitolinischen Jupitertempel zu befragen. Die
60 Priester sollten herausfinden, was das Auftreten von bestimmten Vorzeichen hervorgerufen hatte. Die sibyllinischen Bücher waren eine Sammlung von Prophezeiungen der Sibylle von Cumae, die nach römischer Überlieferung eine alte Frau dem römi-
65 schen König Tarquinius verkauft haben soll.

Der römische Historiker Livius (59 v. Chr.–17 n. Chr.) berichtet über ein Vorzeichen, das während des Ersten Punischen Krieges (264–241 v. Chr.) beobachtet wurde:
70 Der Konsul von 249 v. Chr., P. Claudius Pulcher, wurde von einem Volkstribunen daran gehindert, in den Krieg gegen die Karthager zu ziehen. Da ließ er die heiligen Hühner herbeiholen. Als sie die hingeworfenen Körner nicht fraßen, machte sich der Konsul
75 über das Vorzeichen lustig, sagte: „Dann sollen sie wenigstens saufen!", und warf die Hühner in den Tiber. P. Claudius Pulcher verlor daraufhin die Seeschlacht gegen die Karthager bei Trapani.

Etruskische Bronzestatue eines Haruspex, Höhe 34 cm,
4./3. Jahrhundert v. Chr.; Rom, Museo Nazionale di Villa Giulia

Verstehen & Vertiefen

1. Versuche das Verhalten des Konsuls P. Claudius Pulcher zu erklären. Hat er richtig oder falsch gehandelt? Begründe deine Meinung.

2. Diskutiert in der Klasse, ob wir auch heute noch an Vorzeichen glauben.

G1   Futur

Jetzt wirst du das Futur, das Tempus der Zukunft, kennenlernen. Du erkennst es an besonderen Futursignalen zwischen dem Präsensstamm und den Personalendungen:

vocā-**b**-i-t, cad-**e**-nt, fugi-**a**-m

Welches Signal die Futurform enthält, hängt von der Konjugationsklasse ab:
- in der a- und e-Konjugation lautet das Futursignal -**b**-, ebenso bei īre,
- in den anderen Konjugationen und bei velle ist das Signal das -**e**-, in der 1. Sg. allerdings das -**a**-,
- unregelmäßig gebildet wird das Futur von esse und posse.

> **Merkvers fürs Futur:**
> „a- und e-
> haben -b-,
> alle andern
> das Kameeeeel."

	a-Konjugation			
	Aktiv		**Passiv**	
	Sg.	*Pl.*	*Sg.*	*Pl.*
1. Pers.	vocā-b-ō	vocā-b-i-mus	vocā-b-or	vocā-b-i-mur
2. Pers.	vocā-b-i-s	vocā-b-i-tis	vocā-b-e-ris	vocā-b-i-mini
3. Pers.	vocā-b-i-t	vocā-b-u-nt	vocā-b-i-tur	vocā-b-u-ntur

	e-Konjugation			
	Aktiv		**Passiv**	
	Sg.	*Pl.*	*Sg.*	*Pl.*
1. Pers.	monē-b-ō	monē-b-i-mus	monē-b-or	monē-b-i-mur
2. Pers.	monē-b-i-s	monē-b-i-tis	monē-b-e-ris	monē-b-i-mini
3. Pers.	monē-b-i-t	monē-b-u-nt	monē-b-i-tur	monē-b-u-ntur

	gem. Konjugation			
	Aktiv		**Passiv**	
	Sg.	*Pl.*	*Sg.*	*Pl.*
1. Pers.	capi-a-m	capi-ē-mus	capi-a-r	capi-ē-mur
2. Pers.	capi-ē-s	capi-ē-tis	capi-ē-ris	capi-ē-mini
3. Pers.	capi-e-t	capi-e-nt	capi-e-tur	capi-e-ntur

	velle		esse		posse	
	Sg.	*Pl.*	*Sg.*	*Pl.*	*Sg.*	*Pl.*
1. Pers.	vol-a-m	vol-ē-mus	erō	erimus	poterō	poterimus
2. Pers.	vol-ē-s	vol-ē-tis	eris	eritis	poteris	poteritis
3. Pers.	vol-e-t	vol-e-nt	erit	erunt	poterit	poterunt

1.1 Setze ins Futur: tacēmus, mōnstror, eō, fugit, incipiō, probat, īmus.

1.2 Bilde entsprechend das Futur im Akt. und Pass. von agere und audīre.

1.3 Welche Futurform unterscheidet sich nur durch die Länge eines Vokals von der entsprechenden Präsensform?

Im Deutschen wird das Futur mit „werden" plus Infinitiv gebildet. Achte auf folgende Verwechslungsgefahr: Auch im Passiv wird „werden" verwendet!

1.4 Erkläre den Unterschied: „du wirst sehen" – „du wirst gesehen".

G2 Infinitiv der Nachzeitigkeit

Der Infinitiv Futur Aktiv besteht aus zwei Wörtern:
vocāt-ūrum esse

Der erste Bestandteil ähnelt dem PPP, abgesehen davon, dass die Endung -ūrum, -ūram, -ūrum, im Plural -ūrōs, -ūrās, -ūra lautet. Der zweite Bestandteil ist der Infinitiv Präsens von esse; er kann aber auch fehlen.

Der Infinitiv Futur Passiv endet auf -um īrī: vocātum īrī. Er kommt aber so selten vor, dass du ihn nicht zu lernen brauchst.

Von dem Verb esse lautet der Infinitiv Futur futūrum esse; es gibt dafür aber auch die Kurzform fore.

Der Infinitiv Futur kommt praktisch nur als Prädikat in einem Aci vor. Er bezeichnet dann, dass die Handlung des Aci nachzeitig zur Handlung des Rahmensatzes ist, und heißt deshalb auch Infinitiv der Nachzeitigkeit.

> Infinitiv der Nachzeitigkeit:
> PPP + -ūrum (esse)

2.1 Wie müssten die Aci in a und b als eigenständige Sätze lauten?
2.2 Veranschauliche am Beispiel von Satz c das Zeitverhältnis in einem Schema wie auf S.133.

a) Sibylla Aenēae dīcit Trōiānōs frūstrā cum hostibus dē pāce actūrōs esse.
b) Prōvidet autem Aenēam malīs nōn cessūrum.
c) Aenēās Iovem sibi Trōiānīsque adfutūrum esse spērat.

Nachdenken über Sprache

Ellipse

Im Lateinischen können Formen von esse manchmal weggelassen werden. Das ist häufig der Fall bei den Infinitiven der Vor- und Nachzeitigkeit.
a) Aenēās Trōiam tōtam expūgnātam intellēxit.
b) Spērābat autem sē suōs ex urbe servātūrum.

Du kennst auch schon den Fall, dass vor einer wörtlichen Rede ein Verb des Sagens fehlt:
c) Tum Venus māter: „Fugā salūtem pete!"

Eine solche Auslassung nennt man Ellipse (griechisch für „Auslassung"). Beliebt ist die Ellipse in Sprichwörtern:
d) Summum iūs[1] summa iniūria.
e) Hinc illae lacrimae!

[1] iūs: Recht

1) Welche Verbformen müssten in den Sätzen a bis e ergänzt werden?

2) Was ist die Wirkung solcher Ellipsen?

3) Welches dir schon bekannte Stilmittel hat eine ähnliche Wirkung?

G3 Fragewörter

Du kennst schon die **Interrogativpronomina** quis und quid. Es gibt sie in allen Kasus:

Nom.	quis?	quid?	wer?	was?
Gen.		cuius?		wessen?
Dat.		cuī?		wem?
Akk.	quem?	quid?	wen?	was?
Abl.		ā quō?		von wem?
		quōcum?		mit wem?

3.1 In früher Zeit wurde cu- am Wortanfang auch qu- geschrieben. Welche Parallelität besteht also zwischen dem Interrogativpronomen im Deutschen und im Lateinischen? Wie ist es im Englischen?

Neben den Interrogativpronomina gibt es auch Frageadverbien, die nach Zeit, Ort, Grund usw. fragen:

ubi? – wo?   quōmodo? – wie?
cūr? – warum?   quandō? – wann?

G4 ipse

Das Pronomen ipse hebt eine Person oder Sache besonders hervor. Je nach Zusammenhang musst du eine passende Übersetzung wählen, z. B:

selbst / genau / schon / unmittelbar / persönlich / eigen / gerade / eben / allein / direkt

a) Est locus sub ipsō monte Parnāssō, quī Delphī vocātur.
b) Ibi Apollō ipse Pȳthōnem dracōnem necāvit.
c) Aenēās virtūte ipsā cēterōs Trōiānōs superāvit.
d) Is ipse nōn modo familiam ipsīus, sed etiam aliōs Trōiānōs servāvit.

dracō: Drache

Die Deklination von ipse ähnelt stark der von anderen Pronomina:

	Sg.			Pl.		
	m.	f.	n.	m	f.	n.
Nom.	ipse	ipsa	ipsum	ipsī	ipsae	ipsa
Gen.	ipsīus	ipsīus	ipsīus	ipsōrum	ipsārum	ipsōrum
Dat.	ipsī	ipsī	ipsī	ipsīs	ipsīs	ipsīs
Akk.	ipsum	ipsam	ipsum	ipsōs	ipsās	ipsa
Abl.	ipsō	ipsā	ipsō	ipsīs	ipsīs	ipsīs

4.1 Welchen Pronomina ähnelt ipse in seiner Deklination?

167

Ü1   Futur

Welche der folgenden Formen ist tatsächlich Futur?

clāmābunt, scrībō, turbam, lūdēs, verbō, aegrōtam, resistētur, apertam, impōnētur, arbōrēs, aderis, fugam, metuēmus, verbīs, vīrēs, vīvēs, ībis, cibīs, poteritis, collocābimus, cūstōdēs, animadvertētis, metuar

 Ü2   Sortiere

Stelle die folgenden Prädikate in drei Gruppen zusammen; welche sind eindeutig Präsens, welche eindeutig Futur, welche sind mehrdeutig?

DELETIS, ERRO, REGERIS, PARABVNTVR, DEFENDES, PROBO, PROHIBERIS, HABERIS, DEBET, PARES, IVBEMVS, PRAEBENTVR, DICETIS, DEPONETIS, DVCERIS, SCRIBETVR, DECERNES, DECIPIERIS

 Ü3   Kettenglieder

erit ⊙ Perf. ⊙ Plpf. ⊙ 1. Pers. ⊙ 2. Pers. ⊙ Perf. ⊙ Fut. ⊙ Präs. ⊙ Pl. ⊙ Plpf. ⊙ Imperf. ⊙ Fut.

✛ Übe ebenso ībit, poterit.

 Ü4   Formenübung

Setze die passende Form von ipse zu:

faciem, domus, fīnibus, virtūs, vulnus, mercēs (2), honōre, caelum, domum, regiōnum, nōmina, ōs, cūrās, adversāriō (2), arcēs (2), pondus, sermōnibus, exercitūs (3), vī, vir, pācem, timōris, gentibus, quiētī, bella

✛ Ergänze auch die passende Form von hic und ille.

 Ü5   Infinitive

Bilde alle Infinitive folgender Verben, soweit möglich:

respondeō, amittō, cōnsistō, eō, vincō, cōnsidō, aperiō, accēdō, volvō, addūcō

 Ü6   Fragen über Fragen

Marcus und Lucius treffen sich nach langer Zeit wieder. Setze das jeweils fehlende Fragepronomen in ihr Gespräch ein.

a) L.: Salvē Mārce! ▮ fuistī? ▮ redistī?
b) M.: Salvē Lūcī! In Germāniā fuī. Hōc ipsō diē rediī.
c) L.: ▮ Germāniam petīvistis? ▮ tēcum abiit?
d) M.: Pater et ego frātrem eius convēnimus.
e) L.: ▮ in Germāniā vīdistī?
f) M.: Nōn vīdī multum, nam trāns Rhēnum nūlla est urbs. Ursī[1] sōlī et alcēs[2] in silvīs vīvunt.

[1] ursus: Bär – [2] alces, alcis: Elch

cūr – quandō – quid – quis – ubi

Ü7   In der Villa Rustica

Der Vater hat angekündigt, die Kinder wieder mit auf den Gutshof zu nehmen. Quintus erinnert sich, wie es beim letzten Mal war:

a) Ā nūllō salūtātī sumus.
b) Sextus gallīnās[1] parvās cōnspēxit.
c) In hortō flōrēs pulchrī crēvērunt.
d) Porta villae aperta fuit.
e) Prīscilla ipsa nōbīs optimōs cibōs praebuit.
f) Pater et Flaccus disputāvērunt.
g) Licuit nōbīs equitāre[2].
h) Caecilia timida fuit.

[1] gallīna: Huhn – [2] equitāre: reiten

Vermutlich wird morgen alles wieder genauso sein. Setze Quintus' Gedanken ins Futur.

Ü8 Aeneas und Rom

Setze die eingeklammerten Verben in den richtigen Infinitiv.

a) Rōmānī trādēbant urbem suam ā Trōiānīs (condō).
b) Vergīlius poeta[1] scrīpsit[2] Aenēam tandem in Italiam (adveniō).
c) Aenēās spērābat mātrem Venerem ipsam sē in patriā novā (cūstōdiō).
d) In Vergīliī librō legimus rēgem Italiae tum virum nōmine Latīnum (sum).
e) Ōrāculum Latīnum monuerat virum aliēnum Lavīniam fīliam in mātrimōnium[3] (dūcō).
f) Gentī Aenēae fātum erat novam patriam in Italiā (inveniō).
g) Rōmānīs persuāsum erat penātēs Trōiānōrum in templō Vestae (condō).

[1]poeta: Dichter – [2]scrīpsit: Perf. zu scrībere – [3]mātrimōnium: Ehe

 ## Ü9 Bei der Sibylle

Beachte die verschiedenen Bedeutungen von **ipse**.

Aenēās in ipsam ōram Italiae advēnerat. Ibi ipse Sibyllam quaesīvit. Sibyllam ipsam convēnit. Eō ipsō tempore Sibylla vī dīvīnā[1] commōta ōrāculum dare potuit. Hōc modō Aenēās fātum gentis ipsīus audīvit.

[1]dīvīnus: göttlich

 ## Ü10 Das Orakel von Delphi

Besonders berühmt war das Orakel in Delphi. Allerdings war es nicht immer leicht, die Sprüche zu deuten, denn manchmal waren sie doppeldeutig, manchmal auch ganz anders als erwünscht. – Welche Frage und welche Antwort passen zusammen?

a) Quam diū fēlīx erō?
b) Cuius fīlius est puer, quem uxor pariet?
c) Cūr equum meum nōn reperiō?
d) Cuī vīllam agrōsque trādam?

1. Pater eius is erit, quī puerum amābit.
2. Dē equō cadēs, mortem obībis[1].
3. Fēlīx es; affice deōs honōribus, et semper fēlīx eris.
4. Fīliumne petis? Fīlium habēbis, sed nūllum fīlium habēre volēs: ā fīliō ipsō enim interficiēris.

[1]mortem obīre: sterben

 ## Ü11 Fauler Zauber?

Eine antike Anweisung für jemanden, der Schmerzen in der Harnblase kurieren will:

Scrībēs in vēsīcā[1] porcīnā[2], masculō[3] dē masculō, fēminae[4] dē fēmina, et ad umbilicum[5] suspendēs[6] – et eius nōmen scrībēs, cui faciēs:
ABARA BARBARICA BORBON CABRADU BRABARASABA.

[1]vēsīca: Harnblase – [2]porcīnus: vom Schwein – [3]masculus: männlich – [4]fēmina: Frau – [5]umbilicus: Nabel – [6]suspendere: aufhängen

 ## Ü12 Memorabilia

Ubi bene, ibi patria.
Quot hominēs, tot sententiae[1].
Vīnum[2] bonum deōrum dōnum.
Ars longa, vīta brevis[3].

[1]sententia: Meinung – [2]vīnum: Wein – [3]brevis: kurz

 ## Ü13 Der Orakel-Test

Einmal wollte ein Mann das Orakel von Delphi testen. Er nahm einen Spatz in die Hand und fragte: „Quid teneō in manū meā? Vīvit an[1] mortuus[2] est?"

Die Antwort war:
„Vīvet, sī tū volēs: tū enim in manū tuā habēs."

[1]an: oder – [2]mortuus: tot

Wie die Heiligen Drei Könige nach Köln gekommen sind

Friedrich I., mit dem Beinamen „Barbarossa", wurde 1155 n.Chr. zum Kaiser des Heiligen Römischen Reiches gekrönt, das sich von der Rhone bis an die Oder, von Holstein bis Sizilien erstreckte.

Doch in den Städten Norditaliens regte sich Widerstand, wie in mittelalterlichen Chroniken berichtet wird:

cīvitās, cīvitātis: Stadt
rebellāre: sich auflehnen
circumvallāre: mit einem
    Belagerungswall umgeben
inopia: Mangel

moenia, -ōrum *n.:* Mauern

dīripere: plündern
reliquiae, -ārum: Reliquien

magus: Sterndeuter

adōrāre: anbeten

Annō Dominī MCLXII cīvitās Mediōlānēnsis Frīderīcō imperātōrī rebellāvit. Itaque
3 imperātor hanc urbem dēlēre voluit eamque circumvallāvit. Māgnīs labōribus maximāque inopiā omnium rērum
6 fatīgātī Mediōlānēnsēs imperātōrī tandem sē dēdērunt. Hostibus urbem relīquērunt et sub oculīs moenia
9 urbis suae omnibus modīs dēlērī cōnspēxērunt.

Frīderīcus, ubi victor
12 urbem cum tōtō exercitū intrāvit, domōs ā mīlitibus dīripī sīvit, reliquiās
15 autem sanctōrum, quibus haec cīvitās praeclāra fuit, colligī iūssit. Inter
18 hās inventa sunt corpora trium magōrum, quī olim Dominum Chrīstum cum
21 dōnīs adōrāverant.

Dreikönigsschrein, Ende 12. Jahrhundert; Köln, Dom

1. Wo findest du auf dem Schrein die drei Könige wieder? Kannst du die anderen Szenen deuten?

Eās reliquiās imperātor Frīdericus Rēginaldō Colōniēnsī episcopō, quī
in expūgandō urbem cum mīlitibus suīs fortem sē praebuerat, trādidit.
24 Urbem autem incendiō dēlērī et terram omnī modō inhabitābilem reddī
iūssit Frīdericus rēx.

Rēginaldus reliquiās trium rēgum sanctōrum ab imperātōre acceptās in
27 urbem Colōniam trānsportārī iūssit. Hīs enim spērābat et ecclēsiam et
urbem beātās fore.

Annō Dominī MCLXIIII episcopus sociīque cum illīs reliquiīs Colōniam
30 advēnērunt: tōta cīvitās obviam ruit, tam clērus quam populus, hominēs
omnis aetātis. Cum hymnīs recēpērunt thēsaurum, quī dē caelō missus
vidēbātur, et collocāvērunt in ecclēsiā Sanctī Petrī.
33 Ibi locellī, in quibus corpora condita erant, apertī sunt; subitō mīra
flagrantia exiit, cuius suāvitāte omnēs, quī aderant, affectī sunt. Singula
corpora singulōs dēdērunt odōrēs et differēbat odor ab odōre. Ipsa autem
36 corpora sanctōrum adhūc integra erant. Eōrum prīmus quīndecim
annōrum, secundus trīgintā, tertius sexāgintā vidēbātur.

episcopus:	Bischof
inhabitābilis:	unbewohnbar
trānsportāre:	transportieren
ecclēsia:	Kirche
clērus:	Priesterstand, Geistlichkeit
aetās, aetātis *f.:*	Alter
hymnus:	Hymnus
thēsaurus:	Schatz
locellus:	Sarg
flagrantia:	Duft
suāvitās, suāvitātis:	Süße
odor, -ris:	Geruch
differre:	sich unterscheiden
integer:	unversehrt

Die Sterndeuter

Als Jesus zur Zeit des Königs Herodes in Bethlehem in Judäa geboren wurde, kamen Sterndeuter aus dem Osten nach Jerusalem und fragten: „Wo ist der neugeborene König der Juden?"

So beginnt das zweite Kapitel des Matthäus-Evangeliums. Genaueres erfahren wir über die Sterndeuter nicht. Im Laufe der Zeit haben Christen versucht, sich ein deutlicheres Bild von ihnen zu machen. Weil die Sterndeuter Jesus drei Gaben, nämlich Gold, Weihrauch und Myrrhe, darbringen, hat man geschlossen, dass sie zu dritt waren. Seit dem 6. Jahrhundert werden sie als Könige aufgefasst, denn Jesus erscheint noch stärker erhöht, wenn Könige ihm huldigen. Im 9. Jahrhundert wurden diesen Königen dann die Namen Caspar, Melchior, Balthasar und drei verschiedene Altersstufen zugeschrieben. Man glaubte auch, dass sie aus den damals bekannten drei Erdteilen kamen, und seit dem 15. Jahrhundert wird Caspar entsprechend mit dunkler Hautfarbe dargestellt.

2. Vergleiche, wie es den Bewohnern von Mailand einerseits und den Bewohnern von Köln andererseits in dieser Geschichte ergeht.

3. Wodurch erweisen sich die Reliquien als wundersam?

4. Sammle Merkmale der Textsorte „Chronik".

5. Sammle Informationen zu dem Brauch, der auf dem Foto zu sehen ist.

Zwei Brüder

Amulius, ein Nachkomme des Aeneas, hat seinen Bruder Numitor als König von Alba Longa entmachtet und sich selbst zum König gemacht. Da er von den Enkeln des Numitor, den Zwillingen Romulus und Remus, spätere Rache fürchtet, werden die beiden im Tiber ausgesetzt, aber wunderbarerweise gerettet und von einer Wölfin genährt. Ein Hirte findet die Zwillinge und zieht sie auf. Seine Hirtenhütte stand irgendwo auf dem Gebiet der späteren Stadt Rom.

Multīs annīs post Rōmulus Remusque ad Albam Longam pervēnērunt et Numitōrem avum in rēgnum restituērunt. Deinde in ea loca, ubi
3 expositī atque altī erant, rediērunt. Ibi eōs cupīdō cēpit urbem condendī rēgnumque novum īnstituendī. Hanc rem cōgitantibus vīsum est eīs urbem ā duōbus rēgibus bene regī nōn posse. Itaque
6 frātrēs cōnstituērunt respōnsa deōrum petere.
Posterō diē alter in Palātiō monte, alter in Aventīnō caelum observābat. Repetēbant auspicia[1] manūs ad caelum tendentēs,
9 cum Remus sex vulturēs[2] sibi appropinquāre vīdit. Eō auguriō[3] sibi rēgnum ā Iove trāditum esse crēdēns statim nūntium ad frātrem mīsit.
12 Rōmulus ā nūntiō in Palātium montem adveniente audīvit frātrī sex vulturēs[2] apparuisse. Rōmulus hāc rē valdē dolēns tamen sociīs dīxit: „Nōlīte animum dēmittere! Nam deōs nōbīs dēfutūrōs
15 nōn crēdō. Deōs implōrāre nōs oportet!" Vix dīxerat haec verba Rōmulus, cum duodecim vulturēs[2] advolāvērunt[4]. Māgnā laetitiā affectus Rōmulus nūntiō: „Nūntiā frātrī meō", inquit, „mihi deōs
18 implōrantī duodecim vulturēs[2] apparuisse; hōc ōmine[5] cōnstat mihi rēgnum trāditum esse. Urbem novam in Palātiō monte condam."
Nūntius ad Aventīnum rediit. Īrā commōtus Remus clāmāvit:
21 „Certē deī mē nōn fefellērunt, quī mihi prīmō avēs ostendērunt. Mihi ergō rēgnum dēbētur!"
Haec dīcēns ruit, ad Rōmulum contendit, eum sociōsque iam
24 mūrum novae urbis īnstruentēs invēnit. Novā rē perturbātus

[1] auspicium: Vogelzeichen
[2] vultur, vulturis: Geier
[3] augurium: (Vogel-)Zeichen

[4] advolāre: heranfliegen

[5] ōmen, ōminis: Vorzeichen

Verstehen & Vertiefen

1. Schau dir hinten im Buch die Karte der Stadt Rom an und überprüfe, wo die Zwillinge ihre Opfer vollzogen haben und wo die neue Stadt gegründet worden ist.

2. Würdest du Romulus für einen guten Politiker halten? Begründe deine Meinung.

3. Was hätte Romulus auf Remus' Vorwurf „deī mihi prīmō avēs ostendērunt, mihi ergō rēgnum dēbētur" entgegnen können? Formuliere eine Antwort auf Deutsch.

frātrem reprehendit: „Heus[6] tū, improbe, quid facis?" – „Mūrum urbis novae aedificāmus, ut vidēs!" – „Hunc mūrum vocās, quem facile
27 trānsilīre[7] possum?" – „Ē parvīs saepe māgnae rēs crēscunt. Tū autem, sī vīs pācem, ades mihi mūrum urbemque aedificantī! Sīc frāter et comes eris. At mūrum trānsiliēns[7] hostem tē praebēbis."
30 Ad haec verba Remus frātrem irrīsit rīdēnsque mūrum trānsiluit[7]. Statim ā frātre occīsus est. Ita imperium Rōmulō datum est; condita urbs conditōris[8] nōmine Rōma appellāta est.

[6]heus!: he!

[7]trānsilīre: über etw. springen

[8]conditor, -ōris: Gründer

Altarstein aus Marmor,
Höhe 68 cm, 3. Jahrhundert n. Chr.;
Rom, Musei Vaticani

ⓘ Die Gründung Roms

„Sieben – fünf – drei: Rom kroch aus dem Ei." Wer kennt nicht diesen Merkvers? Doch das Gründungsdatum der Stadt Rom ist alles andere als sicher. Es wurde zur Zeit des Kaisers Augustus
5 von dem Gelehrten M. Terentius Varro errechnet. Die moderne Forschung hat die Jahreszahl aus guten Gründen in Zweifel gezogen, ebenso wie die Existenz des Stadtgründers Romulus. Ein einmaliger Gründungsakt wird heute nicht mehr angenom-
10 men. Archäologen und Historiker vermuten viel-mehr, dass ungefähr 1000 v. Chr. kleine Siedlungen auf den Hügeln am Unterlauf des Tibers entstanden sind, die im 7. Jahrhundert v. Chr. ein städtisches Gemeinwesen bildeten, wohl unter dem Einfluss der
15 nördlichen Nachbarn der Römer, der Etrusker.
Die antiken Autoren überliefern ein anderes Bild über die Anfänge Roms. So schrieb Q. Fabius Pictor um 200 v. Chr. eine römische Geschichte, die mit der Flucht des Aeneas aus dem brennenden Troja
20 beginnt:
Der trojanische Held gelangt nach langen Irrfahrten endlich nach Latium, wo er und seine Gefährten sich niederlassen. Aeneas heiratet die Tochter des dort ansässigen Königs Latinus, Lavinia, und gründet die
25 Stadt Lavinium. Sein Sohn Iulus Ascanius erbaut die neue Stadt Alba Longa und wird zum Ahnherrn einer langen Reihe von latinischen Königen. Nach vielen Generationen besteigt Numitor den Thron, aber sein Bruder Amulius stürzt ihn und macht sich selber
30 zum König. Er fürchtet jedoch, dass Numitors Tochter Rhea Silvia Söhne gebären könnte, die dann die rechtmäßigen Thronerben wären; daher macht er sie zur Priesterin der Göttin Vesta, die jungfräulich leben muss. Doch der Kriegsgott Mars zeugt mit Rhea
35 Silvia die Zwillinge Romulus und Remus. Amulius ist außer sich vor Zorn und befiehlt, die Kinder auf dem Tiber auszusetzen. Der Korb, in dem sie liegen, treibt den Fluss hinunter, verfängt sich aber in den Ästen eines Feigenbaums. Eine Wölfin findet Romulus und
40 Remus, säugt sie und bringt sie in eine Höhle. Dort werden sie schließlich von dem Schweinehirten Faustulus gefunden, der sie zusammen mit seiner Frau Acca Laurentia aufzieht. Die herangewachsenen Zwillinge, von Numitor als seine Enkel erkannt, töten
45 Amulius und setzen ihren Großvater als Herrscher über Alba Longa wieder ein. Dieser erlaubt ihnen, an dem Ort, an dem sie aufgewachsen waren, eine neue Stadt zu gründen: Rom.

Die Geschichte des Q. Fabius Pictor verbindet grie-
50 chische und römische Erzählstoffe. Es waren griechi-sche Autoren, die die Stadt am Tiber durch den tro-janischen Ursprungsmythos mit ihrem Sagenkreis verbanden: Romulus galt als direkter Nachfahre des Aeneas, und Rom, die mächtige Stadt am Tiber, als
55 Nachfolgerin des großen Troja. Im 4. Jahrhundert wurde an die Geschichte vom trojanischen Ursprung Roms die Geschichte von der Wölfin, die Romulus und Remus rettet, angeschlossen. Schon seit dem 6. Jahrhundert v. Chr. wurde die dem Mars heilige
60 Wölfin verehrt. Ungefähr aus derselben Zeit stammt auch die berühmte Bronzestatue, die immer noch das Wahrzeichen der Stadt Rom ist.

Bronzefigur, Höhe 75 cm, 5. Jahrhundert v. Chr, mit Ergänzung aus dem 15. Jahrhundert; Rom, Musei Capitolini

Verstehen & Vertiefen

1. Zeichne einen Stammbaum von Romulus und Remus, der bis zu Aeneas' Eltern zurückreicht.

2. Vergleicht die Sage von der Gründung Roms mit dem, was ihr in eurem Geschichtsbuch über die Entstehung Roms findet. Nennt die Gemeinsamkeiten.

G1 Ablativ: Grund und Maß

1) Auf die Frage „warum?" gibt der Ablativ die Ursache, den Grund an (**Ablativus causae**):

  a) Remus auguriō avium valdē gaudēbat.

  b) Sed novā rē perturbātus est.

augurium: Vorzeichen

In der deutschen Übersetzung benötigst du eine entsprechende Präposition, z.B. „über", „aufgrund" oder „wegen".
Besonders häufig findest du den Ablativus causae in Verbindung mit Verben, die eine innere Stimmung wiedergeben wie z.B. gaudēre, dolēre, labōrāre.

1.1 Erstelle eine Übersicht über die bisher bekannten Ablativfunktionen (→ 9 G 1, 10 G 3, 15 G 2).

2) Der Ablativ kann auch angeben, um wie viel sich etwas von etwas anderem unterscheidet, z.B. den Abstand zwischen zwei Zeitpunkten. Er gibt dann den Grad oder das Maß des Unterschiedes an (**Ablativus mensurae**):

  multīs annīs post – nōnnūllīs diēbus ante.

mēnsūra: Maß

G2 Partizip Präsens Aktiv

Neben dem Partizip Perfekt kennt die lateinische Sprache auch ein Partizip Präsens. Du erkennst das PPA an dem Signal
  • **-nt-** für die a- und e-Konjugation,
  • **-ent-** für die anderen Konjugationen.

2.1 Welche Partizipien kennst du im Deutschen?

Partizip
Präsens
Aktiv

Das PPA ist im Gegensatz zum PPP
  • **immer gleichzeitig** (es heißt daher auch „Partizip der Gleichzeitigkeit"),
  • **immer aktiv.**

PPA:
gleichzeitig – aktiv

Die Formen entsprechen denen der Adjektive der 3. Deklination (→ 16 G 1) mit einer Ausnahme: Der Ablativ Singular endet auf -e:

2.2 Bei welchen Formen ist das -nt- verändert?

	Sg.		Pl.	
	m. + f.	*n.*	*m. + f.*	*n.*
Nom.	vocā-n-s	vocā-n-s	voca-nt-ēs	voca-nt-ia
Gen.	voca-nt-is	voca-nt-is	voca-nt-ium	voca-nt-ium
Dat.	voca-nt-ī	voca-nt-ī	voca-nt-ibus	voca-nt-ibus
Akk.	voca-nt-em	vocā-n-s	voca-nt-ēs	voca-nt-ia
Abl.	voca-nt-e	voca-nt-e	voca-nt-ibus	voca-nt-ibus

Die entsprechenden Formen in den anderen Konjugationen lauten:

  gaudē-n-s, gaude-nt-is usw.;   faci-ēn-s, faci-ent-is usw.;
  audi-ēn-s, audi-ent-is usw.;   vol-ēn-s, vol-ent-is usw.;
  curr-ēn-s, curr-ent-is usw.;   i-ēn-s, e-u-nt-is usw.

  Die Verben esse und posse bilden kein PPA.

Prädikative Verwendung des PPA

Auch das PPA wird als prädikatives Partizip verwendet; es könnte ebenfalls als Verkürzung eines Adverbialsatzes aufgefasst werden (→17 G 5):

Frātrēs,   quod cōnsiliō deōrum cōnfīdēbant, augurium repetēbant.
Frātrēs   cōnsiliō deōrum cōnfīdentēs   augurium repetēbant.

augurium: Vogelzeichen

Du siehst: Der Satz wird durch die Verwendung des Partizips knapper.
Auch für das PPA gilt, dass das gedankliche Verhältnis zwischen dem prädikativen Partizip und dem übergeordneten Prädikat in der Regel nicht festgelegt ist; du musst es aus dem Zusammenhang bestimmen.

vultur: Geier
ōmen: Vorzeichen

    a) Remō caelum observantī sex vulturēs appāruērunt.
    b) Id ōmen secundum esse crēdēns statim nūntium ad frātrem mīsit.
    c) Rōmulus hāc rē valdē dolēns animōs suōrum incitāvit:
    d) „Deōs implōrantēs vōs amicos praebēbitis."
    e) Remus Rōmulum sociōsque mūrum in Palātiō monte īnstruentēs invēnit.

Für das PPA gibt es die folgenden Möglichkeiten:

3.1 Welche Möglichkeiten sind hinzugekommen?

gedankliches Verhältnis	Frage	Angabe
temporal	wann?	Zeit
kausal	warum?	Grund
konzessiv	trotz welchem Umstand?	Gegengrund
konditional	unter welcher Bedingung?	Bedingung
modal	wie?	begleitender Umstand

 Übersetzungsmöglichkeiten

4.1 **UEB**ersetze die Beispielsätze aus G3 (→17 G 6).

Wie das prädikative PPP lässt sich auch das prädikative PPA auf unterschiedliche Weise **UEB**ersetzen.
Hier eine Übersicht über die Möglichkeiten für das PPA:

	Unterordnung	Einordnung	Beiordnung
temporal	als, während	während	und währenddessen
kausal	weil	wegen	und deshalb/daher
konzessiv	obwohl	trotz	aber trotzdem/dennoch
konditional	wenn	im Falle	und in dem Fall
modal	indem; dadurch, dass	mit	und auf diese Weise/dadurch

Die Übersetzung mit einem deutschen Partizip bietet sich auch für das PPA in einigen Fällen an, vor allem, wenn das Partizip keine Erweiterungen hat:

trānsilīre: überspringen

    a) Rīdēns mūrum trānsiluit. – Lachend übersprang er die Mauer.
    b) Ōrantēs manūs ad caelum tetendērunt. – Betend streckten sie die Hände zum Himmel.

Wie bei der Übersetzung des PPP bleibt dann auch hier im Deutschen das gedankliche Verhältnis offen.

G5 Aci als Subjekt

Du hast in Lektion 7 den Aci als Objekt nach bestimmten Verben kennen gelernt (→ 7 G1). Darüber hinaus gibt es im Lateinischen eine Reihe unpersönlicher Verben, die ebenfalls mit einem Aci verbunden werden, z. B. oportet, cōnstat, appāret. Der Aci ist dann das Subjekt zu diesen unpersönlichen Ausdrücken:

  a) [Urbem Rōmam ā Rōmulō conditam esse] [[cōnstat]].
  b) Remus: „[Mihi rēgnum trādī] [[oportet]]."

5.1 Wie nennt man die Verben, von denen ein Aci abhängig sein kann? Welche fallen dir ein?

> Subjekt:
> [Nomen/Pronomen im Nom.]
> [Infinitiv]
> [Aci]

5.2 Nach welcher Faustregel gehst du bei der Übersetzung vor?

Nachdenken über Sprache

Unpersönliche Sätze

Vergleiche die folgenden Sätze:
1) Rēgem populō bene cōnsulere oportet.
2a) Es gehört sich, dass ein König gut für sein Volk sorgt.
2b) Dass ein König gut für sein Volk sorgt, gehört sich.
3a) It is the proper thing for a king to take care of his people.
3b) To take care of his people is the proper thing for a king.

Formuliere den folgenden lateinischen Satz entsprechend im Deutschen, wenn du kannst, auch im Englischen:
Rōmulum Rōmam condidisse nōtum[1] est.

[1] nōtus: bekannt

G6 Spezielle Kongruenzen

1) Manchmal richtet sich der Numerus des Prädikats nicht nach der Form des Subjekts, sondern nach dessen Sinn (Constructio ad sensum):

  a) Māgna multitūdō Rōmulō deōs implōrantī aderat, nam illum rēgem esse volēbant.

Obwohl das Subjekt des gesamten Satzes (māgna multitūdō) im Singular steht, findest du im zweiten Teilsatz das Prädikat im Plural. Der Grund dafür liegt in dem Subjekt multitūdō, das hier eine größere Anzahl von Menschen bezeichnet.

2) Tritt ein Demonstrativ- oder Relativpronomen in Kombination mit einem Prädikatsnomen auf, dann richtet es sich im Genus nach dem Prädikatsnomen.

  b) Ille est frāter meus.
  c) Hunc mūrum vocās?

6.1 Wiederhole folgende Kongruenzregeln: 2G5, 4G1.

6.2 Wie übersetzt du ille, wie hunc?

PPA

Welche Form ist wirklich ein PPA?

trāns, accipiēns, mōnstrī, euntēs, collocantī, dubi-
tante, centum, ingentis, dīvidentium, inter, quan-
ta, errantibus, tantōs, dēsiderantem, frūmentī,
aspicientis, intrant, nūntiīs, mōnstrās, canentis,
gerentēs

 Formenübung

Bilde das PPA und dekliniere dabei, gehe jedesmal
eine Form weiter.

nāvigāre, vendere, abīre, scrībere, imminēre,
mūnīre, iūdicāre, metuere, trahere, aspicere

 Kongruenz

Welches Substantiv stimmt mit welchem Partizip in
KNG überein?

nūntiō
servās
discipulōrum
turbam
senātōribus
animal

pūgnāns
labōrantēs
agentibus
properantī
clāmantem
cōgitantium

 PPP oder PPA?

Fülle das eingeklammerte Wort in seiner richtigen
Form ein.

a) Graecī Pȳthōnem (timēre) tamen prope Parnāssum montem vīvēbant.
b) Illud mōnstrum mortem sibi imminēre (scīre)
sē in specum[1] recēpit.
c) Apollō vix a Lātōna (parere) tamen impetum in
Pȳthōnem fēcit.
d) Deō ā Lātōnā mātre (iubēre) illud mōnstrum
mīlle sagittīs[2] petere placuit.
e) Deus multōrum hominum precibus[3] (com-
movēre) tandem incolās ā malō odōre[4] corporis
līberāvit.
f) Māgna erat grātia hominum ā mōnstrō (servāre).

[1]specus: Höhle – [2]sagitta: Pfeil – [3]precēs: Bitten – [4]odor: Geruch

 Romulus' Ende

Bestimme das gedankliche Verhältnis des Pc.

a) Rōmulus populum Rōmānum regēns etiam
populōs fīnitimōs[1] in urbem Rōmam accēpit.
b) Fidem cum omnibus servāns per quadrāgintā
annōs pācem habuit.
c) Rōmānī rēgem sibi pācem fortūnamque prae-
bentem ut deum colēbant[2].
d) Senātōrēs autem Rōmulō ā suīs valdē amātō
tamen nōn favēbant.
e) Aliquandō[3] rēgem cōntiōnem[4] mīlitum haben-
tem nūbēs[5] occultāvit; deinde Rōmulus in ter-
rīs nōn iam vīsus est.
f) Māgna pars populī putāvit Rōmulum eā nūbe[5]
dē terrā raptum in numerum deōrum receptum esse.
g) Aliīs autem persuāsum erat senātōrēs dē aucto-
ritāte[6] suā timentēs rēgem interfēcisse.

[1]fīnitimus: benachbart – [2]colere: verehren – [3]aliquandō: eines
Tages – [4]cōntiō: Versammlung – [5]nūbēs: Wolke – [6]auctoritās: Macht

 Kettenübung

vincō ⊙ 2. Pers. ⊙ Pass. ⊙ Fut. ⊙ Akt. ⊙
Plpf. ⊙ Pass. ⊙ Pl. ⊙ Imperf. ⊙ 3. Pers. ⊙ Perf. ⊙ Präs. ⊙
Inf. ⊙ Akt.

+ Übe ebenso intellegō, dō, videō.

 Ü7 Ablative

Bestimme die Funktion der Ablative in den folgenden Sätzen:

a) Decimō annō Graecī Trōiam urbem dolō Ulixis expūgnāvērunt.
b) Ulixēs enim vir maximā virtūte erat; tamen spē redeundī adductus etiam rem per dolum agere parātus erat.
c) In lītore[1] equum līgneum[2] aedificāvit et cum aliīs virīs in equō sē occultāvit, cēterī autem Graecī cūnctīs nāvibus in mare altum nāvigāvērunt neque iam ā Trōiānīs cōnspicī potuērunt.
d) Hāc rē gaudentēs Trōiānī equum māgnīs cum clāmōribus in urbem trāxērunt[3].
e) Nocte Graecī fortēs equum sine timōre relīquērunt.
f) Pūgnandī cupidī omnēs ferē[4] Trōiānōs aut armīs acribus aut manibus suīs interfēcērunt.
g) Nōnnūllīs hōrīs post Aenēās cum parvā manū Trōiānōrum effūgit.

[1]lītus: Küste – [2]līgneus: hölzern – [3]trāxērunt: Perf. zu trahere – [4]ferē: fast

---

Wortbildung

Verneinungen

Vor manche Wörter kann die Verneinung nōn als Präfix treten. Im Deutschen brauchen wir zur Wiedergabe einer solchen Kombination meistens ein anderes Wort. Einige solcher Wörter kennst du bereits; finde für die anderen gute Übersetzungen.

nūllus	nōnnūllī
numquam	nōnnumquam
-ne	nōnne
nēmō	nōnnēmō
nihil	nōnnihil

Manchmal ist die Verneinung auch ne-:

scīre	nescīre
-que	neque
legere	neglegere
cēdere	necesse

+ Und was ist nonverbale Kommunikation?

Ü8 Auswahl

Welche der eingeklammerten Formen ist richtig?

a) Rhea Silvia Rōmulum et Remum fīliōs māgnā vōce (clāmantēs/clāmātōs/ad clāmandum) ab Amuliō occultāre nōn potuit.
b) Amulius cupidus erat līberōs (interficientī/ interfectī/interficiendī).
c) Servus eōs interficere (iubēns/iūssus/iubēre) tamen nōn necāvit, sed Tiberī flūminī trādidit.
d) Puerī ā flūmine ad rīpam[1] (portantēs/portātī/ ad portandum) tandem ā lupā[2] servātī sunt.
e) Lupa[2] enim eōs (alentibus/aliī/alēns) servāvit.

[1]rīpa: Ufer – [2]lupa: Wölfin

Ü9 Wer ist wer?

Primus, Secundus und Tertius bilden eine merkwürdige Familie. Teilt euch in Gruppen auf und übersetzt jeweils einen Abschnitt. Wenn ihr eure Ergebnisse austauscht, findet ihr sicher ihre richtigen Namen heraus.

Prīmus cum uxōre in hortō pulchrō habitāverat; etiam sine vestibus[1] fēlīcēs fuerant. Postquam ā serpente[2] dēceptī sunt, in agrīs vīvēbant; uxor duōs fīliōs peperit, Secundum et Tertium.

Secundus fuit fīlius Prīmī et frāter Tertiī. Agricola[3] erat; aliquandō[4] sacrificium fēcit, id autem acceptum nōn est. Quod vīdit sacrificium frātris acceptum esse, īrātus[5] eum interfēcit. Posteā urbem novam condidit.

Tertius fuit fīlius Prīmī et frāter Secundī. Pastor[6] erat; aliquandō[4] sacrificium fēcit cum Secundō frātre. Hic, quī vīderat sacrificium illīus neque sacrificium suum acceptum esse, īrātus[5] eum interfēcit.

+ Quartus fuit fīlius Secundī. Eius nōmine urbs, quam pater condiderat, nōmināta est.

[1]vestis: Kleidung – [2]serpens: Schlange – [3]agricola: Bauer – [4]aliquandō: eines Tages – [5]īrātus: zornig – [6]pastor: Hirte

Aufruhr im Vestatempel

Mediā nocte in ātriō Vestae deae tumultus maximus oritur. Maximā celeritāte haec nova rēs per tōtam urbem nūntiātur: Īgnis Vestae sempiternus[1] exstinctus est! Pontifex[2] maximus eam rem tōtī urbī perniciēī fore intellegit, statim ē lectō surgit et ad aedem Vestae properat. Multitūdō hominum clāmōre ē somnō excitāta illum sequitur: rem videndī cupidī sunt, nam pontificem[2] illud peccātum[3] statim morte pūnitūrum putant.

Pontifex[2] ante portam aedis cōnstitit – nam nocte virō templum inīre nōn licēbat – et virginem Vestālem maximam mānsit; quae statim vēnit et nōnnūlla verba cum pontifice[2] locūta est. Virginem Aemiliam vocāvit, cui cūstōdia īgnis sempiternī[1] eā nocte trādita erat. Aemilia simpulum[4] dextrā tenēns vēnit et, quamquam prae lacrimīs paene loquī nōn potuit, pontificī[2] tōtam rem nārrāvit:

„Aemilia nōminor. Iam annōs prope trīgintā mūnere virginis Vestālis prō salūte civitātis fungor. Semper secūta sum ea praecepta, quae Vestālibus virginibus data sunt: Ā virō tacta nōn sum, semper salūs civitātis mihi cūrae fuit. Proximā nocte cūstōdia īgnis mihi trādita est. Aurēliam, quae ā mē in disciplīnam Vestālium virginum indūcitur[5], ad diligentiam hortāta id officium observāre iūssī. Quod vitium fuisse nunc intellegō; nam ad focum[6] rediēns Aurēliam dormīre īgnemque exstinctum esse vīdī."

1 sempiternus: ewig
2 pontifex (maximus): (Ober-)Priester
3 peccātum: Vergehen
4 simpulum: Schöpfgefäß
5 indūcere: einführen
6 focus: Herd

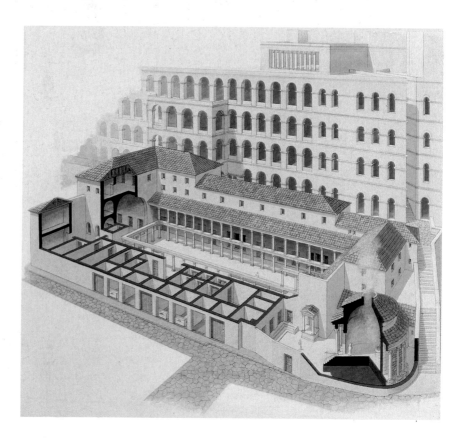

Haus der Vestalinnen und Vestatempel (Rekonstruktion)

Quibus verbīs valdē commōtus pontifex[2] tamen iūdicāvit: „Culpa tua gravis est. Poenās solvēs, sequere mē!" Aemilia salūtī suae dēspērāns ad
24 focum[6] sacrum accessit ōrāvitque: „Vesta, cūstōs urbis Rōmae, sī mūnere meō semper fūncta sum, auxiliāre[7] mihi! Nōlī mē sinere morte pūnīrī! Sīn autem officiīs virginis Vestālis dēfuī, ad mortem parāta sum."
27 Haec locūta partem dē veste suā dētrāxit[8] coniēcitque in focum[6]. Quod ubi vīdērunt hominēs, omnium oculī ad focum[6] conversī sunt: Flamma ibi relūxit[9]. Quō ōmine[10] fēlīcī gaudēbant omnēs, quī aderant, nam dea
30 Aemiliam omnī culpā vacāre dēmōnstrāvit. Haec laetō animō deae grātiās ēgit.

[7] auxiliārī: helfen

[8] dētrahere: abreißen

[9] relūcere: wieder aufleuchten
[10] ōmen, ōminis: Vorzeichen

Verstehen & Vertiefen

1. In den Lektionen 17, 19 und 20 geschieht jeweils ein Wunder. Erzähle die drei Wunder kurz in eigenen Worten. Was erfahren wir daraus über die Religiosität der Römer?

2. Forsche nach: Wieso ist es so wichtig, dass das Feuer nicht ausgeht?

3. Für den Pontifex ist die Schuldfrage geklärt. Wie würdest du sie beurteilen?

4. Wie lässt sich das Aufflackern des Feuers erklären?

Blick auf den Vestatempel (Rekonstruktion)

ⓘ **Vestalinnen**

Der Dienst im Heiligtum der Vesta wurde von sechs Frauen versehen, die aus angesehenen römischen Familien stammten. Sie hießen Vestalinnen, die älteste Vestalin wurde virgō Vestālis maxima genannt.

5 Die Mädchen, die Vestalinnen werden sollten, wurden schon im Alter von sechs bis zehn Jahren vom Oberpriester (pontifex maximus) für diese Aufgabe ausgewählt. Sie unterstanden nicht mehr der Aufsicht des Vaters; dessen Rechte und Pflichten 10 wurden vom Oberpriester wahrgenommen. Eine Vestalin musste der Göttin Vesta dreißig Jahre lang dienen. Ihr wurden die Haare kurz geschnitten, und sie musste versprechen, Jungfrau zu bleiben. Erst nach Ablauf der dreißig Jahre durfte sie wieder in 15 ihre Familie zurückkehren und heiraten.

Die ersten zehn Jahre diente sie als Novizin (amāta), d.h. sie wurde von den älteren Vestalinnen in ihre zukünftigen Pflichten eingewiesen. Die wichtigste Aufgabe einer Vestalin war es, darauf zu achten, dass 20 das ewige Feuer im Tempel immer brannte. Wenn es dennoch ausging, wurde sie hart bestraft. Nur einmal im Jahr, am 1. März, ließ man das Feuer verlöschen; an diesem Tag wurde nämlich in der römischen Frühzeit der Jahresanfang begangen und die Flamme 25 neu angezündet. Die Vestalinnen besprengten den Tempel täglich mit geweihtem Wasser, schmückten das Haus der Göttin mit Lorbeer, stellten gesalzenes Schrotmehl her, mit dem das Opferfleisch bestreut wurde, und mischten aus Bohnenstroh, Pferdeblut 30 und der Asche geopferter Kälber ein besonderes Mittel, das für Reinigungszeremonien verwendet wurde.

Eine Vestalin hatte viele Sonderrechte, die einzigartig für römische Frauen waren: Sie durfte innerhalb der Stadt mit einem Wagen fahren, hatte 35 bei Schauspielen Ehrenplätze, konnte selbstständig über ihr Vermögen verfügen und bekam, wenn sie gestorben war, ein Grab innerhalb der Stadt.

Dafür lebten die Vestalinnen in strenger Abgeschiedenheit in einem Haus in unmittelbarer Nähe des 40 Tempels. Verletzte eine Vestalin das Gebot, keusch zu leben, und schlief sie mit einem Mann, wurde sie mit dem Tod bestraft. Da ihr Blut nicht vergossen werden durfte, begrub man sie lebendig in einem unterirdischen Verlies auf dem Quirinal bei der Porta Collina. 45 Der Ort hieß Feld der Schande (campus scelerātus).

Der kaiserzeitliche Autor Plutarch (45–125 n.Chr.) hat uns den genauen 50 Hergang überliefert: „Bei dem collinischen Tor wird ein nicht großer, unterirdischer Raum angelegt, in den man von oben 55 hinabsteigen kann. In ihm befindet sich ein Ruhebett mit Decken, eine brennende Lampe und geringe Mengen der notwendigen 60 Lebensmittel wie Brot, Wasser, Milch, Öl, gleich als ob man sich vor dem Vorwurf schützen wollte,

Teil des Standbilds einer Vestalin, Marmor, 2.Jahrhundert n.Chr.; Rom, Museo Nazionale Romano delle Terme

eine für den höchsten Dienst geweihte Person 65 durch Hunger getötet zu haben. Die verurteilte Vestalin setzt man in eine Sänfte, die von außen fest verschlossen und in der sie so gebunden und mit Riemen geknebelt ist, dass kein Laut von ihr hörbar werden kann, und man trägt sie über den Markt. Alle 70 machen schweigend Platz und begleiten sie, ohne ein Wort zu sagen, in tiefster Niedergeschlagenheit. Es gibt kein schaurigeres Schauspiel, und die Stadt kennt keinen unseligeren Tag als diesen. Ist die Sänfte an den Ort gebracht worden, so lösen die Diener 75 die Fesseln, und der Oberpriester hebt die Hände zu den Göttern empor und spricht ein geheimes Gebet. Dann führt er die Verhüllte hinaus und stellt sie auf die Leiter, die in das Verlies hinunterführt. Er und die anderen Priester wenden sich ab, und sobald sie 80 hinabgestiegen ist, wird die Leiter weggezogen und das Gewölbe mit Erde verschüttet."

Verstehen & Vertiefen

1. Wärest du gern Vestalin?

2. Auch heute noch gibt es in verschiedenen Religionen Vorschriften zu Keuschheit und Ehelosigkeit. Finde heraus, wie diese Vorschriften begründet werden.

G1 Deponentien

Du hast in Lektion 10 das Passiv kennen gelernt und erfahren, dass ein lateinisches Passiv auf fünf verschiedene Arten übersetzt werden kann. Wenn du genauer darüber nachdenkst, wirst du feststellen, dass einige der Übersetzungsmöglichkeiten gar kein „echtes" Passiv sind.
Der Satz „Silvāna nōminor." kann auch so übersetzt werden:

    a) Ich nenne mich Silvana.

    b) Ich heiße Silvana.

In der Übersetzung a ist die passivische Form nōminor reflexiv übersetzt worden: Die Handlung richtet sich auf das Subjekt selbst.
In der Übersetzung b ist die passivische Form durch ein anderes Verb im Aktiv ersetzt worden. Dieses Verb im Aktiv hat zwei Aspekte: Entweder wird Silvana von ihren Eltern so genannt oder sie hat sich den Namen selbst gegeben. Das Ergebnis ist das gleiche: Sie heißt Silvana.

> 1.1 Finde weitere Beispiele für lateinische Verben im Passiv, die sich treffend mit Aktiv übersetzen lassen.

So gibt es im Lateinischen eine ganze Reihe von Verben, die passivische Formen haben, aber im Deutschen aktivisch übersetzt werden. Es scheint so, als hätten sie ihre passivische Bedeutung abgelegt; deshalb werden sie **Deponentien** genannt. In Wirklichkeit sind es aber Verben, die man auch reflexiv verstehen kann: z. B. fungor: ich führe durch/verrichte (im Sinne von „ich beschäftige mich mit etwas") oder sequor: ich folge („ich hefte mich an jemandes Fersen").

> dēpōnere: niederlegen, ablegen

	Präsens	Imperfekt	Futur	Perfekt	Plusquamperfekt
1. Pers. Sg.	loqu-or	loqu-ēba-r	loqu-a-r	locūtus, -a sum	locūtus, -a eram
2. Pers. Sg.	loqu-e-ris	loqu-ēbā-ris	loqu-ē-ris	locūtus, -a es	locūtus, -a erās
3. Pers. Sg.	loqu-i-tur	loqu-ēbā-tur	loqu-ē-tur	locūtus, -a est	locūtus, -a erat
1. Pers. Pl.	loqu-i-mur	loqu-ēbā-mur	loqu-ē-mur	locūtī, -ae sumus	locūtī, -ae erāmus
2. Pers. Pl.	loqu-i-minī	loqu-ēbā-minī	loqu-ē-minī	locūtī, -ae estis	locūtī, -ae erātis
3. Pers. Pl.	loqu-u-ntur	loqu-ēba-ntur	loqu-e-ntur	locūtī, -ae sunt	locūtī, -ae erant

Natürlich gibt es für die Deponentien auch Imperative, Partizipien und nd-Formen.
Die Imperative enden auf

    -re im Singular: loquere!

(die Form sieht also aus wie ein Infinitiv Präsens Aktiv) und auf

    -minī im Plural: loquiminī!

> 1.2 Bilde sämtliche Infinitive zu loquor, sequor, fungor und orior.

Das Partizip der Gleichzeitigkeit und das Partizip der Vorzeitigkeit bilden die Deponentien in den dir bekannten Formen. Beachte dabei jedoch, dass **beide** Partizipien aktivisch sind.

    a) Haec verba loquēns abiit.
    b) Haec verba locūta abiit.

> 1.3 UEBersetze beide Sätze unter Beachtung des Zeitverhältnisses.

Die nd-Formen werden genauso gebildet wie bei den aktivischen Verben:

    c) Virgō Vestālis ad loquendum parāta fuit.
    d) Facūltās sequendī populō data est.

> 1.4 Bilde Imperativ Sg. und Pl., PPP und PPA sowie die nd-Form (im Abl.) zu: sequī, hortārī, orīrī.

G2 Relativischer Anschluss

pontifex maximus: Oberpriester
Vestālis maxima: Obervestalin

Pontifex maximus Vestālem maximam vocāvit. Quae statim vēnit.

Der zweite Satz sieht aus wie ein Relativsatz: Am Anfang steht ein Relativpronomen; im Satz davor steht das Beziehungswort, mit dem es in Numerus und Genus übereinstimmt. Doch das Satzzeichen zeigt an, dass der zweite Satz ein Hauptsatz sein muss.

Übersetzung eines relativischen Anschlusses:
- „und", „aber", „jedoch"
- Demonstrativpronomen

Eine solch enge Verknüpfung zweier Hauptsätze durch ein Relativpronomen heißt **relativischer Anschluss**. Diesen kannst du im Deutschen nicht nachmachen. In der Übersetzung verknüpfst du die beiden Sätze mit „und", „aber" oder „jedoch" und ersetzt das Relativpronomen durch ein Demonstrativpronomen.

2.1 Suche aus dem Lektionstext alle relativischen Anschlüsse heraus und bestimme die Beziehungen.

Manchmal bezieht sich das Relativpronomen bei einem relativischen Anschluss nicht auf ein einzelnes Nomen im vorangegangenen Satz, sondern fasst dessen Inhalt zusammen:

Aurēliam id officium observāre iūssī. Quod vitium fuisse intellegō.

G3 Dativus finalis

Prädikatsnomen:
Substantiv
Adjektiv
Gen./Abl. qualitatis
Dat. finalis

1) Du hast gelernt, dass die Satzgliedstelle Prädikat durch ein Hilfsverb in Verbindung mit einem Substantiv oder Adjektiv gefüllt werden kann (Prädikatsnomen, →2G4, 4G2). Manchmal ist die Stelle Prädikat auch durch ein Hilfsverb zusammen mit einem Dativ gefüllt. Ein solcher Dativ gibt einen Zweck an (**Dativus finalis**) und antwortet auf die Frage „wozu?"; hinzu tritt oft ein Dativobjekt.

[Ea rēs] (urbī) [[perniciēī est]].

Im Deutschen musst du nach einer gelungenen Formulierung suchen: Diese Sache ist der Stadt zum Verderben. ➡ Dieser Vorfall bedeutet für die Stadt ein Verderben.

Suche nach einer guten Wiedergabe im Deutschen:

sempiternus: ewig

    a) Salūs urbis Vestālibus cūrae est.
    b) Īgnis sempiternus urbī salūtī est.
    c) Vestālem esse virginī honōrī est.

Adverbiale:
<Adverb>
<Präp. +
   Subst./Pronomen/nd-Form>
<Ablativ>
<Dat. finalis>
<Gliedsatz>
<Pc>

2) Der Dativus finalis findet sich auch als Adverbiale in Verbindung mit bestimmten Verben, z. B.

dōnō dare, auxiliō venīre, auxiliō mittere.

    d) Nēmō virginī <auxiliō> venit.

Nachdenken über Sprache

Textverknüpfungen

Bei der Betrachtung eines Textes kann man ähnlich wie in einem gewebten Stoff (vergleiche das Wort „Textilie") Verknüpfungen verfolgen.
- a) Pontifex maximus ad aedem Vestae properāvit.
- b) Ibi Vestālem maximam mānsit.

Im ersten Satz wird eine neue Information gegeben. Der zweite Satz knüpft an den ersten Satz an: ibi nimmt die Ortsangabe ad aedem Vestae auf. Das lässt sich auch grafisch darstellen:

Pontifex maximus ad aedem Vestae properāvit.

Ibi Vestālem maximam mānsit.
Ähnlich wie ibi verknüpfen auch viele andere Adverbien Sätze miteinander, indem sie sich auf eine im vorangegangenen Satz gegebene Information beziehen (z. B.: tandem, nunc, tamen, enim …).

Auch Pronomina haben eine ganz ähnliche Aufgabe in einem Text. Sie verweisen auf ein im vorangegangenen Satz genanntes Nomen und verknüpfen auf diese Weise zwei Sätze miteinander:
- c) Aemilia et Aurēlia Vestālēs in aede Vestae mūnere fungēbantur.

- d) Haec īgnem cūstōdiēbat, illa aliīs rēbus cūrābat.
Hier siehst du schon, wie in den beiden Sätzen durch die Verschränkung eine Art Gewebe, ein „Text" entsteht.

Statt eines Pronomens kann aber auch ein anderes Wort stehen, das eine vorherige Information aufgreift:
- e) Īgnis Vestae exstīnctus est.

- f) Pontifex maximus eam rem tōtī urbī perniciēī fore intellegit.

Die gleiche Aufgabe der Verknüpfung hat auch ein relativischer Anschluss; das Relativpronomen verweist entweder auf ein einzelnes Nomen aus dem vorangegangenen Satz oder auf einen größeren Zusammenhang:
- g) Aemilia cūstōdiam īgnis Aurēliae trādidit.

- h) Quod vitium fuisse posteā intellēxit.

- i) Aemilia cūstōdiam īgnis Aurēliae trādidit.

- j) Quae eō officiō nōn bene fūncta est.

Versuche, am letzten Absatz von Lektionstext 20 derartige Beziehungen darzustellen, und erkläre sie.

Deponentien?

Welche der folgenden Verben sind wirklich Deponentien?

oritur, ōrātur, ōrnātur, hortātur, ōrnātus sum, ortae estis, ōrātae sunt, hortāre, servābātur, sequentēs, sequiminī, salūtābitur, sequēbantur, salūtātae sunt, secūta es, locūtus, scrīptum erat, sequuntur, apportantur, apportāns, portāberis, loquere

 Kettenaufgabe

Verändere schrittweise:

loquitur ⊚ Fut. ⊚ Pl. ⊚ Perf. ⊚ 2. Pers. ⊚ Plpf. ⊚ Sg. ⊚ Imperf. ⊚ 1. Pers. ⊚ Präs.

+Übe ebenso dīcit, oritur, surgit.

 Anschluss gesucht

Welche beiden Sätze gehören jeweils zusammen? – Entscheide: Wo handelt es sich um einen Relativsatz, wo um einen relativischen Anschluss?

a) Multī Argōrum incolae ā mōnstrō terrōre afficiēbantur
b) Familiae tristēs erant
c) Herculēs tandem iīs hominibus auxiliō missus est
d) Herculī autem Iolāus adfuit
e) Herculēs capita mōnstrī frēgit

1) quī id officium sine timōre perfēcit.
2) quod posteā ab Hercule interfectum est.
3) quā dē causā is quoque honōre affectus est.
4) cuius vulneribus Iolāus facem admōvit.
5) ē quibus multī patrēs aut fīliī ā mōnstrō iam necātī erant.

 Aufgepasst!

In wie viele Gruppen kannst du diese Formen einordnen?

loquī, nisī, abī, artī, gessī, sequī, mīlitī, dedī, hortārī, cecidī, ubi, lectī, capī, vīcī, ibi, ī, orīrī, dīxī, virī

 Auswahl

Welche der eingeklammerten Verbformen ist richtig?

a) Rōmulus cōnsilium deōrum (sequēns/sequentia/sequentium) urbem in Palātiō monte (condidit/condet/conditam est).
b) Ubi Remus mūrum ā Rōmulō frātre (aedificātum/aedificātō/aedificantem) trānsiluit[1], inter frātrēs certāmen (ortum est/ortī sunt/ortōs sunt).
c) Dēnique Rōmulus Remum (interficientem/interfēcit/interfectus est).
d) Urbs tandem nōmine Rōmulī (nōminantem/nōminandī/nōmināta) est.

[1]trānsilīre: überspringen

 Wie sag ich´s auf Deutsch?

a) Lūdī circēnsēs[1] multīs Rōmānīs gaudiō fuērunt.
b) Victōria semper victōrī honōrī fuit.
c) Cāsūs autem equōrum multīs virīs perniciēī erant.
d) Victōrēs multīs Rōmānīs exemplō fuērunt.
e) Cēterī autem spectātōribus vix cūrae fuērunt.

[1]lūdī circēnsēs: Zirkusspiele

Ü7   Schritt für Schritt

Keine Angst vor langen Sätzen!
Hier kannst du dich an einen von ihnen ganz langsam herantasten:

Aemilia virgō Vestālis erat.
Aurēlia amāta[1] erat.
Aemilia Aurēliam hortāta est.
Tamen īgnis exstinctus est.
Aemilia rediit et vīdit īgnem exstinctum esse.
Aemilia Aurēliam amātam[1] hortāta tamen rediēns īgnem exstinctum esse vīdit.

Aemilia putāvit: „Poenam mortis solvam."
Aemilia putāvit sē mortis poenam solūtūram esse.

Aemilia deam ōrāvit.
Gravibus verbīs deam ōrāvit.
Aemilia ā deā ipsā servāta est.
Aemilia ā deā ipsā, quam gravibus verbīs ōrāverat, servāta est.

Virgō Vestālis Aemilia, quae Aurēliam amātam[1] hortāta tamen rediēns īgnem exstinctum esse vīdit et iam putāvit sē mortis poenam solūtūram esse, ā deā ipsā, quam verbīs gravibus ōrāverat, servāta est.

[1]amāta: Novizin

 Ü8   Irrläufer

Welches Wort passt von der Bedeutung her nicht zu den anderen?

loquī – tacēre – dīcere – nārrāre
labor – mūnus – officium – lūmen
somnus – vultus – nox – lectus
gravis – māgnus – perītus – maximus
tempus – cīvitās – urbs – populus
vitium – rōbur – culpa – poena
hortārī – iubēre – monēre – reddere

 Ü9   Memorabilia

Weisheiten über die Liebe

Nēmō in amōre videt.
Ubi amor, ibi oculus!
Amor tussisque[1] nōn cēlātur[2].
Ōscula[3], nōn oculī sunt in amōre ducēs.
Amor magister est optimus.
Sī vīs amārī, amā!

[1]tussis: Husten – [2]cēlāre: verbergen – [3]ōsculum: Kuss

 Ü10   König Numa Pompilius

Du wirst den folgenden Text übersetzen können, obwohl du die grün markierten Wörter nie gelernt hast.

a) Numa annum ad cursum lūnae[1] in duodecim mēnsēs[2] disposuit.
b) Vīsiōnem habuit pācis stabilis, itaque populōs inimīcōs in amīcitiam cum Rōmānīs redēgit.
c) Hominibus explicātor fuit bonī malīque.
d) Cīvēs ē tumultū hominum agrestium ēdūxit in cīvitātem urbānam.
e) Ipse omnēs sacerdōtēs[3] ēlēgit neque ūllum deum, ūllam deam neglēxit.
f) Beneficia illīus ab omnibus laudāta sunt; etiam urbis conditor secundus appellātus est.

[1]lūna: Mond – [2]mēnsis: Monat – [3]sacerdōs: Priester

 Ü11   Falsi amici

Zu manchen lateinischen Wörtern drängen sich deutsche Wörter auf, die ganz ähnlich klingen. Klar: flos heißt nicht Floß und bellum nicht bellen. Aber was heißen sie denn? – Hier ist eine Sammlung dieser „falschen Freunde": Teste dich selbst!

manēre, altus, flōs, arma, bellum, frāter, esse, ut, tot, nōnne, valdē, autem

Lektion 1

ubi?	wo?
est *Inf.* esse	(er/sie/es) ist sein
3 clāmat *Inf.* clāmāre	(er/sie/es) schreit schreien
nōn	nicht
respondet *Inf.* respondēre	(er/sie/es) antwortet antworten
6 iterum *Adv.*	wieder, noch einmal
vocat *Inf.* vocāre	(er/sie/es) ruft; nennt rufen; nennen
sed Māter vocat, sed fīlius nōn respondet. Quīntus nōn respondet, sed tacet.	aber; sondern Die Mutter ruft, aber der Sohn antwortet nicht. Quintus antwortet nicht, sondern schweigt.
9 frāter, frātr-em *m.*	Bruder
invenit *Inf.* invenīre	(er/sie/es) findet; erfindet finden; erfinden
tum *Adv.*	da, dann, damals
12 māter, mātr-em *f.*	Mutter
venit *Inf.* venīre	(er/sie/es) kommt kommen
fīlia	Tochter
15 interrogat *Inf.* interrogāre	(er/sie/es) fragt fragen
cūr?	warum?
audit *Inf.* audīre	(er/sie/es) hört hören
18 fortāsse *Adv.*	vielleicht
lūdit *Inf.* lūdere	(er/sie/es) spielt spielen
hortus	Garten

21 intrat *Inf.* intrāre Māter hortum intrat.	(er/sie/es) betritt, tritt ein betreten, eintreten Die Mutter betritt den Garten.
hīc *Adv.*	hier
fīlius	Sohn
24 quid?	was?
agit *Inf.* agere	(er/sie/es) tut, treibt, handelt tun, treiben, handeln
sedet *Inf.* sedēre	(er/sie/es) sitzt sitzen
27 et	und; auch
tacet *Inf.* tacēre	(er/sie/es) schweigt schweigen
nihil	nichts
30 nunc *Adv.*	nun, jetzt
videt *Inf.* vidēre	(er/sie/es) sieht sehen
statua	Statue
33 statim *Adv.*	sofort
reprehendit *Inf.* reprehendere	(er/sie/es) tadelt tadeln
licet nōn licet	(es) ist erlaubt es ist nicht erlaubt, man darf nicht
36 iuvat	(es) macht Spaß

D Lizenz, Vokal, Vokativ, iterativ, Audienz, Video-Kassette,
Interrogativpronomen
E no, response
F l'école maternelle, non, et, venir, répondre

Lektion 2

	nēmō, nēmin-em	niemand
	fābula	Geschichte
3	nārrāre	erzählen
	hodiē *Adv.*	heute
	pater, patr-em *m.*	Vater
6	posse	können
	cūnctī *Pl.*	alle
	servus	Sklave
9	labōrāre	arbeiten

	dēbēre
	  nōn dēbere
	  Lūdere nōn dēbent.
		müssen; schulden
		  nicht dürfen
		  Sie dürfen nicht spielen.

	portāre	tragen, bringen
12	lectus	Bett, Liege

	... quoque
	  Quintus quoque
		auch ...
		  auch Quintus

	adiuvāre
	  Servōs adiuvat.
		unterstützen, helfen
		  Er unterstützt die Sklaven.
		  oder:
		  Er hilft den Sklaven.

15	serva	Sklavin
	cibus	Speise, Essen
	parāre	vorbereiten
18	parentēs *Pl.*	Eltern
	convīva *m.*	Gast

	exspectāre
	  Convīvās exspectant.
	  Māter exspectat.
		erwarten, warten
		  Sie erwarten Gäste.
		  Die Mutter wartet.

21	quem?	wen?
	quis?	wer?
	senātor, senātōr-em *m.*	Senator
24	uxor, uxōr-em *f.*	Frau, Ehefrau

	sūmere, *3. Pl.:* sūmunt	nehmen, zu sich nehmen
	sermō, sermōn-em *m.*	Gespräch
27	cupere, *3. Pl.:* cupiunt	wünschen, wollen
	habēre	haben, halten
	rīdēre	lachen
30	subitō *Adv.*	plötzlich
	clāmor, clāmōr-em *m.*	Geschrei
	līberī *Pl.*	die Kinder
33	currere, *3. Pl.:* currunt	laufen, rennen
	rapere, *3. Pl.:* rapiunt	rauben, reißen
	fugere, *3. Pl.:* fugiunt	fliehen, flüchten

D Fabel, laborieren, narrativ, Pater, Sermon, Senator
E parents, service, to expect, debt
F rire, servir, qui, courir

Lektion 3

soror, soror-em *f.*	Schwester
iam *Adv.*	schon; jetzt; bald
nōn iam	nicht mehr
3 ad *m. Akk.*	zu, nach; bei
Ad frātrem currit.	Er/sie/es läuft zum Bruder.
Ad statuam sēdet.	Er/sie/es sitzt bei der Statue.
properāre	eilen; sich beeilen
tandem *Adv.*	endlich, schließlich
6 monēre	erinnern, ermahnen, warnen
adesse	da sein; helfen
in *m. Akk.*	in … (hinein)
in scholam	in die Schule
9 dīcere, dīcō	sagen, sprechen
salvē/salvēte	sei/seid gegrüßt; guten Tag!
Salvē, māter!	Guten Tag, Mutter!
Salvēte, līberī!	Guten Tag, Kinder!
tabula	Tafel, Schreibtafel, Gemälde
12 puer, puerum *m.*	Junge
mōnstrāre	zeigen
autem	aber; jedoch
15 semper *Adv.*	immer
schola	Schule
incipere, incipiō	anfangen
18 discipulus	Schüler
salūtāre	grüßen, begrüßen
magister, magistrum *m.*	Lehrer
21 cōnsīdere, cōnsīdō	sich hinsetzen
irrīdēre	auslachen, verspotten
legere, legō	lesen
24 liber, librum *m.*	Buch

dormīre	schlafen
cēterī	die übrigen
27 laudāre	loben
bene *Adv.*	gut
posteā *Adv.*	danach, später
30 capere, capiō	fassen, nehmen, fangen
scrībere, scrībō	schreiben
labor, labōr-em *m.*	Arbeit, Strapaze
33 nam	denn, nämlich
timēre	fürchten, Angst haben vor
etiam	auch; sogar

D salutieren, Disziplin, schreiben, Magister, Imperativ, Laboratorium, Lektüre, Libretto, monieren, dichten, Tafel

E empire, school, master, demonstrate, dormitory, labour, to capture

F bien, dormir, le salut, la sœur, le maître, le livre, la fraternité, la table

Lektion 4

	amīca	Freundin
	puella	Mädchen
3	laetus, laeta	fröhlich
	flōs, flōr-em *m.*	Blume
	colligere, colligō	sammeln
6	cōnspicere, cōnspiciō	erblicken
	amor, amōr-em *m.*	Liebe
	quam	wie
	Quam laetī sunt līberī!	Wie fröhlich sind die Kinder!
9	pulcher, pulchra	schön, hübsch
	deus	Gott
	taurus	Stier
12	māgnus, māgna	groß, mächtig, bedeutend
	hortus māgnus	ein großer Garten
	deus māgnus	ein mächtiger Gott
	senātor māgnus	ein bedeutender Senator
	accēdere, accēdō	herangehen, hingehen
	Ad puellās accēdit.	Er geht zu den Mädchen hin.
	intellegere, intellegō	verstehen, einsehen, bemerken
15	num?	etwa?
	neque	und nicht, auch nicht, aber nicht
	ita	so
18	amāre	lieben
	itaque	deshalb, daher
	nōnne?	etwa nicht?
21	pergere, pergō	weitermachen, weitergehen
	Magister legere pergit.	Der Lehrer liest weiter.
	gaudēre	sich freuen
	tangere, tangō	berühren
24	-ne	…?

	apportāre	herbeitragen, mitbringen
	ōrnāre	schmücken
27	timidus, timida	ängstlich
	stultus, stulta	dumm
	vīlla	Landhaus
	vīlla rūstica	Gutshof
30	ibi *Adv.*	dort
	multī, multae *Pl.*	viele
	spectāre	betrachten, anschauen
33	explicāre	erklären
	miser, misera	arm, unglücklich
	Deus puellam miseram rapit.	Der Gott raubt das arme Mädchen.
	quō?	wohin?
36	īnsula	Insel
	rūrsus *Adv.*	wieder, zurück
	valdē *Adv.*	sehr

D Gaudi, Intelligenz, Multimillionär, Ornat, Floristik, explizit, Tango, Misere

E collection, intelligence, miserable, spectator, timid, to explain

F l'amour, la ville, le dieu, apporter

Lektion 5

diēs, die-m *m.*	Tag
bonus, bona, bonum	gut
3 diū *Adv.*	lange
rēs, re-m *f.*	Sache, Ding, Besitz
equus	Pferd
6 homō, homin-em *m.*	Mensch
dominus	Herr
aqua	Wasser
9 quamquam *Subj.*	obwohl
malus, mala, malum	schlecht
quod *Subj.*	weil
12 quīnque	fünf
aegrōtus, aegrōta, aegrōtum	krank
frūmentum	Getreide
15 condere, condō	bergen, verwahren, gründen
corpus, *Pl.:* corpor-a *n.*	Körper
malum	Übel, Leid
18 dum *Subj.*	während; solange

-que
    pater līberīque
	und
	    der Vater und die Kinder

trāns *m. Akk.*
    Trāns flūmen equitant.
    Trāns flūmen silva est.
	über (… hin), jenseits
	    Sie reiten über den Fluss.
	    Jenseits des Flusses ist ein Wald.

21 flūmen, *Pl.:* flūmin-a *n.*	Fluss
silva	Wald
altus, alta, altum	hoch; tief
24 vestīgium	Spur
facere, faciō	machen, tun

arbor, arbor-em *f.*	Baum

27 caedere, caedō
    arborēs caedere
	fällen, töten
	    Bäume fällen

cum (subitō) *Subj.*	als (plötzlich)

ecce
    Ecce dominus!
	sieh/seht mal!; da!
	    Sieh/seht mal, der Herr!

30 īnstrūmentum	Instrument, Werkzeug
avis, av-em *f.*	Vogel
parvus, parva, parvum	klein
33 sī *Subj.*	wenn, falls
terra	Erde
cadere, cadō	fallen
36 nisī *Subj.*	wenn nicht, außer
servāre	retten, bewahren
caelum	Himmel
39 volāre	fliegen

D Bonus, Konserve, konservieren, Aquarium, Terrarium, Transsilvanien
E fact, instrument, altitude
F le bonbon, le transport, la volière, le ciel

Lektion 6

	celebrāre	feiern, preisen
	nōmen, nōmin-is *n.*	Name
3	accipere, accipiō	annehmen, bekommen, empfangen
	imāgō, imāgin-is *f.*	Bild
	collocāre	aufstellen, an einen Ort bringen
6	āra	Altar
	familia	Hausgemeinschaft, Familie
	dēlectāre	erfreuen
	Flōrēs convīvas dēlectant.	Die Blumen erfreuen die Gäste.
9	ātrium	Atrium, Halle
	dūcere, dūcō	führen; glauben, halten für
	amīcus	Freund
12	domina	Herrin
	faciēs, faciēī *f.*	Gestalt, Gesicht
	addūcere, addūcō	heranführen, veranlassen
15	sacrificium	Opfer
	vōx, vōc-is *f.*	Stimme; Wort
	vester, vestra, vestrum	euer
18	noster, nostra, nostrum	unser
	verbum	Wort
	meus, mea, meum	mein
21	dea	Göttin
	vīta	Leben
	vītam agere	ein Leben führen
	lūmen, lūmin-is *n.*	Licht
24	dare	geben

	ubīque *Adv.*	überall
	ōrāre	bitten, erbitten; feierlich reden
	(deōs ōrāre)	die Götter bitten
	auxilium ōrāre	Hilfe erbitten
27	cūstōs, cūstōd-is *m./f.*	Wächter, Wächterin; Hüter, Hüterin
	plēnus, plēna, plēnum (*m. Gen.*)	voll
	plēnus frūmentī	voll Getreide
	plēnus speī	voller Hoffnung
	spēs, speī *f.*	Hoffnung
30	auxilium	Hilfe
	tuus, tua, tuum	dein
	spērāre	hoffen
33	fallere, fallō	betrügen, enttäuschen
	salūs, salūt-is *f.*	Glück, Rettung, Wohlergehen
	dōnum	Geschenk
36	suus, sua, suum	sein; ihr
	aperīre	öffnen
	secundus, -a, -um	der zweite, folgende; günstig

D akzeptieren, dominant, Institution, Salut, Vokal, Vitamine
E to accept, auxiliary verb, face, plenty
F le nom, l'Institut français, l'image, donner, salut!

Lektion 7

canere, canō	singen, ertönen (lassen)
gladiātor, **gladiātōr-is** *m.*	Gladiator
3 **pūgna**	Kampf
parātus, -a, -um	bereit
arēna	Sand; Kampfplatz
6 **nōndum** *Adv.*	noch nicht
duo	zwei
per *m. Akk.* per hortum per multōs diēs	durch durch den Garten viele Tage lang
9 **hic, haec, hoc** Haec dīcit: „...“	dieser, diese, dieses (hier); der hier, die hier, das hier Er sagt Folgendes: „...“
porta	Tor, Tür
ille, illa, illud	jener, jene, jenes (dort); der dort, die dort, das dort
12 **petere, petō** Vīllam petit. Retiārium petit. Vītam suam petit.	(auf-)suchen; angreifen; bitten, verlangen Er fährt auf sein Landgut. Er greift den Retiarius an. Er bittet um sein Leben.
contendere, contendō In vīllam contendit. Contendit pūgnam incipere.	sich anstrengen; eilen; behaupten Er eilt auf sein Landgut. Er behauptet, dass der Kampf beginnt.
scīre, sciō Sciō tē adesse. Scit bene pūgnāre.	wissen Ich weiß, dass du da bist. Er weiß gut zu kämpfen.
15 **pūgnāre**	kämpfen
incitāre	antreiben, anfeuern, erregen
praeclārus, -a, -um	sehr hell; herrlich, berühmt
18 **clārus, -a, -um**	hell; berühmt
spectātor, **spectātōr-is** *m.*	Zuschauer

putāre Eum dormīre putō. Tē bonum discipulum putō.	glauben, meinen; halten für Ich glaube, er schläft. Ich halte dich für einen guten Schüler.
21 **vincere, vincō**	siegen, besiegen
imperātor, **imperātōr-is** *m.*	Herrscher, Feldherr, Kaiser
optimus, -a, -um	der beste, sehr gut
24 **surgere, surgō**	aufstehen, sich erheben
superāre	überragen, besiegen, übertreffen
iacēre	liegen
27 **turba**	Lärm, Gewimmel, Menschenmenge
crēscere, crēscō	wachsen
iūdicāre	urteilen, entscheiden, beurteilen
30 **mittere, mittō** Servōs in sīlvam mittō. Mitte mē!	schicken; loslassen; werfen Ich schicke Sklaven in den Wald. Lass mich los!
vīvere, vīvō	leben
sinere, sinō	lassen, zulassen
33 **victor, victōr-is** *m.*	Sieger
cōnsilium	Beratung, Plan, Entschluss
āmittere, āmittō vītam āmittere spem āmittere	verlieren, aufgeben sein Leben verlieren die Hoffnung aufgeben

D Arena, Gladiator, Imperator, optimal, Petition, Portal, turbulent, Viktor, Pforte, klar, Optimist

E to contend, emperor, to incite, to judge, spectator, victory, survive, trouble, clear

F par, la porte, il/elle, le trouble, le conseil, clair, l'empereur

Lektion 8

iānua	Tür	
patrōnus	Patron; Anwalt	
3 prīmum *Adv.*	zuerst; erstens	
iubēre	auffordern, befehlen	
Servum venīre iubet.	Er befiehlt dem Sklaven zu kommen.	
prīmus, -a, -um	der erste	
6 numquam *Adv.*	niemals	
fidēs, fideī *f.*	Treue, Vertrauen; Schutz	
recipere, recipiō	annehmen, zurücknehmen	
sē recipere	sich zurückziehen	
9 grātia	Ansehen, Beliebtheit; Dank	
grātiās agere	danken	
salvus, -a, -um	gesund, wohlbehalten	
appropinquāre	sich nähern	
12 mandāre	übergeben; auftragen	
pecūnia	Geld	
dēesse, dēsum	fehlen; im Stich lassen	
Pecūnia mihi dēest.	Mir fehlt Geld.	
Mārcus mihi dēest.	Marcus unterstützt mich nicht.	
15 alere, alō	ernähren	
arcessere, arcessō	holen	
Dominam arcessit.	Er holt die Herrin.	
quot? *(unveränderlich)*	wie viele?	
18 trēs, trēs, tria	drei	
ergō *Adv.*	also	
ūnus, -a, -um	einer; ein einziger	
21 vendere, vendō	verkaufen	

cōnsulere, cōnsulō — um Rat fragen, beraten; beschließen; sorgen für

Patrōnum cōnsulit. — Er fragt den Patron um Rat.
Senātōrēs cōnsulunt. — Die Senatoren beraten.
Patrōnus clientibus cōnsulit. — Der Patron sorgt für die Klienten.

cūra	Sorge, Pflege	
24 tamen	trotzdem	
littera	Buchstabe	
Pl. litterae	Brief; Wissenschaften; Schriften	
trādere, trādō	übergeben, überliefern	
27 valēre	gesund sein, stark sein; gelten	
valē! / valēte!	Leb wohl! / Lebt wohl!	
īnsula	*Insel*; Mietshaus	
auctor, auctōr-is *m.*	Anführer; Verfasser	
30 incendium	Brand, Feuer	
cōnfīdere, cōnfīdō	vertrauen	
favēre *m. Dat.*	unterstützen, begünstigen	
Favē mihi!	Unterstütze mich!	
33 causa	Grund; Angelegenheit; Prozess	
honor, honōr-is *m.*	Ehre; Ehrenamt	
dēfendere, dēfendō	abwehren, verteidigen	
malum dēfendere	ein Übel abwehren	
amīcōs dēfendere	die Freunde verteidigen	
36 respōnsum	Antwort	
citō *Adv.*	schnell	

D Alimente, Autor, Kur, defensiv, Tradition, Unikat, Favorit, Mandat, Rezeption, Sekunde
E to admit, honour, three, confidence, Prime Minister, letter, consultant
F une/un, vendre, le patron, la valeur, grâce à, la littérature, répondre

Lektion 9

varius, -a, -um	verschieden, vielfältig; bunt
modus	Art und Weise; Maß
quōmodo? *Adv.*	wie?, auf welche Art und Weise?
nūllō modō	auf keinen Fall
sine modō	maßlos
3 **exercēre**	bewegen, üben
alius, alia, aliud	ein anderer
Gen. **alterīus**, *Dat.* **aliī**	
aliī – aliī	die einen – die anderen
Alius aliud dīcit.	Jeder sagt etwas anderes.
certāre	wetteifern, kämpfen
6 **nōnnūllī, -ae, -a**	einige, manche
pondus, ponder-is *n.*	Gewicht
inter *m. Akk.*	zwischen, unter; während
inter hominēs	unter Menschen
inter sē	untereinander
inter lūdōs	während der Spiele
9 **tot** *(unveränderlich)*	so viele
reperīre	finden, wiederfinden
locus	Ort, Platz, Stelle
12 *in m. Akk.*	*in … (hinein)*
in thermās	*in die Thermen*
in *m. Abl.*	in
in thermīs	in den Thermen
cum *m. Abl.*	mit
dēpōnere, dēpōnō	niederlegen, ablegen, in Verwahrung geben
15 **ambulāre**	spazieren gehen
quaerere, quaerō	suchen; fragen
„...", **inquit**, „..."	er/sie/es sagt, sagte
„Veniō", inquit,	„Ich komme", sagt sie,
„iam adsum."	„ich bin schon da."
18 **tōtus, -a, -um**	ganz, gesamt
Gen. **tōtīus**, *Dat.* **tōtī**	
speciēs, speciēī *f.*	Anblick, Aussehen

disputāre	diskutieren, erörtern
inter sē disputant	sie unterhalten sich
21 **neque ... neque ...**	weder ... noch ...
emere, emō	kaufen
digitus	Finger
24 **negāre**	verneinen, leugnen; verweigern
Negat sē dormīre.	Er sagt, dass er nicht schläft.
Mihi auxilium negant.	Sie verweigern mir Hilfe.
minimē *Adv.*	keineswegs, überhaupt nicht
placēre, placeō	gefallen
mihi placet	mir gefällt; ich beschließe
27 **apertus, -a, -um**	offen, offenkundig
aedificium	Gebäude
Graecus, -a, -um	griechisch
30 **nūllus, -a, -um**	kein
Gen. **nūllīus**, *Dat.* **nūllī**	
Latīnus, -a, -um	lateinisch
ingenium	Geist; Charakter; Begabung
33 **sine** *m. Abl.*	ohne
profectō *Adv.*	in der Tat, sicherlich
gaudium	Freude
36 **dē** *m. Abl.*	von ... weg, von ... herab; über
dē arbore	vom Baum herab
dē honōre disputāre	über die Ehre diskutieren
ars, art-is *f.*	Kunst, Geschicklichkeit
Gen. Pl. **-ium**	

D Exerzitien, Variation, Deponie, Ambulanz, Spezies, negativ, Artist, Gaudi, InterCity, Null, total, totalitär

E exercise, else, edifice, art, special, deposit, pound, total, ingenious

F l'exercice, l'édifice, l'art pour l'art, l'ingénieur, la variété, la variation, grec

Lektion 10

ante *m. Akk.*	vor	
hōra	Stunde, Zeit	
prīmā hōrā	in der ersten Stunde	
3 ...enim	denn, nämlich	
tū enim...	denn du …	
et...et...	sowohl ...als auch ...	
et tū et ego	sowohl du als auch ich	
novus, -a, -um	neu	
6 merx, merc-is *f.*	Ware	
Gen. Pl. -ium		
tempus, tempor-is *n.*	Zeit	
(in) tempore	rechtzeitig	
ē, ex *m. Abl.*	aus; seit	
ē scholā	aus der Schule	
ex illō tempore	seit jener Zeit	
9 importāre	importieren	
quattuor *(unveränderlich)*	vier	
manēre	bleiben, warten; erwarten	
12 opus, oper-is *n.*	Arbeit, Werk	
reliquus, -a, -um	übrig	
cūstōdīre	bewachen	
15 via	Straße, Weg	
removēre	entfernen, wegschaffen	
trahere, trahō	ziehen, schleppen	
18 mora	Verzögerung, Aufenthalt	
sine morā	unverzüglich	
ā, ab *m. Abl.*	von, von … her	
Veniō ā vīllā rūsticā.	Ich komme vom Landgut.	
Ab amīcīs vocāris.	Du wirst von den Freunden gerufen.	
dīligentia	Sorgfalt	
21 probāre	prüfen; für gut befinden; beweisen	

saepe *Adv.*	oft	
frangere, frangō	zerbrechen	
Quīntus statuam frangit.	Quintus zerbricht die Statue.	
Statua in viā frangitur.	Die Statue zerbricht auf dem Weg.	
24 minuere, minuō	vermindern, verringern	
pūnīre	bestrafen	
appārēre	erscheinen, sich zeigen	
27 nauta *m.*	Seemann	
nāvis, nāv-is *f.*	Schiff	
Gen. Pl. -ium		
crēdere, crēdō	glauben; anvertrauen	
Lūcius Syrō crēdit.	Lucius glaubt Syrus.	
Syrō pecūniam crēdit.	Er vertraut Syrus Geld an.	
30 dēcipere, dēcipiō	betrügen	
relinquere, relinquō	zurücklassen, verlassen	
cōnsistere, cōnsistō	stehen bleiben, anhalten; sich aufstellen	
33 stāre	stehen	
pārēre	gehorchen	
rēctē *Adv.*	richtig; geradeaus; zu Recht	
36 nōmināre	nennen	
Claudia nōminor.	Ich heiße Claudia.	
hinc *Adv.*	von hier	
cessāre	zögern; untätig sein	
39 celeritas, celeritāt-is *f.*	Schnelligkeit	

D parieren, Kredit, Ex, nominieren, Opus, Tempo, Moratorium
E to appear, remote control, hour, to punish, right
F nouveau, fragile, le temps, quatre, l'heure

Lektion 11

arcus, -ūs *m.*	Bogen
māiōrēs, -rum *m. (nur Pl.)*	die Vorfahren
3 summus, -a, -um	der höchste, oberste, letzte
summō in Capitōliō	oben auf dem Kapitol
vir, virī *m.*	Mann
triumphus	Triumph, Triumphzug
triumphum agere	einen Triumph feiern
6 memoria	Erinnerung, Gedächtnis
dux, duc-is *m.*	Anführer
post *m. Akk.*	nach, hinter
9 victōria	Sieg
agmen, agmin-is *n.*	Zug, Heereszug
urbs, urb-is *f.*	Stadt
Gen. Pl. -ium	
12 exercitus, -ūs *m.*	Heer
cornū, -ūs *n.*	Horn; Heeresflügel
deinde *Adv.*	dann, darauf
15 aliēnus, -a, -um	fremd
librī aliēnī	Bücher von anderen
mīles, mīlit-is *m.*	Soldat
Rōmānus, -a, -um	römisch; *als Subst.:* Römer
mīlitēs Rōmānī	römische Soldaten
māiōrēs Rōmānōrum	die Vorfahren der Römer
18 praeda	Beute
manus, -ūs *f.*	Hand; Schar
manus mīlitum	eine Schar von Soldaten
tenēre	haben, festhalten
21 arma, -ōrum *n. (nur Pl.)*	Waffen
praebēre	geben, hinhalten, zeigen
sē timidum praebēre	sich ängstlich zeigen
vultus, -ūs *m.*	Gesicht, Gesichtsausdruck

24 sors, sort-is *f.*	Los, Orakel, Schicksal
Gen. Pl. -ium	
magistrātūs, -ūs *m.*	Amt; Beamter
comes, comit-is *m./f.*	Begleiter, Begleiterin
27 medius, -a, -um	der mittlere, mitten
mediā in viā	mitten auf der Straße
superbus, -a, -um	stolz, hochmütig
populus	Volk
30 corōna	Kranz
maximus, -a, -um	der größte, bedeutendste; sehr groß, bedeutend
forum	Markt, Marktplatz
33 hostis, host-is *m.*	Feind
Gen. Pl. -ium	
necāre	töten
sīgnum	Zeichen; Feldzeichen
36 templum	Tempel, heiliger Ort
nox, noct-is *f.*	Nacht
Gen. Pl. -ium	
accidere, accidō	sich ereignen, geschehen

D Memory, Campingplatz, Kornett, Militär, Magistrat, Medien, Krone, Signal, Maximum, manuell, signieren

E arch, victory, memory, prey, arms, crown, duke, hostile, sign, night, manual, accident, people, alien

F L'arc de triomphe, tenir, la comtesse, la main, nocturne

Lektion 16

velle, volō, voluī	wollen
socius	Gefährte; Verbündeter
3 mūtāre	verändern, verwandeln; tauschen
animal, animāl-is *n.*	Tier; Lebewesen
beātus, -a, -um	glücklich; reich
6 dēsīderāre	vermissen; sich sehnen nach
patria	Vaterland
tantum *Adv.*	nur
9 mare, mar-is *n.* terrā marīque	Meer zu Wasser und zu Land
iactāre sē iactāre	werfen, schleudern sich rühmen, angeben
redīre, redeō, rediī, reditum	zurückkehren
12 ācer, ācris, ācre	scharf, energisch
adhūc *Adv.*	noch, bis jetzt
agere, agō, ēgī, actum	*tun, treiben, handeln*
15 fēlīx *Gen.* fēlīc-is	glücklich
annus	Jahr
trīstis, -is, -e	traurig
18 facilis, -is, -e	leicht, einfach
persuādēre, persuādeō, persuāsī, persuāsum mihi persuāsum est	überreden; überzeugen ich bin überzeugt
fidēlis, -is, -e	treu, zuverlässig
21 hūmānus, -a, -um	menschlich, freundlich, gebildet
tantus, -a, -um tantī hominēs	so groß; so viel so viele Menschen
iniūria	Unrecht

24 *afficere, afficiō, affēcī, affectum*	„versehen mit"
dolēre Doleō rem.	traurig sein, Schmerz empfinden, bedauern Ich bedauere die Sache.
ingēns *Gen.* ingent-is	riesig
27 incrēdibilis, -is, -e	unglaublich
hūmānitās, hūmānitāt-is *f.*	Menschlichkeit, Freundlichkeit, Bildung
invītāre	einladen
30 carēre, careō, caruī *m. Abl.* Ingeniō caret.	entbehren, nicht haben Er hat kein Talent.
īnfēlīx *Gen.* īnfēlīc-is	unglücklich
fortis, -is, -e	stark, tapfer
33 prūdēns *Gen.* prūdent-is	klug
virtus, virtūt-is *f.*	Tapferkeit, Tugend; Leistung
omnis, -is, -e	jeder, ganz; alle
36 dēlēre, dēleō, dēlēvī, dēlētum	zerstören, vernichten
vīs, vim, vī *Pl.* vīrēs, vīrium vīrēs hostium	Kraft, Gewalt die Streitkräfte der Feinde
opus est *m. Abl.* Rōbore tibi opus est.	es ist nötig Du brauchst Kraft.

D   sozial, Mutation, human, trist
E   animal, volunteer, to desire, invitation
F   tant, bonne année, humain, les félicitations

Lektion 17

sōlus, -a, -um *Gen.* sōlīus, *Dat.* sōlī	allein
arx, arc-is *f.*	Burg
3 mūrus	Mauer
contrā *m. Akk./Adv.*	gegen; dagegen, gegenüber
mūnīre, mūniō, mūnīvī, mūnītum	schützen, befestigen
6 expūgnāre	erobern
resistere, resistō, restitī, –	stehen bleiben; Widerstand leisten
occultus, -a, -um	verborgen, heimlich
9 tēctum	Dach; Haus
cōnsistere, cōnsistō, cōnstitī, –	*stehen bleiben, anhalten; sich aufstellen*
tēlum	Waffe, Geschoss
12 oppūgnāre	angreifen
fīnis, fīn-is *m.* *Gen. Pl.* -ium	Grenze, Ende; *Pl.* Gebiet
aditus, -ūs *m.*	Zugang
15 invādere, invādō, invāsī, invāsum	eindringen; überfallen
metus, -ūs *m.*	Angst
commovēre, commoveō, commōvī, commōtum	bewegen, veranlassen
18 fuga fugae sē mandāre	Flucht die Flucht ergreifen
dexter, dext(e)ra, dext(e)rum	rechts
fātum Apollinī fātum est dracōnem necāre.	Götterspruch; Schicksal Apoll ist es bestimmt, den Drachen zu töten.
21 *addūcere, addūcō, addūxī, adductum*	*heranführen, veranlassen*
pius, -a, -um	pflichtbewusst, fromm

domus, -ūs *f.* domī domum domō	Haus zu Hause nach Hause von zu Hause
24 nē … quidem nē tū quidem	nicht einmal … nicht einmal du
lacrima	Träne
circum *m. Akk.*	in der Umgebung von, um … herum
27 *vincere, vincō, vīcī, victum*	*siegen, besiegen*
dubitāre Aenēās fugere dubitat.	zweifeln, zögern Aeneas zögert zu fliehen.
ūnā *Adv.* ūnā cum amīcīs	zusammen zusammen mit den Freunden
30 portus, -ūs *m.*	Hafen
convenīre, conveniō, convēnī, conventum Quīntus amīcōs convenit. Convenit inter nōs.	zusammenkommen Quintus besucht seine Freunde. Wir kommen überein.
āmittere, āmittō, āmīsī, āmissum	*verlieren, aufgeben*
33 aut aut … aut	oder entweder … oder
longus, -a, -um	lang, weit
iter, itiner-is *n.* iter facere in itinere	Marsch, Weg reisen; marschieren unterwegs
36 fatīgāre	müde machen
cōnsīdere, cōnsīdō, cōnsēdī, cōnsessum	*sich hinsetzen*
numerus in numerō amīcōrum esse	Zahl, Menge zu den Freunden zählen
39 effugere, effugiō, effūgī, –	entkommen

D Solo, Mauer, Konter, okkult, Invasion, Dom, Nummer
E to resist, to invade, fate, to doubt, long, itinery
F seul, le toit, la fin, pieux, convenir, ou, fatiguer, le port

Lektion 18

dēscendere, dēscendō, dēscendī, –	herabsteigen
grātus, -a, -um	dankbar; beliebt
3 petere, petō, petīvī, petītum	(auf-)suchen, angreifen; bitten, verlangen
prō m. Abl.	vor, für, anstatt
prō templō	vor dem Tempel
prō patriā	für das Vaterland
prō imperātōre	anstelle des Kaisers
sacer, sacra, sacrum	heilig; verflucht
sacrum	Heiligtum; Opfer
6 ipse, ipsa, ipsum	„selbst"
eō Adv.	hierhin; dorthin
īre, eō, iī, itum	gehen
9 centum	hundert
unde	woher
vix Adv.	kaum
12 līmen, līmin-is n.	Schwelle; Zimmer
accēdere, accēdō, accessī, accessum	herangehen, hingehen
atrōx	grässlich
Gen. atrōc-is	
15 timor, timōr-is m.	Angst
sanctus, -a, -um	heilig, rein
vātēs, vāt-is m./f.	Seher, Seherin
18 quandō	wann
quiēs, quiēt-is f.	Ruhe, Erholung
ignōtus, -a, -um	unbekannt
21 implōrāre	anflehen, erflehen
patēre	offen stehen; sich erstrecken
Portae patent.	Die Türen stehen offen.
Ager patet ad flūmen.	Das Feld erstreckt sich bis zum Fluss.
mox Adv.	bald

24 bellum	Krieg
cernere, cernō, crēvī, crētum	wahrnehmen, erkennen; entscheiden
gēns, gent-is f.	Stamm, Geschlecht, Familie
Gen. Pl. -ium	
27 gerere, gerō, gessī, gestum	tragen, führen, ausführen
bellum gerere	Krieg führen
sē bene gerere	sich anständig verhalten
rēs gestae	Taten; Geschichte
nec (≈ neque)	und nicht, auch nicht, aber nicht
abesse, absum, āfuī, –	fehlen
30 prōvidēre, prōvideō, prōvīdī, prōvīsum	vorhersehen; sorgen für
rēs futūrās prōvidēre	die Zukunft vorhersehen
omnia prōvidēre	für alles sorgen
salūtī gentis prōvidēre	für das Wohl des Stammes sorgen
pāx, pāc-is f.	Frieden
cēdere, cēdō, cessī, cessum	gehen; nachgeben
33 obviam Adv.	entgegen
exemplum	Beispiel
dēnique Adv.	schließlich
36 respondēre, respondeō, respondī, respōnsum	antworten
canere, canō, cecinī, –	singen, ertönen (lassen)
volvere, volvō, volvī, volūtum	wälzen, rollen
39 mundus	Welt, Weltall

D Provision, Gratifikation, diskret, gestikulieren, gratis
E quiet, example, absent, gentleman, to access, provider, peace
F cent, la paix, gentil, saint, les gens, Le Monde

205

Lektion 19

post *Adv.*	später
pervenīre, perveniō, pervēnī, perventum	hinkommen
In fīnēs Rōmānōrum pervēnērunt.	Sie gelangten in das Gebiet der Römer.
3 avus	Großvater
rēgnum	Königsherrschaft, Herrschaft, Reich
restituere, restituō, restituī, restitūtum	wiederherstellen
in rēgnum restituere	wieder in die Königsherrschaft einsetzen
6 loca, -ōrum *n. Pl.*	Orte; Gegend
expōnere, expōnō, exposuī, expositum	aussetzen; darlegen
līberōs expōnere	Kinder aussetzen
cōnsilia expōnere	Pläne darlegen
atque	und
9 *alere, alō, aluī, altum*	*ernähren*
cupīdō, cupīdin-is *f.*	Begierde
posterus, -a, -um	folgend
posterō diē	am folgenden Tag
posterī	die Nachkommen
12 alter, altera, alterum	der eine/der andere (von
Gen. alterīus, *Dat.* alterī	zweien)
repetere, repetō, repetīvī, repetītum	zurückverlangen; wiederholen
pecūniam repetere	Geld zurückverlangen
pūgnam repetere	den Kampf wieder aufnehmen
sex *(unveränderlich)*	sechs
15 *trādere, trādō, trādidī, trāditum*	*übergeben, überliefern*
dēmittere, dēmittō, dēmīsī, dēmissum	hinabschicken; sinken lassen
oportet	es ist nötig
Mē agere oportet.	Ich muss handeln.
18 duodecim *(unveränderlich)*	zwölf

laetitia	Freude
nūntiāre	melden
21 cōnstat *m. Aci*	es steht fest, dass
fallere, fallō, fefellī, –	*betrügen, enttäuschen*
ostendere, ostendō, ostendī, ostentum	zeigen, erklären
24 *contendere, contendō, contendī, contentum*	*sich anstrengen; eilen; behaupten*
īnstruere, īnstruō, īnstrūxī, īnstrūctum	aufstellen; ausrüsten; unterrichten
cōpiās īnstruere	die Truppen in Schlachtordnung aufstellen
invenīre, inveniō, invēnī, inventum	*finden, erfinden*
27 perturbāre	in Verwirrung bringen
improbus, -a, -um	schlecht, unanständig
improbae mercēs	schlechte Waren
improbī	Schurken
ut *(m. Indikativ)*	wie
30 facile *Adv.*	leicht, mühelos
sīc *Adv.*	so; folgendermaßen
irrīdēre, irrīdeō, irrīsī, irrīsum	*auslachen, verspotten*
33 occīdere, occīdō, occīdī, occīsum	erschlagen, töten
imperium	Befehl; Herrschaft; Reich
appellāre	ansprechen; nennen
deōs appellāre	die Götter anbeten

D Lokal, Repetent, repetieren, Instruktion, Appellationsgericht, Exponent, Altruismus, Demission

E exposition, empire, repetition, instructor, constant, appellation, location

F répéter, s'appeler, le royaume, l'instruction, facile, douze

Lektion 20

tumultus, -ūs *m.*	Lärm, Aufruhr
orīrī, orior, ortus sum	sich erheben, entstehen
Tumultus oritur.	Aufruhr entsteht.
Sōl oritur.	Die Sonne geht auf.
3 **īgnis, īgn-is** *m.*	Feuer
Gen. Pl. -ium	
exstinguere, exstinguō, exstīnxī, exstīnctum	auslöschen
Aqua īgnem exstinguit.	Wasser löscht Feuer.
Īgnis exstinguitur.	Das Feuer geht aus.
perniciēs, -ēī *f.*	Untergang, Verderben
6 **aedēs, aed-is** *f.*	Tempel
Pl. aedēs, aed-ium	Haus
somnus	Schlaf
excitāre	antreiben; erregen; aufwecken
9 **sequī, sequor, secūtus sum** *m. Akk.*	folgen
Amīcum sequor.	Ich folge dem Freund.
Cōnsilium sequor.	Ich folge dem Rat.
virgō, virgin-is *f.*	Mädchen, junge Frau; Jungfrau
manēre, maneō, mānsī, –	*bleiben, warten, erwarten*
12 **loquī, loquor, locūtus sum**	sprechen, sagen
cūstōdia	Aufsicht, Wache; Gefängnis
prae *m. Abl.*	vor
15 **paene** *Adv.*	beinahe
mūnus, mūner-is *n.*	Aufgabe, Amt; Geschenk; Festspiel
mūnera dare	Gladiatorenkämpfe veranstalten
cīvitās, cīvitāt-is *f.*	Staat, Gemeinde; Bürgerrecht
18 **fungī, fungor, fūnctus sum** *m. Abl.*	ausüben
Mūneribus funguntur.	Sie üben ihre Ämter aus.
praeceptum	Vorschrift
tangere, tangō, tetigī, tactum	*berühren*

21 **proximus, -a, -um**	der nächste; der letzte
disciplīna	Lehre, Unterricht
hortārī, hortor, hortātus sum	ermahnen, auffordern
24 **officium**	Pflicht
vitium	Fehler
culpa	Schuld
27 **gravis, -is, -e**	schwer, ernst
poena	Strafe
poenam dare	Strafe zahlen, bestraft werden
solvere, solvō, solvī, solūtum	lösen, zahlen
poenam solvere	Strafe zahlen, bestraft werden
30 **dēspērāre**	verzweifeln
Salūtī dēspērāvit.	Sie verzweifelte an der Rettung.
sīn	wenn aber
vestis, vest-is *f.*	Kleidung, Gewand
Gen. Pl. -ium	
33 **conicere, coniciō, coniēcī, coniectum**	werfen; vermuten
Tēla in hostēs coniēcērunt.	Sie schleuderten Geschosse auf die Feinde.
Vātēs bonus bene conicit.	Ein guter Seher stellt gute Vermutungen an.
convertere, convertō, convertī, conversum	umwenden, verändern
vacāre *m. Abl.*	frei sein von
Timōre vacat.	Sie ist frei von Furcht.
36 **dēmōnstrāre**	zeigen

D Orient, Disziplin, Sequenz, gravierend, vakant, konvertieren, Demonstration
E ignition, solution, to excite, to exstinguish, office, desperate
F les vacances, grave, prochain, la cité, la fonction

Verben

Aktiv

		a-Konj.	e-Konj.	i-Konj.	gem. Konj.	kons. Konj.
Präsens	1. Pers. Sg.	spectō	moneō	audiō	capiō	agō
	2. Pers. Sg.	spectās	monēs	audīs	capis	agis
	3. Pers. Sg.	spectat	monet	audit	capit	agit
	1. Pers. Pl.	spectāmus	monēmus	audīmus	capimus	agimus
	2. Pers. Pl.	spectātis	monētis	audītis	capitis	agitis
	3. Pers. Pl.	spectant	monent	audiunt	capiunt	agunt
Imperfekt	1. Pers. Sg.	spectābam	monēbam	audiēbam	capiēbam	agēbam
	2. Pers. Sg.	spectābās	monēbās	audiēbās	capiēbās	agēbās
	3. Pers. Sg.	spectābat	monēbat	audiēbat	capiēbat	agēbat
	1. Pers. Pl.	spectābāmus	monēbāmus	audiēbāmus	capiēbāmus	agēbāmus
	2. Pers. Pl.	spectābātis	monēbātis	audiēbātis	capiēbātis	agēbātis
	3. Pers. Pl.	spectābant	monēbant	audiēbant	capiēbant	agēbant
Futur I	1. Pers. Sg.	spectābō	monēbō	audiam	capiam	agam
	2. Pers. Sg.	spectābis	monēbis	audiēs	capiēs	agēs
	3. Pers. Sg.	spectābit	monēbit	audiet	capiet	aget
	1. Pers. Pl.	spectābimus	monēbimus	audiēmus	capiēmus	agēmus
	2. Pers. Pl.	spectābitis	monēbitis	audiētis	capiētis	agētis
	3. Pers. Pl.	spectābunt	monēbunt	audient	capient	agent
Imperativ	Sg.	spectā	monē	audī	cape	age
	Pl.	spectāte	monēte	audīte	capite	agite
Inf. Präsens		spectāre	monēre	audīre	capere	agere
Inf. Futur		spectātūrum esse	monitūrum esse	audītūrum esse	captūrum esse	actūrum esse
PPA	Nom.	spectāns	monēns	audiēns	capiēns	agēns
	Gen.	spectantis	monentis	audientis	capientis	agentis
nd-Form	Gen.	spectandī	monendī	audiendī	capiendī	agendī

		a-Konj.	e-Konj.	i-Konj.	gem. Konj.	kons. Konj.
Perfekt	1. Pers. Sg.	spectāvī	monuī	audīvī	cēpī	ēgī
	2. Pers. Sg.	spectāvistī	monuistī	audīvistī	cēpistī	ēgistī
	3. Pers. Sg.	spectāvit	monuit	audīvit	cēpit	ēgit
	1. Pers. Pl.	spectāvimus	monuimus	audīvimus	cēpimus	ēgimus
	2. Pers. Pl.	spectāvistis	monuistis	audīvistis	cēpistis	ēgistis
	3. Pers. Pl.	spectāvērunt	monuērunt	audīvērunt	cēpērunt	ēgērunt
Plusquamperfekt	1. Pers. Sg.	spectāveram	monueram	audīveram	cēperam	ēgeram
	2. Pers. Sg.	spectāverās	monuerās	audīverās	cēperās	ēgerās
	3. Pers. Sg.	spectāverat	monuerat	audīverat	cēperat	ēgerat
	1. Pers. Pl.	spectāverāmus	monuerāmus	audīverāmus	cēperāmus	ēgerāmus
	2. Pers. Pl.	spectāverātis	monuerātis	audīverātis	cēperātis	ēgerātis
	3. Pers. Pl.	spectāverant	monuerant	audīverant	cēperant	ēgerant
Inf. Perfekt		spectāvisse	monuisse	audīvisse	cēpisse	ēgisse

Passiv

		a-Konj.	e-Konj.	i-Konj.	gem. Konj.	kons. Konj.
Präsens	1. Pers. Sg.	spector	moneor	audior	capior	agor
	2. Pers. Sg.	spectāris	monēris	audīris	caperis	ageris
	3. Pers. Sg.	spectātur	monētur	audītur	capitur	agitur
	1. Pers. Pl.	spectāmur	monēmur	audīmur	capimur	agimur
	2. Pers. Pl.	spectāminī	monēminī	audīminī	capiminī	agiminī
	3. Pers. Pl.	spectantur	monentur	audiuntur	capiuntur	aguntur
Imperfekt	1. Pers. Sg.	spectābar	monēbar	audiēbar	capiēbar	agēbar
	2. Pers. Sg.	spectābāris	monēbāris	audiēbāris	capiēbāris	agēbāris
	3. Pers. Sg.	spectābātur	monēbātur	audiēbātur	capiēbātur	agēbātur
	1. Pers. Pl.	spectābāmur	monēbāmur	audiēbāmur	capiēbāmur	agēbāmur
	2. Pers. Pl.	spectābāminī	monēbāminī	audiēbāminī	capiēbāminī	agēbāminī
	3. Pers. Pl.	spectābantur	monēbantur	audiēbantur	capiēbantur	agēbantur
Futur I	1. Pers. Sg.	spectābor	monēbor	audiar	capiar	agar
	2. Pers. Sg.	spectāberis	monēberis	audiēris	capiēris	agēris
	3. Pers. Sg.	spectābitur	monēbitur	audiētur	capiētur	agētur
	1. Pers. Pl.	spectābimur	monēbimur	audiēmur	capiēmur	agēmur
	2. Pers. Pl.	spectābiminī	monēbiminī	audiēminī	capiēminī	agēminī
	3. Pers. Pl.	spectābuntur	monēbuntur	audientur	capientur	agentur
Inf. Präsens		spectārī	monērī	audīrī	capī	agī
Inf. Futur		spectātum īrī	monitum īrī	audītum īrī	captum īrī	actum īrī

		a-Konj.	e-Konj.	i-Konj.	gem. Konj.	kons. Konj.
Perfekt	1. Pers. Sg.	spectātus sum	monitus sum	audītus sum	captus sum	actus sum
	2. Pers. Sg.	spectātus es	monitus es	audītus es	captus es	actus es
	3. Pers. Sg.	spectātus est	monitus est	audītus est	captus est	actus est
	1. Pers. Pl.	spectātī sumus	monitī sumus	audītī sumus	captī sumus	actī sumus
	2. Pers. Pl.	spectātī estis	monitī estis	audītī estis	captī estis	actī estis
	3. Pers. Pl.	spectātī sunt	monitī sunt	audītī sunt	captī sunt	actī sunt
Plusquamperfekt	1. Pers. Sg.	spectātus eram	monitus eram	audītus eram	captus eram	actus eram
	2. Pers. Sg.	spectātus erās	monitus erās	audītus erās	captus erās	actus erās
	3. Pers. Sg.	spectātus erat	monitus erat	audītus erat	captus erat	actus erat
	1. Pers. Pl.	spectātī erāmus	monitī erāmus	audītī erāmus	captī erāmus	actī erāmus
	2. Pers. Pl.	spectātī erātis	monitī erātis	audītī erātis	captī erātis	actī erātis
	3. Pers. Pl.	spectātī erant	monitī erant	audītī erant	captī erant	actī erant
Inf. Perfekt		spectātum esse	monitum esse	audītum esse	captum esse	actum esse
PPP		spectātus, -a, -um	monitus, -a, -um	audītus, -a, -um	captus, -a, -um	actus, -a, -um

Unregelmäßige Verben

		esse	posse	īre	velle
Präsens	1. Pers. Sg.	sum	possum	eō	volō
	2. Pers. Sg.	es	potes	īs	vīs
	3. Pers. Sg.	est	potest	it	vult
	1. Pers. Pl.	sumus	possumus	īmus	volumus
	2. Pers. Pl.	estis	potestis	ītis	vultis
	3. Pers. Pl.	sunt	possunt	eunt	volunt
Imperfekt	1. Pers. Sg.	eram	poteram	ībam	volēbam
	2. Pers. Sg.	erās	poterās	ībās	volēbās
	3. Pers. Sg.	erat	poterat	ībat	volēbat
	1. Pers. Pl.	erāmus	poterāmus	ībāmus	volēbāmus
	2. Pers. Pl.	erātis	poterātis	ībātis	volēbātis
	3. Pers. Pl.	erant	poterant	ībant	volēbant
Futur I	1. Pers. Sg.	erō	poterō	ībō	volam
	2. Pers. Sg.	eris	poteris	ībis	volēs
	3. Pers. Sg.	erit	poterit	ībit	volet
	1. Pers. Pl.	erimus	poterimus	ībimus	volēmus
	2. Pers. Pl.	eritis	poteritis	ībitis	volētis
	3. Pers. Pl.	erunt	poterunt	ībunt	volent
Imperativ	Sg.	es	–	ī	–
	Pl.	este	–	īte	–
Inf. Präsens		esse	posse	īre	velle
Inf. Futur		futūrum esse; fore	–	itūrum esse	–
PPA	Nom.	–	–	iēns	volēns
	Gen.	–	–	euntis	volentis
nd-Form	Gen.	–	–	eundī	–

		esse	posse	īre	velle
Perfekt	1. Pers. Sg.	fuī	potuī	iī	voluī
	2. Pers. Sg.	fuistī	potuistī	īstī	voluistī
	3. Pers. Sg.	fuit	potuit	iit	voluit
	1. Pers. Pl.	fuimus	potuimus	iimus	voluimus
	2. Pers. Pl.	fuistis	potuistis	īstis	voluistis
	3. Pers. Pl.	fuērunt	potuērunt	iērunt	voluērunt
Plusquamperfekt	1. Pers. Sg.	fueram	potueram	ieram	volueram
	2. Pers. Sg.	fuerās	potuerās	ierās	voluerās
	3. Pers. Sg.	fuerat	potuerat	ierat	voluerat
	1. Pers. Pl.	fuerāmus	potuerāmus	ierāmus	voluerāmus
	2. Pers. Pl.	fuerātis	potuerātis	ierātis	voluerātis
	3. Pers. Pl.	fuerant	potuerant	ierant	voluerant
Inf. Perfekt		fuisse	potuisse	īsse	voluisse

Deponentien

		a-Konj.	kons. Konj.
Präsens	1. Pers. Sg.	hortor	loquor
	2. Pers. Sg.	hortāris	loqueris
	3. Pers. Sg.	hortātur	loquitur
	1. Pers. Pl.	hortāmur	loquimur
	2. Pers. Pl.	hortāminī	loquiminī
	3. Pers. Pl.	hortantur	loquuntur
Imperfekt	1. Pers. Sg.	hortābar	loquēbar
	2. Pers. Sg.	hortābāris	loquēbāris
	3. Pers. Sg.	hortābātur	loquēbātur
	1. Pers. Pl.	hortābāmur	loquēbāmur
	2. Pers. Pl.	hortābāminī	loquēbāminī
	3. Pers. Pl.	hortābantur	loquēbantur
Futur I	1. Pers. Sg.	hortābor	loquar
	2. Pers. Sg.	hortāberis	loquēris
	3. Pers. Sg.	hortābitur	loquētur
	1. Pers. Pl.	hortābimur	loquēmur
	2. Pers. Pl.	hortābiminī	loquēminī
	3. Pers. Pl.	hortābuntur	loquentur
Imperativ		hortāre	loquere
		hortāminī	loquiminī
Inf. Präsens		hortārī	loquī
Inf. Futur		hortātūrum esse	locūtūrum esse
PPA	Nom.	hortāns	loquēns
	Gen.	hortantis	loquentis
nd-Form	Gen.	hortandī	loquendī

		a-Konj.	kons. Konj.
Perfekt	1. Pers. Sg.	hortātus sum	locūtus sum
	2. Pers. Sg.	hortātus es	locūtus es
	3. Pers. Sg.	hortātus est	locūtus est
	1. Pers. Pl.	hortātī sumus	locūtī sumus
	2. Pers. Pl.	hortātī estis	locūtī estis
	3. Pers. Pl.	hortātī sunt	locūtī sunt
Plusquamperfekt	1. Pers. Sg.	hortātus eram	locūtus eram
	2. Pers. Sg.	hortātus erās	locūtus erās
	3. Pers. Sg.	hortātus erat	locūtus erat
	1. Pers. Pl.	hortātī erāmus	locūtī erāmus
	2. Pers. Pl.	hortātī erātis	locūtī erātis
	3. Pers. Pl.	hortātī erant	locūtī erant
Inf. Perfekt		hortātum esse	locūtum esse
PPP		hortātus, -a, -um	locūtus, -a, -um

Substantive

	a-Dekl.		o-Dekl.					
			m.				n.	
	Sg.	Pl.	Sg.	Pl.	Sg.	Pl.	Sg.	Pl.
Nom.	terra	terrae	amīcus	amīcī	puer	puerī	dōnum	dōna
Gen.	terrae	terrārum	amīcī	amīcōrum	puerī	puerōrum	dōnī	dōnōrum
Dat.	terrae	terrīs	amīcō	amīcīs	puerō	puerīs	dōnō	dōnīs
Akk.	terram	terrās	amīcum	amīcōs	puerum	puerōs	dōnum	dōna
Abl.	terrā	terrīs	amīcō	amīcīs	puerō	puerīs	dōnō	dōnīs
Vok.			amīce					

	3. Dekl.						i-Dekl.	
	Sg.	Pl.	Sg.	Pl.	Sg.	Pl.	Sg.	Pl.
Nom.	vōx	vōcēs	nōmen	nōmina	nāvis	nāvēs	mare	maria
Gen.	vōcis	vōcum	nōminis	nōminum	nāvis	nāvium	maris	marium
Dat.	vōcī	vōcibus	nōminī	nōminibus	nāvī	nāvibus	marī	maribus
Akk.	vōcem	vōcēs	nōmen	nōmina	nāvem	nāvēs	mare	maria
Abl.	vōce	vōcibus	nōmine	nōminibus	nāve	nāvibus	marī	maribus

	e-Dekl.		u-Dekl.					
			m.				n.	
	Sg.	Pl.	Sg.	Pl.	Sg.	Pl.		
Nom.	rēs	rēs	magistrātus	magistrātūs	cornū	cornua		
Gen.	reī	rērum	magistrātūs	magistrātuum	cornūs	cornuum		
Dat.	reī	rēbus	magistrātuī	magistrātibus	cornuī	cornibus		
Akk.	rem	rēs	magistrātum	magistrātūs	cornū	cornua		
Abl.	rē	rēbus	magistrātū	magistrātibus	cornū	cornibus		

Adjektive

	a-/o-Dekl.					
	Sg.			Pl.		
Nom.	laetus	laeta	laetum	laetī	laetae	laeta
Gen.	laetī	laetae	laetī	laetōrum	laetārum	laetōrum
Dat.	laetō	laetae	laetō	laetīs	laetīs	laetīs
Akk.	laetum	laetam	laetum	laetōs	laetās	laeta
Abl.	laetō	laetā	laetō	laetīs	laetīs	laetīs

	a-/o-Dekl.					
	Sg.			Pl.		
Nom.	pulcher	pulchra	pulchrum	pulchrī	pulchrae	pulchra
Gen.	pulchrī	pulchrae	pulchrī	pulchrōrum	pulchrārum	pulchrōrum
Dat.	pulchrō	pulchrae	pulchrō	pulchrīs	pulchrīs	pulchrīs
Akk.	pulchrum	pulchram	pulchrum	pulchrōs	pulchrās	pulchra
Abl.	pulchrō	pulchrā	pulchrō	pulchrīs	pulchrīs	pulchrīs

	3. Dekl.: dreiendige i-Stämme					
	Sg.			Pl.		
Nom.	ācer	ācris	ācre	ācrēs	ācrēs	ācria
Gen.	ācris	ācris	ācris	ācrium	ācrium	ācrium
Dat.	ācrī	ācrī	ācrī	ācribus	ācribus	ācribus
Akk.	ācrem	ācrem	ācre	ācrēs	ācrēs	ācria
Abl.	ācrī	ācrī	ācrī	ācribus	ācribus	ācribus

	3. Dekl.: zweiendige i-Stämme					
	Sg.			Pl.		
Nom.	fortis	fortis	forte	fortēs	fortēs	fortia
Gen.	fortis	fortis	fortis	fortium	fortium	fortium
Dat.	fortī	fortī	fortī	fortibus	fortibus	fortibus
Akk.	fortem	fortem	forte	fortēs	fortēs	fortia
Abl.	fortī	fortī	fortī	fortibus	fortibus	fortibus

	3. Dekl.: einendige i-Stämme					
	Sg.			Pl.		
Nom.	fēlīx	fēlīx	fēlīx	fēlīcēs	fēlīcēs	fēlīcia
Gen.	fēlīcis	fēlīcis	fēlīcis	fēlīcium	fēlīcium	fēlīcium
Dat.	fēlīcī	fēlīcī	fēlīcī	fēlīcibus	fēlīcibus	fēlīcibus
Akk.	fēlīcem	fēlīcem	fēlīx	fēlīcēs	fēlīcēs	fēlīcia
Abl.	fēlīcī	fēlīcī	fēlīcī	fēlīcibus	fēlīcibus	fēlīcibus

Pronomina

Personalpronomina

	1. Person		2. Person	
	Sg.	Pl.	Sg.	Pl.
Nom.	ego	nōs	tū	vōs
Gen.	meī	nostrī/nostrum	tuī	vestrī/vestrum
Dat.	mihi	nōbīs	tibi	vōbīs
Akk.	mē	nōs	tē	vōs
Abl.	ā mē/mēcum	ā nōbīs/nōbīscum	ā tē/tēcum	ā vōbīs/vōbīscum

	3. Person							
	nicht-reflexiv						reflexiv	
	Sg.			Pl.			Sg.	Pl.
	m.	f.	n.	m.	f.	n.	m./f./n.	m./f./n.
Nom.	–	–	–	–	–	–	–	–
Gen.	eius	eius	eius	eōrum	eārum	eōrum	suī	suī
Dat.	eī	eī	eī	iīs (eīs)	iīs (eīs)	iīs (eīs)	sibi	sibi
Akk.	eum	eam	id	eōs	eās	ea	sē	sē
Abl.	eō	eā	eō	iīs (eīs)	iīs (eīs)	iīs (eīs)	ā sē/sēcum	ā sē/sēcum

Possessivpronomina

	1. Person	2. Person	3. Person	
			nichtreflexiv	reflexiv
Sg.	meus, mea, meum	tuus, tua, tuum	eius, eius, eius	suus, sua, suum
Pl.	noster, nostra, nostrum	vester, vestra, vestrum	eōrum, eārum, eōrum	suus, sua, suum

Demonstrativpronomina

	Sg.			Pl.		
	m.	f.	n.	m.	f.	n.
Nom.	is	ea	id	iī (eī)	eae	ea
Gen.	eius	eius	eius	eōrum	eārum	eōrum
Dat.	eī	eī	eī	iīs (eīs)	iīs (eīs)	iīs (eīs)
Akk.	eum	eam	id	eōs	eās	ea
Abl.	eō	eā	eō	iīs (eīs)	iīs (eīs)	iīs (eīs)

	Sg.			Pl.		
	m.	f.	n.	m.	f.	n.
Nom.	hic	haec	hoc	hī	hae	haec
Gen.	huius	huius	huius	hōrum	hārum	hōrum
Dat.	huic	huic	huic	hīs	hīs	hīs
Akk.	hunc	hanc	hoc	hōs	hās	haec
Abl.	hōc	hāc	hōc	hīs	hīs	hīs

	Sg.			Pl.		
	m.	f.	n.	m.	f.	n.
Nom.	ille	illa	illud	illī	illae	illa
Gen.	illīus	illīus	illīus	illōrum	illārum	illōrum
Dat.	illī	illī	illī	illīs	illīs	illīs
Akk.	illum	illam	illud	illōs	illās	illa
Abl.	illō	illā	illō	illīs	illīs	illīs

	Sg.			Pl.		
	m.	f.	n.	m.	f.	n.
Nom.	ipse	ipsa	ipsum	ipsī	ipsae	ipsa
Gen.	ipsīus	ipsīus	ipsīus	ipsōrum	ipsārum	ipsōrum
Dat.	ipsī	ipsī	ipsī	ipsīs	ipsīs	ipsīs
Akk.	ipsum	ipsam	ipsum	ipsōs	ipsās	ipsa
Abl.	ipsō	ipsā	ipsō	ipsīs	ipsīs	ipsīs

Relativpronomina

	Sg.			Pl.		
	m.	*f.*	*n.*	*m.*	*f.*	*n.*
Nom.	quī	quae	quod	quī	quae	quae
Gen.	cuius	cuius	cuius	quōrum	quārum	quōrum
Dat.	cui	cui	cui	quibus	quibus	quibus
Akk.	quem	quam	quod	quōs	quās	quae
Abl.	quō	quā	quō	quibus	quibus	quibus

Interrogativpronomina

	m./f.	*n.*
Nom.	quis	quid
Gen.	cuius	cuius
Dat.	cui	cui
Akk.	quem	quid
Abl.	quō	quō

Pronominaladjektive

	Sg.			Pl.		
	m.	*f.*	*n.*	*m.*	*f.*	*n.*
Nom.	sōlus	sōla	sōlum	sōlī	sōlae	sōla
Gen.	sōlīus	sōlīus	sōlīus	sōlōrum	sōlārum	sōlōrum
Dat.	sōlī	sōlī	sōlī	sōlīs	sōlīs	sōlīs
Akk.	sōlum	sōlam	sōlum	sōlōs	sōlās	sōla
Abl.	sōlō	sōlā	sōlō	sōlīs	sōlīs	sōlīs

	Sg.			Pl.		
	m.	*f.*	*n.*	*m.*	*f.*	*n.*
Nom.	alius	alia	aliud	aliī	aliae	alia
Gen.	alterīus	alterīus	alterīus	aliōrum	aliārum	aliōrum
Dat.	aliī	aliī	aliī	aliīs	aliīs	aliīs
Akk.	alium	aliam	aliud	aliōs	aliās	alia
Abl.	aliō	aliā	aliō	aliīs	aliīs	aliīs

	m./f.	*n.*
Nom.	nēmō	nihil
Gen.	nūllīus	nūllīus reī
Dat.	nēminī	nūllī reī
Akk.	nēminem	nihil
Abl.	ā nūllō	nūllā rē

Wortarten

	Fachbegriff		deutscher Name	Beispiel
veränderlich	Verben		Tätigkeitswörter	dīcere: sprechen
	Nomina: (Einzahl: das Nomen)	Substantive	Hauptwörter	hortus: Garten
		Adjektive	Eigenschaftswörter	timidus, -a, -um: ängstlich
		Pronomina	Fürwörter	ego: ich eum: ihn
		Numeralia (Einzahl: das Numerale)	Zahlwörter	duo: zwei tertius: der dritte
unveränderlich	Präpositionen		Verhältniswörter	ad: zu inter: zwischen
	Adverbien (Einzahl: das Adverb)		Umstandswörter	hodiē: heute citō: schnell
	Konjunktionen		(beiordnende) Bindewörter	sed: aber et: und
	Subjunktionen		(unterordnende) Bindewörter	postquam: nachdem
	Interjektionen		Ausrufewörter	ecce!: da!

Eigenschaften von Verben

Person	Numerus (Anzahl)	Modus (Aussageweise)	Tempus (Zeit)	Genus Verbi
1.	Singular (Einzahl)	Indikativ	Präsens	Aktiv
2.	Plural (Mehrzahl)	Imperativ	Imperfekt	Passiv
3.		Konjunktiv	Perfekt	
			Plusquamperfekt	
			Futur	

Eigenschaften von Nomina

Kasus (Fall)	Numerus (Anzahl)	Genus (Geschlecht)
Nominativ (Wer-Fall)	Singular (Einzahl)	Maskulinum (männlich)
Genitiv (Wes-Fall)	Plural (Mehrzahl)	Femininum (weiblich)
Dativ (Wem-Fall)		Neutrum (sächlich)
Akkusativ (Wen-Fall)		
Ablativ (–)		
Vokativ (Anredefall)		

Satzglieder

Satzglied	Satzgliedteil
Subjekt (Satzgegenstand)	Attribut (Beifügung)
Prädikat (Satzaussage)	
Objekt (notwendige Ergänzung)	
Adverbiale (freie Angabe)	

Register zur Grammatik

In diesem Verzeichnis findest du Informationen zu den historischen Namen und den Personen der antiken Mythen und Sagen. Mit einem ↗ wird auf Einträge mit ausführlicheren Erläuterungen verwiesen.

Abkürzungen römischer Vornamen:

A.	Aulus
App.	Appius
C.	Gāius
Cn.	Gnaeus
D.	Decimus
K.	Kaesō
L.	Lūcius
M.	Mārcus
M'.	Mānius
Mam.	Mamercus
N./Num.	Numerius
P.	Pūblius
Q.	Quīntus
Ser.	Servius
S.	Sextus
Sp.	Spurius
T.	Titus
Ti(b).	Tiberius

Acheron, Fluss, der der Sage nach die Grenze zur Unterwelt bildet.

Achill, wichtigster Held der Griechen im Trojanischen Krieg; ein Orakel besagte, dass ohne ihn ↗ Troja nicht erobert werden konnte.

Aeneas, Sohn des ↗ Anchises und der ↗ Aphrodite, einer der trojanischen Helden; nach der Zerstörung Trojas gelangte er auf Umwegen nach ↗ Latium und wurde Stammvater Roms. Diesen Mythos erzählt ↗ Vergil in seinem Epos *Aeneis*.

Aethiopia, der Teil Afrikas, der von dunkelhäutigen Menschen bewohnt wurde.

Africa, Name des Erdteils und der römischen Provinz.

Agamemnon, König von ↗ Mykene, Bruder des ↗ Menelaos; führte das Heer der Griechen gegen ↗ Troja.

Agenor, König von ↗ Tyros und Vater der ↗ Europa.

Akrisios, König von ↗ Argos und Vater der ↗ Danae.

Alba Longa, Stadt südöstlich von Rom; der Sage nach von ↗ Iulus, dem Sohn des ↗ Aeneas, gegründet.

Alexander der Große (356–323 v.Chr.), König von Makedonien; eroberte ein Reich, das bis nach Asien reichte; viele von ihm gegründete Städte trugen seinen Namen.

Alexandria, von Alexander dem Großen gegründete Stadt in Ägypten.

Alkmene, Frau des ↗ Amphitryon und von ↗ Zeus Mutter des ↗ Herakles.

Amazonen, in der Sage ein Volk kriegerischer Frauen in Kleinasien.

Ambrosius (um 340–397 n.Chr.), Bischof von Mailand. In seinen zahlreichen theologischen Schriften setzte er sich mit den Philosophen der Antike auseinander; er wird heute als einer der Kirchenväter bezeichnet.

Amor, römischer Gott der Liebe, mit dem griechischen ↗ Eros gleichgesetzt.

Amphitheatrum Flavium, das größte Amphitheater der antiken Welt; 80 n.Chr. von Kaiser Titus eingeweiht. Es war 188 m lang, 156 m breit und 49 m hoch und fasste etwa 50 000 Zuschauer; in ihm fanden fast 400 Jahre lang Gladiatorenkämpfe und Tierhetzen statt. Seit dem Mittelalter wird es auch Kolosseum genannt, allerdings nicht wegen seiner Größe, sondern weil die Kolossalstatue eines Kaisers davor stand.

Amphitryon, König von Theben, verheiratet mit ↗ Alkmene.

Amulius, König von ↗ Alba Longa; hatte den rechtmäßigen König, seinen Bruder ↗ Numitor, vom Thron gestoßen und wurde später von dessen Enkeln ↗ Romulus und Remus getötet.

Anchises, Verwandter des Königs ↗ Priamos von ↗ Troja; zeugte mit der Göttin ↗ Aphrodite den trojanischen Helden ↗ Aeneas.

Andromeda, Tochter des äthiopischen Königs Kepheus und seiner Frau Kassiopeia; weil diese die Götter verärgert hatte, sollte Andromeda einem Seeungeheuer geopfert werden, wurde aber von ↗ Perseus gerettet.

Aphrodite, griechische Göttin der Liebe; verheiratet mit ↗ Hephaistos, ihr Geliebter aber war ↗ Ares. Mit ihm hatte sie den Sohn ↗ Eros, von ↗ Anchises war sie Mutter des ↗ Aeneas. Mit Aphrodite wurde die römische Göttin Venus gleichgesetzt.

Apollon, Sohn des ↗ Zeus und der ↗ Leto; Gott des Bogenschießens, des Ackerbaus, der Heilkunde, der Weissagung, der Künste und Wissenschaften; ein anderer Name ist Phoebus.

Ares, griechischer Gott des Krieges, Sohn des ↗ Zeus und der ↗ Hera; bei Menschen und Göttern unbeliebt, weil er Tod und Leid bringt. Mit ihm wurde der römische Gott ↗ Mars gleichgesetzt.

Argos, Stadt auf der Peloponnes.

Arkadien, Landschaft auf der Peloponnes.

Artemis, griechische Göttin der Jagd und der Natur; Tochter des ↗ Zeus und der ↗ Leto; mit ihr wurde die römische Göttin Diana gleichgesetzt.

Ascanius, Sohn des ↗ Aeneas und der ↗ Kreusa; gründete nach der Ankunft in Italien die Stadt ↗ Alba Longa; er wurde auch Iulus genannt.

Athene, Tochter des ↗ Zeus, Schutzherrin der Stadt Athen; ihr Tempel dort ist der Parthenon. Sie ist die Göttin der Künste, der Wissenschaft und des Handwerks, aber auch des Krieges; dargestellt ist sie mit Helm und Schild sowie dem Brustpanzer, auf dem das Haupt der Gorgo ↗ Medusa zu sehen ist. Mit ihr wurde die römische Göttin Minerva gleichgesetzt.

Augias, König der griechischen Landschaft Elis. Er hatte riesige Viehherden; seine Ställe zu reinigen, war eine der Aufgaben des ↗ Herakles.

Augustinus, Aurelius, (354–430 n.Chr.), Bischof. Nach einer philosophischen und rhetorischen Ausbildung, wie sie in der Antike üblich war, kam er durch die Bekanntschaft mit ↗ Ambrosius zum Christentum und wird heute als einer der Kirchenväter bezeichnet.

Augustus, (63 v.Chr.–14 n.Chr.), ab 27 v.Chr. erster römischer Kaiser. Er hieß eigentlich C. Octavius. Als er nach dem Tode seines Vaters von ↗ Caesar adoptiert worden war, hieß er C. Iulius Caesar Octavianus. Aus den Bürgerkriegswirren am Ende der Republik ging er als Sieger hervor. Nach der blutigen Beseitigung seiner politischen Gegner war er Alleinherrscher. Im Jahre 27 v.Chr. erhielt er vom Senat den Ehrentitel Augustus („der Erhabene"). Ziel seiner Politik war die Wiederherstellung des inneren Friedens und die Sicherung der Grenzen. Er förderte daneben bedeutende zeitgenössische Dichter wie ↗ Vergil.

Aventin, einer der sieben Hügel Roms.

Bacchus, Gott der Fruchtbarkeit, besonders des Weines; mit dem griechischen Gott ↗ Dionysos gleichgesetzt.

Caesar, C. Iulius Caesar (100–44 v.Chr.), der mächtigste römische Politiker und Feldherr am Ende der Republik; er unterwarf 58–50 v.Chr. Gallien und gliederte es ins Römische Reich ein. Seinen Beinamen Caesar trugen alle folgenden Herrscher als Titel; daraus entstand unser Wort „Kaiser".

Campus Martius, ↗ Marsfeld.

Ceres, römische Göttin; mit der griechischen Göttin ↗ Demeter gleichgesetzt.

Colosseum, ↗ Amphitheatrum Flavium.

Cumae, älteste griechische Kolonie in Italien, in der Campania gelegen; der Sage nach Sitz der ↗ Sibylle.

Danae, Tochter des ↗ Akrisios; von ↗ Zeus Mutter des ↗ Perseus.

Delos, Insel in der Ägäis, auf der ↗ Leto ihre Kinder zur Welt brachte.

Delphi, Kultstätte des ↗ Apollon und berühmtestes Orakel Griechenlands, wo die Weissagungen von einer Priesterin, der ↗ Pythia, gegeben wurden.

Demeter, griechische Göttin der Fruchtbarkeit und des Getreides, Schwester des ↗ Zeus; Mutter der ↗ Proserpina; mit ihr wurde die römische Göttin Ceres gleichgesetzt.

Diana, römische Göttin; schützte ursprünglich als Fruchtbarkeitsgöttin die Geburt; sie wurde der griechischen Göttin ↗ Artemis gleichgesetzt.

Diokletian, C. Aurelius Valerius Diocletianus, römischer Kaiser 284–305. Er führte umfangreiche Verwaltungsreformen durch und stärkte die kaiserliche Macht. Auf seine Veranlassung hin erfolgte im Jahre 303 die letzte große Christenverfolgung.

Diomedes, griechischer Held beim Kampf um Troja; König von ↗ Argos und Freund des ↗ Odysseus.

Dionysos, Gott der Fruchtbarkeit und besonders des Weines. Seine Feste bestehen aus wilden Trinkgelagen und Umzügen; dabei begleiten ihn Satyrn, Silene, Nymphen und Mänaden; mit ihm wurde der römische Gott Bacchus gleichgesetzt.

Eros, griechischer Gott der Liebe, Sohn der ↗ Aphrodite und des ↗ Ares; mit seinen Pfeilen erweckt er Liebe zwischen Menschen; häufig mit Flügeln dargestellt; mit ihm wurde der römische Gott Amor gleichgesetzt.

Erymanthos, Gebirge auf der Peloponnes.

Etrurien, Landschaft nördlich von Rom.

Etrusker, Volk aus Etrurien, das im 6. Jahrhundert v. Chr. über Nord- und Mittelitalien herrschte; von ihnen haben die Römer viel übernommen, vor allem im Bereich von Religion und Kult; später drängten sie die Etrusker und ihre Sprache völlig zurück.

Europa, Tochter des phönikischen Königs ↗ Agenor; ↗ Zeus entführte sie nach ↗ Kreta; dort gebar sie ihm drei Söhne, darunter Minos, den berühmten König von Kreta.

Eurystheus, König von ↗ Mykene; Vetter des ↗ Herakles, den ↗ Hera eher zur Welt kommen ließ, sodass Herakles ihm dienen und die zwölf Arbeiten verrichten musste.

Faustulus, der Hirte, der ↗ Romulus und Remus fand, zu sich nach Hause nahm und gemeinsam mit seiner Frau Acca Larentia aufzog.

Flavisches Amphitheater, ↗ Amphitheatrum Flavium.

Forum Romanum, ursprünglich sumpfiger Platz, zwischen Palatin und Kapitol gelegen; wurde durch die Cloaca Maxima entwässert und ab dem 5. Jahrhundert v. Chr. mit immer prächtigeren Tempeln und Hallen umbaut. Es war das politische und kulturelle Zentrum Roms, ein Handels-, Versammlungs- und Gerichtsplatz.

Friedrich I., Barbarossa („Rotbart"), 1122–1190, seit 1152 deutscher König. Friedrich wollte die Größe des römischen Kaiserreiches wiederherstellen und führte deshalb Kriege gegen Städte, die nach Unabhängigkeit strebten, v. a. in Norditalien. 1155 ließ er sich zum Kaiser des Heiligen Römischen Reiches krönen. Friedrich ertrank während des 1189 von ihm begonnenen 3. Kreuzzugs beim Baden.

Georg, stammte aus Kappadokien in der heutigen Türkei und gelangte unter dem Kaiser ↗ Diokletian als Soldat zu hohen Ehren. Georg wurde um 303 n. Chr. für seinen christlichen Glauben hingerichtet;

er ist einer der wichtigsten Heiligen der christlichen Kirche.

Germanicus, C. Iulius Caesar Germanicus (15 v.Chr.–19 n.Chr.); lehnte es nach dem Tod des ↗ Augustus ab, Kaiser zu werden; führte mehrere Feldzüge gegen die Germanen.

Geryon, dreiköpfiger Riese, der am Ende der Welt lebte und große Rinderherden besaß; diese musste ↗ Herakles ihm stehlen.

Gorgonen, drei Schwestern, deren Anblick Menschen und Tiere zu Stein werden lässt. ↗ Perseus gelingt es mit Hilfe der ↗ Athene, der Gorgo ↗ Medusa das Haupt abzuschlagen; später überlässt er das Haupt der Göttin.

Graien, drei uralte Schwestern, die zusammen nur ein Auge und einen Zahn besitzen. Sie helfen ↗ Perseus bei der Suche nach den Gorgonen.

Hades, griechischer Gott, Bruder des ↗ Zeus und des ↗ Poseidon; mit ihnen teilte er die Herrschaft über die Welt; sein Reich ist die Unterwelt, die manchmal ebenfalls Hades genannt wird. Seine Frau ist ↗ Persephone. Mit ihm wurde der römische Gott Pluto gleichgesetzt.

Hektor, ältester Sohn des Königs ↗ Priamos von ↗ Troja; der Anführer und tapferste Held der Trojaner. Er tötete ↗ Patroklos und wurde selber von ↗ Achill getötet, der seinen Leichnam an seinen Streitwagen band und um die Stadt schleifte.

Helena, Tochter des ↗ Zeus und der Leda, die schönste Frau der Welt. Sie war verheiratet mit ↗ Menelaos, dem König von ↗ Sparta, folgte aber ↗ Paris nach ↗ Troja.

Hephaistos, griechischer Gott des Feuers und der Schmiedekunst; er stellt für die Götter Schmuck und Waffen her; verheiratet mit ↗ Aphrodite. Mit ihm wurde der römische Gott Vulkan gleichgesetzt.

Hera, Ehefrau des ↗ Zeus; höchste Göttin und Königin des Himmels; wurde vor allem von Frauen angeru-
fen, die Schutz für sich und ihre Kinder erbaten. Mit ihr wurde die römische Göttin Juno gleichgesetzt.

Herakles, Sohn des ↗ Zeus und der ↗ Alkmene. Zeus' Gattin ↗ Hera verfolgte ihn mit ihrem Zorn; ihretwegen musste er zwölf kaum lösbare Aufgaben verrichten. Er war ein äußerst beliebter Halbgott, galt als Inbegriff von Kraft und Mut und wurde vor allem von Männern häufig um Beistand gebeten.

Hercules, lateinische Fassung des Namens ↗ Herakles.

Hermes, griechischer Gott der Reisenden, also der Wanderer, Kaufleute und Diebe. Als Bote der Götter ist er selbst immer unterwegs; dargestellt wird er mit einem Reisehut und Flügelschuhen; mit ihm wurde der römische Gott ↗ Merkur gleichgesetzt.

Herodot (484–425 v.Chr.), griechischer Historiker; schrieb über die Kriege zwischen Griechen und Persern.

Hesperiden, die Töchter des Riesen Atlas; sie wohnten im äußersten Westen der Erde und bewachten goldene Äpfel; diese zu holen, war eine der Aufgaben des ↗ Herakles.

Hirsalık, heutiger Ort an der Stelle des antiken ↗ Troja.

Homer, griechischer Dichter, lebte um 700 v.Chr., der Überlieferung nach Verfasser der Epen ↗ *Ilias* und ↗ *Odyssee*. Die *Ilias* schildert die entscheidende Phase in der Belagerung Trojas durch die Griechen, die *Odyssee* die Irrfahrten und die Heimkehr des Trojakämpfers Odysseus.

Hyakinthos, ein schöner junger Mann und Freund ↗ Apollons; nach seinem tragischen Tod gingen aus seinen Blutstropfen die Hyazinthen hervor.

Hydra, gefährliche Wasserschlange in den Sümpfen von ↗ Lerna auf der Peloponnes; von ↗ Herakles besiegt.

Ilias, griechisches Epos über die entscheidende Phase in der Belagerung ⬈ Trojas, verfasst von ⬈ Homer.

Iolaos, Neffe und Kampfgefährte des ⬈ Herakles; half ihm beim Kampf mit der ⬈ Hydra.

Iris, geflügelte Götterbotin; sie steigt auf dem Regenbogen zur Erde hinab.

Isidor von Sevilla (570–636 n.Chr.), Erzbischof der Stadt Sevilla in Spanien und einer der gelehrtesten Menschen seiner Zeit; er war ein herausragender Kenner der antiken Literatur und schrieb selbst zahlreiche Werke zu den verschiedensten Themen.

Ithaka, Insel im Ionischen Meer; Heimat des ⬈ Odysseus.

Iulius, Name einer bedeutenden römischen Familie, die ihren Stammbaum auf ⬈ Iulus zurückführte und aus der auch C. Iulius ⬈ Caesar stammte.

Iulus, anderer Name des ⬈ Ascanius.

Janus, römischer Gott der Ein- und Ausgänge sowie aller Neuanfänge. Weil an jedem Tor, an jedem Anfang eines Tages, Monats oder Jahres Gelegenheit zum Vor- und zum Rückwärtsblicken ist, hat er zwei Gesichter und kann in beide Richtungen schauen.

Juno, römische Göttin, nach der der Monat Juni benannt ist; später mit der griechischen Göttin ⬈ Hera gleichgesetzt und als Gattin Jupiters verehrt.

Jupiter, ursprünglich Gott des Himmelslichts; später mit dem griechischen Gott ⬈ Zeus gleichgesetzt und als König der Götter verehrt.

Kapitol, einer der sieben Hügel Roms.

Kerberos, Hund mit drei Köpfen, der den Eingang zur Unterwelt (⬈ Hades) bewacht.

Kirke, Zauberin, auf deren Insel ⬈ Odysseus auf seinen Irrfahrten landete. Sie warnte Odysseus vor den ⬈ Sirenen.

Kolosseum, späterer Name für das ⬈ Amphitheatrum Flavium.

Kreta, große Insel im Mittelmeer; in der Sage Heimat des Königs Minos.

Kreusa, Tochter von ⬈ Priamos und Hekabe; Frau des ⬈ Aeneas, Mutter des ⬈ Ascanius.

Latium, Gebiet an der Tibermündung, Heimat der Latiner.

Latona, lateinische Fassung des Namens ⬈ Leto.

Lavinia, Tochter eines altitalischen Königs; die zweite Ehefrau von ⬈ Aeneas.

Lavinium, Stadt in Latium, der Sage nach von ⬈ Aeneas gegründet und nach seiner Frau ⬈ Lavinia benannt.

Lerna, Name einer Quelle bei ⬈ Argos auf der Peloponnes.

Leto, griechische Göttin; von ⬈ Zeus Mutter des ⬈ Apollon und der ⬈ Artemis. Da sie von der eifersüchtigen ⬈ Hera verfolgt wurde und kein Land sie aufzunehmen wagte, gebar sie ihre Kinder auf der bis dahin schwimmenden Insel ⬈ Delos.

Libya, ursprünglich griechischer Name für Afrika; später für das Land westlich von Ägypten verwendet.

Livius, T. Livius (59 v. Chr.–17 n. Chr.), römischer Geschichtsschreiber; in seinem Werk *Ab urbe condita* beschreibt er Geschichte Roms von den Anfängen an und erzählt auch Episoden, die eher der Sage als der Geschichtsschreibung zuzurechnen sind (z. B. die von ⬈ Romulus und Remus).

Lotophagen, ein Volk, dem ⬈ Odysseus auf seiner Heimreise begegnet. Die Lotophagen hatten eine

Speise namens Lotos, die bewirkte, dass man alles andere vergaß.

Mailand, Stadt in Oberitalien.

Margareta, Tochter des Königs von ↗ Silena, wird von ↗ Georg vor einem Drachen gerettet.

Mars, ursprünglich Gott des Wetters und Ackerbaus, nach ↗ Jupiter die wichtigste römische Gottheit. Der Sage nach war Mars Vater von ↗ Romulus und Remus und damit Stammvater der Römer; mit dem griechischen Gott ↗ Ares gleichgesetzt.

Marsfeld, große Ebene im römischen Stadtgebiet zwischen Tiber und Kapitol; diente als Versammlungs-, Sport- und Exerzierplatz.

Medea, Zauberin; Tochter des Königs Aietes von Kolchis.

Medusa, die einzig sterbliche der drei ↗ Gorgonen.

Menelaos, König von ↗ Sparta und verheiratet mit ↗ Helena. Nachdem sie von ↗ Paris nach ↗ Troja gebracht worden war, versuchte Menelaos seine Frau zurückzuholen. Da die Trojaner sie nicht herausgeben wollten, bat Menelaos seinen Bruder ↗ Agamemnon, ihm zu helfen. Daraus entwickelte sich der Trojanische Krieg.

Merkur, der römische Schutzgott der Kaufleute und des Handels, mit dem griechischen Gott ↗ Hermes gleichgesetzt.

Minerva, römische Göttin der Handwerker, Künstler, Ärzte und Lehrer; mit ↗ Jupiter und ↗ Juno bildete sie die „Kapitolinische Trias"; mit der griechischen Göttin ↗ Athene gleichgesetzt.

Monte Testaccio, Hügel im heutigen Stadtgebiet Roms.

Mykene, Stadt im Nordosten der Peloponnes; in der Sage die Heimat des ↗ Agamemnon; ab 1874 von ↗ Schliemann ausgegraben.

Myrmidonen, ein Volk aus Thessalien; sie stellten während des Trojanischen Krieges die Gefolgsleute des ↗ Achill.

Najaden, auch Nymphen genannt; weibliche Gottheiten, die in Quellen, Teichen oder Bächen wohnen.

Nemea, Landschaft im Norden der Peloponnes.

Neptun, römischer Gott, ursprünglich nur der Gott der Quellen und Flüsse, später durch Gleichsetzung mit dem griechischen Gott ↗ Poseidon auch Herr der Seen und Meere.

Numa Pompilius, nach ↗ Romulus zweiter römischer König. Er gab dem noch jungen römischen Staat eine Ordnung und führte Kulte für die verschiedenen Götter ein.

Numitor, König von ↗ Alba Longa; wurde von seinem Bruder ↗ Amulius der Herrschaft beraubt. ↗ Romulus und ↗ Remus, die Söhne seiner Tochter ↗ Rhea Silvia und des Gottes ↗ Mars, setzten ihn als Herrscher wieder ein.

Octavianus, zwischenzeitlich Name des Kaisers ↗ Augustus.

Octavius, ursprünglicher Name des Kaisers ↗ Augustus.

Odyssee, griechisches Epos von der Heimkehr des ↗ Odysseus, verfasst von ↗ Homer.

Odysseus, König von Ithaka, einer der griechischen Helden des Trojanischen Krieges. Seine abenteuerliche Heimkehr nach 20 Jahren ist Thema von ↗ Homers Epos *Odyssee*.

Olymp, der höchste Berg Griechenlands; dort befand sich der Sage nach der Palast des ↗ Zeus und der übrigen „olympischen" Götter.

Ostia, die an der Tibermündung gelegene Hafenstadt Roms.

Ovid, P. Ovidius Naso (43 v.Chr.–18 n.Chr.), römischer Dichter; Autor der *Metamorphosen*, in denen viele antike Mythen erzählt werden.

Palaiphatos, griechischer Schriftsteller, 4. Jahrhundert v.Chr.; schrieb ein viel gelesenes Buch, die *Unglaublichen Geschichten*, in dem er rationale Erklärungen für Mythen gibt.

Palatin, einer der sieben Hügel Roms.

Paris, Sohn des Königs ↗ Priamos von ↗ Troja und seiner Frau Hekabe; wurde als Kind ausgesetzt und wuchs unter Hirten auf. Er musste im Streit der Göttinnen ↗ Hera, ↗ Aphrodite und ↗ Athene entscheiden, welche die Schönste war („Urteil des Paris"), und wurde so zum Verursacher des Trojanischen Krieges.

Parnass, Berg in Mittelgriechenland mit vier Gipfeln; an seinem Abhang liegt ↗ Delphi, dort entspringt auch die Kastalische Quelle, in der sich die ↗ Pythia reinigte.

Parther, Reitervolk auf dem Gebiet des heutigen Irans; ihr Gebiet wurde unter ↗ Trajan erobert und zur römischen Provinz gemacht.

Patroklos, Freund und Kampfgefährte des ↗ Achill. Er wurde im Kampf vom Trojaner ↗ Hektor getötet.

Peloponnes, griechische Halbinsel; die gebirgige Landschaft war schon in frühester Zeit besiedelt. Auf der Peloponnes befinden sich die Städte Mykene, Argos und Sparta.

Penaten, römische Haus- und Stadtgötter; ↗ Aeneas soll die Penaten aus ↗ Troja gerettet und nach Rom gebracht haben, wo sie im Heiligtum der ↗ Vesta aufbewahrt wurden.

Penelope, Frau des ↗ Odysseus; wartete 20 Jahre lang treu auf ihren Mann, obwohl alle ihr einredeten, Odysseus sei gestorben.

Persephone, griechische Fruchtbarkeits- und Unterweltsgöttin, Tochter des ↗ Zeus und der ↗ Demeter, Frau des ↗ Hades; wohnt je die Hälfte des Jahres in der Ober- und der Unterwelt.

Perseus, Sohn des ↗ Zeus und der ↗ Danae; wurde von seinem Stiefvater ↗ Polydektes geschickt, das Haupt der Gorgo ↗ Medusa zu holen; er vollbrachte auf seinen Reisen viele Heldentaten und rettete die Königstochter ↗ Andromeda.

Phönikien, Küstenstreifen vor dem heutigen Syrien mit hoch stehender Zivilisation; aus Phönikien stammt das Alphabet, das von den Griechen, Etruskern und Römern weiter entwickelt wurde.

Plinius, C. Plinius Caecilius Secundus (62–113 n.Chr.), römischer Beamter und Schriftsteller; von ihm erhalten sind zehn Bücher mit Briefen, davon neun Bücher mit Privatbriefen, ein zehntes mit dienstlichen Briefen an Kaiser ↗ Trajan und dessen Antworten.

Pluto, römischer Gott der Unterwelt, mit dem griechischen Gott ↗ Hades gleichgesetzt.

Plutarch (46–119 n. Chr.), griechischer Schriftsteller; mit seinem großen Freundeskreis diskutierte er Fragen aus allen Gebieten der Wissenschaft, er wirkte auch als Privatlehrer für die Kinder wohlhabender Eltern. Erhalten sind von ihm u.a. die Biografien bedeutender Griechen und Römer.

Polydektes, König der Insel ↗ Seriphos, wo ↗ Danae mit ihrem Sohn ↗ Perseus strandete; er schickte Perseus weg, das Haupt der ↗ Medusa zu holen.

Poseidon, griechischer Gott des Meeres, Bruder des ↗ Zeus und des ↗ Hades; mit ihnen teilte er die Herrschaft über die Welt. Sein Zeichen ist der Dreizack, mit dem er auch Erdbeben hervorrufen kann. Mit ihm wurde der römische Gott ↗ Neptun gleichgesetzt.

Porta Flaminia, Stadttor Roms.

Priamos, König von ↗ Troja; mit seiner Frau Hekabe hatte er viele Kinder, darunter ↗ Hektor und ↗ Paris.

Proserpina, lateinische Fassung des Namens ↗ Persephone.

Pythia, Titel der weissagenden Priesterin im Apollonheiligtum von ↗ Delphi.

Python, ein Drache, der bei ↗ Delphi eine Orakelstätte hütete; wurde von ↗ Apollon getötet.

Rainald von Dassel (1120–1167), Kanzler unter Kaiser Friedrich I., den er bei der Ausbreitung des Heiligen Römischen Reiches tatkräftig unterstützte. Aus dem zerstörten Mailand brachte er die Reliquien der Hll. Drei Könige nach Köln, wo er von 1159 bis zu seinem Tod Erzbischof war.

Remus, Sohn des ↗ Mars und der ↗ Rhea Silvia, Zwillingsbruder von ↗ Romulus.

Rhea Silvia, Tochter des ↗ Numitor; als ihr Vater gestürzt wurde, wurde sie gezwungen, als ↗ Vestalin zu leben, damit sie keine Kinder bekommen konnte. Vom Gott ↗ Mars wurde sie trotzdem schwanger und gebar die Zwillinge ↗ Romulus und Remus.

Romulus, Sohn des ↗ Mars und der ↗ Rhea Silvia, Zwillingsbruder von ↗ Remus; gründete auf dem ↗ Palatin die älteste Siedlung Roms. Als Remus höhnisch seine – sehr niedrige – Mauer übersprang, wurde er von Romulus erschlagen.

Saturnalien, das „Fest des Saturn"; durch die Saturnalien sollte die Erinnerung an das Goldene Zeitalter zurückgerufen werden, in dem es allen Menschen gleichermaßen gut ging.

Schliemann, Heinrich (1822–1890); deutscher Altertumsforscher; las schon als Kind die ↗ *Ilias* und die ↗ *Odyssee* und war besessen von dem Wunsch, die Stätten dieser Erzählungen aufzufinden. Obwohl er nie Archäologie studiert hatte, gelang es ihm 1870 die Stätte des antiken ↗ Troja, 1874 das antike ↗ Mykene zu finden und auszugraben.

Seneca, L. Annaeus Seneca der Jüngere (4 v.Chr.–65 n.Chr.), römischer Politiker, Schriftsteller und Philosoph. Er war der Erzieher des Kaisers Nero, wurde aber später von ihm zum Selbstmord gezwungen.

Seriphos, Insel im Ägäischen Meer, auf der ↗ Perseus mit seiner Mutter gestrandet sein soll.

Sibylle, weissagende Frau, die der Sage nach in einer Höhle in der Nähe von ↗ Cumae ihr Orakel hatte. Ihre oft unklaren Prophezeiungen wurden in den Sibyllinischen Büchern gesammelt.

Sibyllinische Bücher, drei Bücher mit Orakelsprüchen der Sibylle, die noch zur Kaiserzeit in Rom in einem Tempel versteckt aufbewahrt wurden und nur zu besonderen Anlässen von ausgewählten Leuten gelesen und gedeutet werden durften.

Silena, der Legende nach Stadt in Nordafrika mit einem See, in dem ein Drachen hauste.

Sirenen, Frauen mit Vogelköpfen, die der Sage nach durch ihren betörenden Gesang Seefahrer an die Klippen ihrer Insel lockten, wo diese dann Schiffbruch erlitten.

Sizilien, die größte Insel im Mittelmeer; Roms erste Provinz.

Sokrates (470–399 v.Chr.), Philosoph aus Athen; auf ihn führen sich viele nachfolgende philosophische Schulen zurück; 399 v.Chr. zum Tode verurteilt.

Sparta, griechische Stadt im Süden der Peloponnes, berühmt für den Kampfgeist ihrer Bewohner.

Stymphalos, See in ↗ Arkadien; dort wohnten der Sage nach die gefährlichen Vögel, die ↗ Herakles erlegen musste.

Tacitus, P. Cornelius Tacitus (um 55–um 120 n.Chr.), römischer Geschichtsschreiber, Redner und Politiker; neben historischen Werken verfasste er auch eine Abhandlung über Germanien.

Thrakien, Land auf dem Balkan.

Tiber, Hauptfluss Etruriens; auf ihm gab es zwischen ⁊ Ostia und Rom regen Schiffsverkehr.

Titus, T. Flavius Sabinus Vespasianus (39–81 n.Chr.), Sohn des ⁊ Vespasian, ab 79 römischer Kaiser; schlug 70 n.Chr. einen Aufstand in Judäa nieder und zerstörte den Tempel in Jerusalem, wofür ihm ein Bogen auf dem Forum errrichtet wurde. Unter seiner Regierung wurde das ⁊ Amphitheatrum Flavium fertiggestellt.

Trajan, M. Ulpius Traianus (53–117 n.Chr.), römischer Kaiser ab 98; stammte aus Südspanien, machte in Rom eine glänzende militärische und politische Karriere und wurde von Kaiser Nerva adoptiert. Nach Nervas Tod war Trajan der erste Nichtrömer, der Kaiser wurde. Unter seiner Herrschaft hatte das Römische Reich die größte Ausdehnung.

Troja, Stadt im Norden Kleinasiens, Schauplatz des von ⁊ Homer in der *Ilias* geschilderten Trojanischen Krieges; wird seit dem 19. Jahrhundert (⁊ Schliemann) ausgegraben.

Tyros, Stadt in ⁊ Phönikien; in der griechischen Sage Heimat der ⁊ Europa.

Ulpius, Familienname des Kaisers ⁊ Trajan; auch alle seine Freigelassenen trugen diesen Namen, z.B. M. Ulpius Crotonensis, ein reicher Händler aus der süditalischen Stadt Kroton.

Varro, M. Terentius Varro (116–27 v.Chr.), römischer Universalgelehrter und Schriftsteller.

Venus, römische Göttin der Liebe, mit der griechischen Göttin ⁊ Aphrodite gleichgesetzt.

Vergil, P. Vergilius Maro (70–19 v.Chr.), römischer Dichter, berühmt durch sein Epos *Aeneis*, in dem er die Flucht des ⁊ Aeneas aus ⁊ Troja und seine Ankunft in Italien darstellte.

Vespasian, T. Flavius Vespasianus (9–79 n.Chr.), römischer Kaiser ab 69; erbaute mit dem

⁊ Amphitheatrum Flavium das erste steinerne Amphitheater Roms.

Vesta, römische Göttin des Herdfeuers; in ihrem Tempel am Forum Romanum durfte das Feuer nie verlöschen, weil es als Garant für das Wohlergehen des Staates galt.

Vestalin, Priesterin der Göttin ⁊ Vesta; die Vestalinnen mussten das Feuer im Tempel hüten und jungfräulich leben.

Via Biberatica, Straße durch die Trajansmärkte in Rom.

Via Sacra, „Heilige Straße" über das ⁊ Forum Romanum zum Kapitol hinauf; alle Prozessionen führten über sie.

Vitruv, (Vorname unbekannt; 1. Jahrhundert v.Chr.), römischer Architekt und Schriftsteller. Sein zehnbändiges Werk *Über die Architektur*, in dem es nicht nur um Baukunst, sondern auch um Technik und Ingenieurwesen geht, war bis zum 16. Jahrhundert ein Standardwerk der Architektur.

Vulkan, römischer Gott des Feuers; mit dem griechischen Gott ⁊ Hephaistos gleichgesetzt.

Zeus, griechischer Gott, der höchste Gott und Vater vieler anderer Götter und Halbgötter. Mit seinen Brüdern ⁊ Poseidon und ⁊ Hades teilt er sich die Weltherrschaft; als Herrscher des Himmels sendet er Regen, Blitz und Donner; mit ihm wurde der römische Gott ⁊ Jupiter gleichgesetzt.

Zwingli, Ulrich (1484–1531), schweizerischer Theologe; fühlte sich dem Reformgedanken Martin Luthers verpflichtet und führte die Kirchenreformation in der deutschsprachigen Schweiz durch.

Im alphabetischen Vokabelverzeichnis findest du alle Lernvokabeln mit der Angabe, in welcher Lektion sie zuerst vorgekommen sind; bei Verben mit unregelmäßigen Stammformen wird zusätzlich angegeben, in welcher Lektion die Stammformen erstmals auftreten.

Eigennamen, die bei der Übersetzung nicht einfach ins Deutsche übernommen werden können, sind ohne Lektionsangaben ebenfalls angegeben.

ā, ab *m. Abl.*	von, von … her 10
abesse, absum, āfuī, –	fehlen 18
abīre, abeō	weggehen 12
accēdere, accēdō, accessī accessum	herangehen, hingehen 4, *18*
accidere, accidō	sich ereignen, geschehen 11
accipere, accipiō	annehmen, bekommen, empfangen 6
ācer, ācris, ācre	scharf, energisch 16
Acherōn, Acherontis *m.*	Acheron
Achillēs, Achillis *m.*	Achill
Acrisius	Akrisios
ad *m. Akk.*	zu, nach; bei 3
addūcere, addūcō, addūxī	heranführen, veranlassen 6, *17*
adesse	da sein; helfen 3
adhūc *Adv.*	noch, bis jetzt 16
aditus, aditūs *m.*	Zugang 17
adiuvāre	unterstützen, helfen 2
admovēre, admoveō, admōvī	heranschaffen, in die Nähe bringen 14
advenīre, adveniō, advēnī	ankommen 14
adversārius, -a, -um	gegnerisch; *als Subst.:* Gegner 12
aedēs, aedis *f.*	Tempel 20
aedēs, aedium *f. Pl.*	Haus 20
aedificāre	bauen 15
aedificium	Gebäude 9
aegrōtus, -a, -um	krank 5
Aenēās, Aenēae *m.*	Aeneas
afficere, afficiō affēcī, affectum *m. Abl.*	„versehen mit" 12, *16*
Agēnōr, Agēnoris *m.*	Agenor
ager, agrī *m.*	Acker, Feld; Gebiet 15
agere	tun, treiben, handeln 1, 16
agmen, agminis *n.*	Zug, Heereszug 11
Alcmēna	Alkmene
alere, alō, aluī, altum	ernähren 8, *19*
aliēnus, -a, -um	fremd 11
alius, alia, aliud	ein anderer 9
alter, altera, alterum	der eine/der andere (von zweien) 19
altus, -a, -um	hoch; tief 5
amāre	lieben 4
ambulāre	spazieren gehen 9
amīca	Freundin 4
amīcus	Freund 6
āmittere, āmittō, āmīsī, āmissum	verlieren, aufgeben 7, *17*
amor, amōris *m.*	Liebe 4
Anchīsēs, Anchīsis *m.*	Anchises
animadvertere, animadvertō, animadvertī	bemerken 14
animal, animālis *n.*	Tier; Lebewesen 16
anima	Atem; Seele; Leben 15
animus	Geist, Herz, Seele, Mut 13
annus	Jahr 16
ante *m. Akk.*	vor 10
aperīre, aperiō, aperuī	öffnen 6, *15*
apertus, -a, -um	offen, offenkundig 9
Apollō, Apollinis *m.*	Apollon
appārēre, appāreō appāruī, –	erscheinen, sich zeigen 10
appellāre	ansprechen; nennen 19
apportāre	herbeitragen, mitbringen 4
appropinquāre	sich nähern 8
aqua	Wasser 5
āra	Altar 6
arbor, arboris *f.*	Baum 5
arcessere, arcessō	holen 8
arcus, arcūs *m.*	Bogen 11
arēna	Sand; Kampfplatz 7
Argī, Argōrum *m. Pl.*	Argos
arma, armōrum *n. Pl.*	Waffen 11
arripere, arripiō, arripuī	ergreifen, packen 13
ars, artis *f.*	Kunst, Geschicklichkeit 9
Artabatita	Artabatita *(Hängegeher)*
arx, arcis *f.*	Burg 17
aspicere, aspiciō	anschauen 13
at	aber; dagegen 12
atque	und 19
ātrium	Atrium, Halle 6
atrōx	grässlich 18
auctor, auctōris *m.*	Anführer; Verfasser 8
audīre	hören 1
Augias, Augiae *m.*	Augias
aut	oder 17
autem	aber; jedoch 3
auxilium	Hilfe 6
avis, avis *f.*	Vogel 5
avus	Großvater 19

beātus, -a, -um	glücklich; reich 16
bellum	Krieg 18
bene *Adv.*	gut 3
bestia	(wildes) Tier 13
Blemmyia	Blemmyia *(Fliegenauge)*
bonus, -a, -um	gut 5

C

cadere, cadō, cecidī	fallen 5, *15*
caedere, caedō	fällen, töten 5
caelum	Himmel 5
Caesar, Caesaris *m.*	Caesar
calamitās, calamitātis *f.*	Schaden, Unglück 12
canere, canō, cecinī, –	singen, ertönen (lassen) 7, *18*
capere, capiō, cēpī	fassen, nehmen, fangen 3, *14*
Capitōlium *n.*	Kapitol
caput, capitis *n.*	Kopf; Hauptstadt 13
carēre, careō, caruī *m. Abl.*	entbehren, nicht haben 16
cāsus, cāsūs *m.*	Fall, Zufall 12
causa	Grund; Angelegenheit; Prozess 8
cēdere, cēdō, cessī, cessum	gehen; nachgeben 18
celebrāre	feiern, preisen 6
celeritās, celeritātis *f.*	Schnelligkeit 10
centum	hundert 18
Cerēs, Cereris *f.*	Ceres
cernere, cernō, crēvī, crētum	wahrnehmen, erkennen; entscheiden 18
certāmen, certāminis *n.*	Wettkampf 12
certāre	wetteifern, kämpfen 9
certē *Adv.*	sicherlich 14
cessāre	zögern; untätig sein 10
cēterī	die übrigen 3
cibus	Speise, Essen 2
Circē, Circis *f.*	Kirke
circum *m. Akk.*	in der Umgebung von, um … herum 17
circus	Rennbahn 12
citō *Adv.*	schnell 8
cīvis, cīvis *m.*	Bürger 14
cīvitās, cīvitātis *f.*	Staat, Gemeinde; Bürgerrecht 20
clāmāre	schreien 1
clāmor, clāmōris *m.*	Geschrei 2
clārus, -a, -um	hell; berühmt 7
cōgitāre	denken, nachdenken, beabsichtigen 13
colligere, colligō	sammeln 4
collocāre	aufstellen, an einen Ort bringen 6
colloquium	Gespräch, Unterredung 13
comes, comitis *m./f.*	Begleiter, Begleiterin 11
commovēre, commoveō, commōvī, commōtum	bewegen, veranlassen 17
concurrere, concurrō	zusammenlaufen, zusammenstoßen 12
condere, condō, condidī	bergen, verwahren, gründen 5, *15*
cōnfīdere, cōnfīdō	vertrauen 8
conicere, coniciō, coniēcī, coniectum	werfen; vermuten 20

cōnsīdere, cōnsīdō cōnsēdī, cōnsessum	sich hinsetzen 3, *17*
cōnsilium	Beratung, Plan, Entschluss 7
cōnsistere, cōnsistō cōnstitī, –	stehen bleiben, anhalten; sich aufstellen 10, *17*
cōnspicere, cōnspiciō cōnspēxī	erblicken 4, *15*
cōnstat *m. Aci*	es steht fest, dass 19
cōnstituere, cōnstituō, cōnstituī	aufstellen, festsetzen, beschließen 15
cōnsulere, cōnsulō	um Rat fragen, beraten; beschließen; sorgen für 8
contendere, contendō contendī, contentum	sich anstrengen; eilen; behaupten 7, *19*
contrā *m. Akk./Adv.*	gegen; dagegen, gegenüber 17
convenīre, conveniō, convēnī, conventum	zusammenkommen 17
convertere, convertō, convertī, conversum	umwenden, verändern 20
convīva *m.*	Gast 2
cornū, cornūs *n.*	Horn; Heeresflügel 11
corōna	Kranz 11
corpus, corporis *n.*	Körper 5
crēdere, crēdō	glauben; anvertrauen 10
crēscere, crēscō, crēvī	wachsen 7, *14*
Creūsa	Kreusa
culpa	Schuld 20
cum *m. Abl.*	mit 9
cum (subitō) *Subj.*	als (plötzlich) 5
Cūmae, Cūmārum *f. Pl.*	Cumae
cūnctī, -ae, -a	alle 2
cupere, cupiō, cupīvī	wünschen, wollen 2
cupīdō, cupīdinis *f.*	Begierde 19
cupidus, -a, -um	begierig 12
cūr?	warum? 1
cūra	Sorge, Pflege 8
currere, currō, cucurrī	laufen, rennen 2, *14*
cūstōdia	Aufsicht, Wache; Gefängnis 20
cūstōdīre	bewachen 10
cūstōs, cūstōdis *m./f.*	Wächter, Wächterin; Hüter, Hüterin 6
Cyclops, Cyplōpis *m.*	Zyklop *(Rundauge)*
Cynocephalus	Kynokephalos *(Hundekopf)*

D

Danaē, Danais *f.*	Danae
dare, dō, dedī	geben 6, *15*
dē *m. Abl.*	von … weg, von … herab; über 9
dea	Göttin 6
dēbēre	müssen; schulden 2
dēcernere, dēcernō	entscheiden, beschließen 12
dēcipere, dēcipiō	betrügen 10
dēesse, dēsum	fehlen; im Stich lassen 8
dēfendere, dēfendō	abwehren, verteidigen 8

deinde *Adv.*	dann, darauf 11
dēlectāre	erfreuen 6
dēlēre, dēleō, dēlēvī, dēlētum	zerstören, vernichten 16
Delphī, Delphōrum *m. Pl.*	Delphi
dēmittere, dēmittō, dēmīsī, dēmissum	hinabschicken; sinken lassen 19
dēmōnstrāre	zeigen 20
dēmum *Adv.*	schließlich 13
dēnique *Adv.*	schließlich 18
dēns, dentis *m.*	Zahn 13
dēpōnere, dēpōnō	niederlegen, ablegen, in Verwahrung geben 9
dēscendere, dēscendō, dēscendī, –	herabsteigen 18
dēsīderāre	vermissen; sich sehnen nach 16
dēspērāre	verzweifeln 20
deus	Gott 4
dexter, dext(e)ra, dext(e)rum	rechts 17
dīcere, dīcō, dīxī	sagen, sprechen 3, *14*
diēs, diēī *m.*	Tag 5
digitus	Finger 9
dīligentia	Sorgfalt 10
dīligere, dīligō	schätzen, lieben 12
disciplīna	Lehre, Unterricht 20
discipulus	Schüler 3
disputāre	diskutieren, erörtern 9
diū *Adv.*	lange 5
dīvidere, dīvidō, dīvīsī	teilen, trennen 14
dolēre	traurig sein, Schmerz empfinden, bedauern 16
dolus	List, Täuschung 13
domina	Herrin 6
dominus	Herr 5
domus, domūs *f.*	Haus 17
dōnum	Geschenk 6
dormīre	schlafen 3
dubitāre	zweifeln, zögern 17
dūcere, dūcō, dūxī	führen; glauben, halten für 6, *15*
dum *Subj.*	während; solange 5
duo	zwei 7
duodecim	zwölf 19
dux, ducis *m.*	Anführer 11

E

ē, ex *m. Abl.*	aus; seit 10
ecce!	sieh/seht mal!; da! 5
ēdere, ēdō, ēdidī	hervorbringen; bekannt geben 15
effugere, effugiō, effūgī, –	entkommen 17
ego	ich 3G4, *9G3*

ēgregius, -a, -um	ausgezeichnet 12
emere, emō	kaufen 9
...enim	denn, nämlich 10
eō *Adv.*	hierhin; dorthin 18
equus	Pferd 5
ergō *Adv.*	also 8
errāre	umherirren; sich irren 13
esse, sum, fuī, –	sein 1, *13*
et	und; auch 1
et...et...	sowohl...als auch... 10
etiam	auch; sogar 3
Etrūria	Etrurien
Eurystheus, Eurystheī	Eurystheus
excitāre	antreiben, erregen, aufwecken 20
exemplum	Beispiel 18
exercēre	bewegen, üben 9
exercitus, exercitūs *m.*	Heer 11
explicāre	erklären 4
expōnere, expōnō, exposuī, expositum	aussetzen; darlegen 19
expūgnāre	erobern 17
exspectāre	erwarten, warten 2
exstinguere, exstinguō, exstīnxī, exstīnctum	auslöschen 20

F

fābula	Geschichte 2
facere, faciō, fēcī	machen, tun 5, *14*
faciēs, faciēī *f.*	Gestalt, Gesicht 6
facile *Adv.*	leicht, mühelos 19
facilis, -is, -e	leicht, einfach 16
facultās, facultātis *f.*	Möglichkeit, Fähigkeit 13
fallere, fallō, fefellī, –	betrügen, enttäuschen 6, *19*
familia	Hausgemeinschaft, Familie 6
fatīgāre	müde machen 17
fātum	Götterspruch; Schicksal 17
favēre	unterstützen, begünstigen 8
fax, facis *f.*	Fackel 14
fēlīx	glücklich 16
fidēlis, -is, -e	treu, zuverlässig 16
fidēs, fideī *f.*	Treue, Vertrauen; Schutz 8
fīlia	Tochter 1
fīlius	Sohn 1
fīnis, fīnis *m.*	Grenze, Ende; *Pl.* Gebiet 17
firmus, -a, -um	stark, fest; zuverlässig 15
flamma	Flamme 15
flōs, flōris *m.*	Blume 4
flūmen, flūminis *n.*	Fluss 5
fore	Inf. Fut. von esse 18G2
forma	Aussehen, Gestalt, Schönheit 13
fortāsse *Adv.*	vielleicht 1
fortis, -is, -e	stark, tapfer 16
fortūna	Schicksal, Glück 12

forum	Markt, Marktplatz 11
frangere, frangō, frēgī	zerbrechen 10, *14*
frāter, frātris *m.*	Bruder 1
Frīderīcus	Friedrich
frūmentum	Getreide 5
frūstrā *Adv.*	vergeblich, umsonst 12
fuga	Flucht 17
fugere, fugiō, fūgī	fliehen, flüchten 2, *14*
fungī, fungor, fūnctus sum *m. Abl.*	ausüben 20
futūrus, -a, -um	zukünftig 15

gaudēre	sich freuen 4
gaudium	Freude 9
gēns, gentis *f.*	Stamm, Geschlecht, Familie 18
Georgius	Georg
gerere, gerō, gessī, gestum	tragen, führen, ausführen 18
Germānia	Germanien
gladiātor, gladiātōris *m.*	Gladiator 7
gladius	Schwert 13
Gorgonēs, Gorgonum *f. Pl.*	Gorgonen
Graeae, Graeārum *f. Pl.*	Graien
Graecus, -a, -um	griechisch 9
grātia	Ansehen, Beliebtheit; Dank 8
grātus, -a, -um	dankbar; beliebt 18
gravis, -is, -e	schwer, ernst 20

habēre	haben, halten 2
habitāre	wohnen; bewohnen 13
Herculēs, Herculis *m.*	Herakles
hīc *Adv.*	hier 1
hic, haec, hoc	dieser, diese, dieses (hier); der hier, die hier, das hier 7
hinc *Adv.*	von hier 10
hodiē *Adv.*	heute 2
homō, hominis *m.*	Mensch 5
honor, honōris *m.*	Ehre; Ehrenamt 8
hōra	Stunde, Zeit 10
hortārī, hortor, hortātus sum	ermahnen, auffordern 20
hortus	Garten 1
hostis, hostis *m.*	Feind 11
hūmānitās, hūmānitātis *f.*	Menschlichkeit, Freundlichkeit, Bildung 16
hūmānus, -a, -um	menschlich, freundlich, gebildet 16

iacēre	liegen 7
iactāre	werfen, schleudern 16
iam *Adv.*	schon; jetzt; bald 3
iānua	Tür 8
ibi *Adv.*	dort 4
idōneus, -a, -um	geeignet 12
īgnis, īgnis *m.*	Feuer 20
ignōtus, -a, -um	unbekannt 18
ille, illa, illud	jener, jene, jenes (dort); der dort, die dort, das dort 7
imāgō, imāginis *f.*	Bild 6
imminēre	drohen, bevorstehen 15
imperātor, imperātōris *m.*	Herrscher, Feldherr, Kaiser 7
imperium	Befehl; Herrschaft; Reich 19
impetus, impetūs *m.*	Angriff, Schwung 15
implōrāre	anflehen, erflehen 18
impōnere, impōnō, imposuī	daraufplegen; auferlegen 14
importāre	importieren 10
improbus, -a, -um	schlecht, unanständig 19
in *m. Akk.*	in ... (hinein) 3
in *m. Abl.*	in 9
incendere, incendō, incendī	anzünden 14
incendium	Brand, Feuer 8
incipere, incipiō	anfangen 3
incitāre	antreiben, anfeuern, erregen 7
incola *m.*	Einwohner 14
incrēdibilis, -is, -e	unglaublich 16
inde *Adv.*	von dort; dann; daher 13
īnfēlīx	unglücklich 16
ingenium	Geist; Charakter; Begabung 9
ingēns	riesig 16
inīre, ineō	hineingehen; anfangen 12
iniūria	Unrecht 16
„....", inquit, „...."	er/sie/es sagt, sagte 9
īnstituere, īnstituō, īnstituī	beginnen, einrichten, unterrichten 15
īnstruere, īnstruō, īnstrūxī, īnstrūctum	aufstellen; ausrüsten; unterrichten 19
īnstrūmentum	Instrument, Werkzeug 5
īnsula	Insel, Mietshaus 4, *8*
intellegere, intellegō, intellēxī	verstehen, einsehen, bemerken 4, *15*
inter *m. Akk.*	zwischen, unter; während 9
interficere, interficiō, interfēcī	töten 14
interīre, intereō	untergehen; umkommen 12
interrogāre	fragen 1
intrāre	betreten, eintreten 1
invādere, invādō, invāsī, invāsum	eindringen; überfallen 17
invenīre, inveniō, invēnī, inventum	finden; erfinden 1, *19*

invītāre — einladen 16
Iolāus — Iolaos
ipse, ipsa, ipsum — „selbst" 18
īra — Zorn 15
īre, eō, iī, itum — gehen 12, *18*
Īris, Īridis *f.* — Iris
irrīdēre, irrīdeō, irrīsī, irrīsum — auslachen, verspotten 3, *19*
is, ea, id — dieser, diese, dieses *als Demonstrativpronomen* 11G3; *sonst Personalpronomen* 3G4, 9G3
Isidōrus Hispalēnsis — Isidor von Sevilla
ita — so 4
itaque — deshalb, daher 4
iter, itineris *n.* — Marsch, Weg 17
iterum *Adv.* — wieder, noch einmal 1
iterum iterumque — immer wieder 13
iubēre, iubeō, iūssī — auffordern, befehlen 8, *14*
iūdicāre — urteilen, entscheiden, beurteilen 7
Iūnō, Iūnōnis *f.* — Juno
Iuppiter, Iovis *m.* — Jupiter
iuvat — (es) macht Spaß 1

labor, labōris *m.* — Arbeit, Strapaze 3
labōrāre — arbeiten 2
lacrima — Träne 17
laetitia — Freude 19
laetus, -a, -um — fröhlich 4
Latīnus, -a, -um — lateinisch 9
Lātōna — Latona/Leto
laudāre — loben 3
lectus — Bett, Liege 2
legere, legō — lesen 3
liber, librī *m.* — Buch 3
līberāre — befreien 14
līberī *m. Pl.* — die Kinder 2
Libya — Libyen
licet — (es) ist erlaubt 1
līmen, līminis *n.* — Schwelle; Zimmer 18
lingua — Zunge; Sprache 13
litterae *f. Pl.* — Brief; Wissenschaften; Schriften 8
littera — Buchstabe 8
loca, locōrum *n. Pl.* — Orte; Gegend 19
locus — Ort, Platz, Stelle 9
longus, -a, -um — lang, weit 17
loquī, loquor, locūtus sum — sprechen, sagen 20
Lotophagēs, Lotophagum *m. Pl.* — Lotophagen (*Lotosesser*)
lūdere — spielen 1
lūmen, lūminis *n.* — Licht 6

Macrobius — Makrobios (*Langleber*)
magister, magistrī *m.* — Lehrer 3
magistrātus, magistrātūs *m.* — Amt; Beamter 11
māgnus, -a, -um — groß, mächtig, bedeutend 4
māiōrēs, māiōrum *m. Pl.* — die Vorfahren 11
malum — Übel, Leid 5
malus, -a, -um — schlecht 5
mandāre — übergeben; auftragen 8
māne *Adv.* — früh, frühmorgens 13
manēre, maneō, mānsī, – — bleiben, warten; erwarten 10, *20*
manus, manūs *f.* — Hand; Schar 11
mare, maris *n.* — Meer 16
māter, mātris *f.* — Mutter 1
maximus, -a, -um — der größte, bedeutendste; sehr groß, bedeutend 11
Mediolānum — Mailand
medius, -a, -um — der mittlere, mitten 11
memoria — Erinnerung, Gedächtnis 11
Mercūrius — Merkur
merx, mercis *f.* — Ware 10
metuere, metuō, metuī — fürchten, sich fürchten 14
metus, metūs *m.* — Angst 17
meus, -a, -um — mein 6
mīles, mīlitis *m.* — Soldat 11
mīlle, *Pl.* mīlia — tausend 15
minimē *Adv.* — keineswegs, überhaupt nicht
minuere, minuō — vermindern, verringern 10
mīrus, -a, -um — wunderbar, erstaunlich 13
miser, misera, miserum — arm, unglücklich 4
mittere, mittō, mīsī — schicken; loslassen; werfen 7, *14*
modo *Adv.* — nur 15
modus — Art und Weise; Maß 9
monēre — erinnern, ermahnen, warnen 3
mōns, montis *m.* — Berg 15
mōnstrāre — zeigen 3
mōnstrum — Ungeheuer; (göttliches) Zeichen 13
mora — Verzögerung, Aufenthalt 10
mors, mortis *f.* — Tod 15
movēre — bewegen 13
mox *Adv.* — bald 18
multī, -ae, -a — viele 4
multitūdō, multitūdinis *f.* — Menge 14
multum — viel 12
mundus — Welt, Weltall 18
mūnīre, mūniō, mūnīvī, mūnītum — schützen, befestigen 17
mūnus, mūneris *n.* — Aufgabe, Amt; Geschenk; Festspiel 20
mūrus — Mauer 17
mūtāre — verändern, verwandeln; tauschen 16

N

Nāiadēs, Nāiadum *f. Pl.*	Najaden
nam	denn, nämlich 3
nārrāre	erzählen 2
nauta *m.*	Seemann 10
nāvigāre	segeln 13
nāvis, nāvis *f.*	Schiff 10
-ne	…? 4
nē … quidem	nicht einmal … 17
nec (≈ neque)	und nicht, auch nicht, aber nicht 18
necāre	töten 11
necesse est	es ist notwendig 12
negāre	verneinen, leugnen; verweigern 9
neglegere, neglegō	nicht beachten, vernachlässigen 13
nēmō, nēminis	niemand 2
neque	und nicht, auch nicht, aber nicht 4
neque … neque …	weder … noch … 9
nihil	nichts 1
nisī *Subj.*	wenn nicht, außer 5
nōlī/nōlīte	*Verneinung des Imperativs* 3G3
nōmen, nōminis *n.*	Name 6
nōmināre	nennen 10
nōn	nicht 1
nōndum *Adv.*	noch nicht 7
nōnne?	etwa nicht? 4
nōnnūllī, -ae, -a	einige, manche 9
nōs	wir/uns 3G4, *9G3*
noster, nostra, nostrum	unser 6
novus, -a, -um	neu 10
nox, noctis *f.*	Nacht 11
nūllus, -a, -um	kein 9
num?	etwa? 4
numerus	Zahl, Menge 17
Numitor, Numitōris *m.*	Numitor
numquam *Adv.*	niemals 8
nunc *Adv.*	nun, jetzt 1
nūntiāre	melden 19
nūntius	Bote; Nachricht 14

O

observāre	beobachten, beachten 12
obviam *Adv.*	entgegen 18
occāsiō, occāsiōnis *f.*	Gelegenheit 12
occīdere, occīdō, occīdī, occīsum	erschlagen, töten 19
occultāre	verbergen 13
occultus, -a, -um	verborgen, heimlich 17
oculus	Auge 13

officium	Pflicht 20
ōlim *Adv.*	einst 15
omnis, -is, -e	jeder, ganz; alle 16
oportet	es ist nötig 19
oppūgnāre	angreifen 17
optimus, -a, -um	der beste, sehr gut 7
opus, operis *n.*	Arbeit, Werk 10
opus est *m. Abl.*	es ist nötig 16
ōra	Küste 13
ōrāculum	Orakel, Orakelspruch 15
ōrāre	bitten, erbitten; feierlich reden 6
orīrī, orior, ortus sum	sich erheben, entstehen 20
ōrnāre	schmücken 4
ōs, ōris *n.*	Mund; Gesicht 13
ostendere, ostendō, ostendī, ostentum	zeigen, erklären 19

P

paene *Adv.*	beinahe 20
Palātium *n.*	Palatin
Panotius	Panotius *(Ganzohr)*
parāre	vorbereiten 2
parātus, -a, -um	bereit 7
parentēs, parentum *m. Pl.*	Eltern 2
pārēre	gehorchen 10
parere, pariō, peperī	hervorbringen; erwerben 15
Parnāssus	Parnass
pars, partis *f.*	Teil; Seite; Richtung 14
parvus, -a, -um	klein 5
pater, patris *m.*	Vater 2
patēre, pateō, patuī	offen stehen; sich erstrecken 18
patria	Vaterland 16
patrōnus	Patron; Anwalt 8
pāx, pācis *f.*	Frieden 18
pecūnia	Geld 8
Penātēs, Penātium *m. Pl.*	Penaten
pendēre	hängen, herabhängen 13
per *m. Akk.*	durch 7
perficere, perficiō, perfēcī	vollenden; erreichen 14
pergere, pergō	weitermachen, weitergehen 4
perīculum	Gefahr, Risiko 12
perītus, -a, -um	erfahren 12
perniciēs, perniciēī *f.*	Untergang, Verderben 20
persuādēre, persuādeō, persuāsī, persuāsum	überreden; überzeugen 16
perterrēre	heftig erschrecken 13
perturbāre	in Verwirrung bringen 19
pervenīre, perveniō, pervēnī, perventum	hinkommen 19
petere, petō, petīvī, petītum	(auf-)suchen; angreifen; bitten, verlangen 7, *18*
pius, -a, -um	pflichtbewusst, fromm 17
placēre, placeō	gefallen 9

235

plēnus, -a, -um *m. Gen.*	voll 6
plūs	mehr 12
Plūtō, Plūtōnis *m.*	Pluto
poena	Strafe 20
pondus, ponderis *n.*	Gewicht 9
populus	Volk 11
porta	Tor, Tür 7
portāre	tragen, bringen 2
portus, portūs *m.*	Hafen 17
posse	können 2
post *m. Akk.*	nach, hinter 11
post *Adv.*	später 19
posteā *Adv.*	danach, später 3
posterus, -a, -um	folgend 19
postquam *Subj.*	nachdem 14
prae *m. Abl.*	vor 20
praebēre	geben, hinhalten, zeigen 11
praeceptum	Vorschrift 20
praeclārus, -a, -um	sehr hell; herrlich, berühmt 7
praeda	Beute 11
praeterīre, praetereō	vorbeigehen, übergehen 12
precēs, precum *f. Pl.*	Bitten 6
prīmō *Adv.*	zuerst 12
prīmum *Adv.*	zuerst; erstens 8
prīmus, -a, -um	der erste 8
prō *m. Abl.*	vor, für, anstatt 18
probāre	prüfen; für gut befinden; beweisen 10
profectō *Adv.*	in der Tat, sicherlich 9
prohibēre, prohibeō, prohibuī	abhalten, hindern 15
prope *Adv.*	in der Nähe; beinahe 14
properāre	eilen; sich beeilen 3
Proserpina	Persephone
prōvidēre, prōvideō, prōvīdī, prōvīsum	vorhersehen; sorgen für 18
proximus, -a, -um	der nächste; der letzte 20
prūdēns	klug 16
puella	Mädchen 4
puer, puerī *m.*	Junge 3
pūgna	Kampf 7
pūgnāre	kämpfen 7
pulcher, pulchra, pulchrum	schön, hübsch 4
pūnīre	bestrafen 10
putāre	glauben, meinen; halten für 7
Pȳthōn, Pȳthōnis *m.*	Python

quā dē causā	weshalb 14
quaerere, quaerō, quaesīvī	suchen; fragen 9, *13*
quam	wie 4
quamquam	obwohl 5
quandō	wann 18
quantus, -a, -um	wie groß, wie viel 12

quattuor	vier 10
-que	und 5
quem	wen 2
quī, quae, quod	der, die, das als *Relativpronomen* 15G1; dieser, diese, dieses *als relativischer Anschluss* 20G2
quid	was 1
quidem *Adv.*	zwar, jedenfalls 12
quiēs, quiētis *f.*	Ruhe, Erholung 18
quīnque	fünf 5
quis	wer 2
quō	wohin 4
quod *Subj.*	weil 5
quōmodo	wie, auf welche Weise 9
...quoque	auch ... 2
quot	wie viele 8

rapere, rapiō, rapuī	rauben, reißen 2, *13*
recipere, recipiō, recēpī	annehmen, zurücknehmen 8, *15*
rēctē *Adv.*	richtig; geradeaus; zu Recht 10
reddere, reddō	zurückgeben; machen zu 13
redīre, redeō, rediī, reditum	zurückkehren 16
regere, regō	lenken; beherrschen 12
regiō, regiōnis *f.*	Gegend, Richtung 14
rēgnum	Königsherrschaft, Herrschaft, Reich 19
relinquere, relinquō, relīquī	zurücklassen, verlassen 10, *14*
reliquus, -a, -um	übrig 10
removēre	entfernen, wegschaffen 10
reperīre, reperiō, repperī	finden, wiederfinden 9, *15*
repetere, repetō, repetīvī, repetītum	zurückverlangen; wiederholen 19
reprehendere	tadeln 1
rēs, reī *f.*	Sache, Ding, Besitz 5
resistere, resistō, restitī, –	stehen bleiben; Widerstand leisten 17
respondēre, respondeō, respondī, respōnsum	antworten 1, *18*
respōnsum	Antwort 8
restituere, restituō, restituī, restitūtum	wiederherstellen 19
rēx, rēgis *m.*	König 13
Rhēnus *m.*	Rhein
rīdēre	lachen 2
rōbur, rōboris *n.*	Kraft, Stärke 15
Rōmānus, -a, -um	römisch; *als Subst.:* Römer 11
ruere, ruō, ruī	eilen, stürmen, stürzen 15
rūrsus *Adv.*	wieder, zurück 4

S

sacer, sacra, sacrum	heilig; verflucht 18
sacrum	Heiligtum, Opfer 18
sacrificium	Opfer 6
saepe *Adv.*	oft 10
saevus, -a, -um	wild, wütend; schrecklich 15
salūs, salūtis *f.*	Glück, Rettung, Wohlergehen 6
salūtāre	grüßen, begrüßen 3
salvē/salvēte	sei/seid gegrüßt; guten Tag! 3
salvus, -a, -um	gesund, wohlbehalten 8
sanctus, -a, -um	heilig, rein 18
sanguis, sanguinis *m.*	Blut 14
satis *Adv.*	genug, ausreichend 12
Saturus	Satyr
saxum	Fels, Stein 13
schola	Schule 3
Sciopes, Sciopedis *m.*	Skiopes *(Schattenfuß)*
scīre, sciō, scīvī	wissen 7, *13*
scrībere, scrībō	schreiben 3
secundus, -a, -um	der zweite, folgende; günstig 6
sed	aber; sondern 1
sedēre	sitzen 1
sēdēs, sēdis *f.*	Sitzplatz; Wohnsitz 12
semper *Adv.*	immer 3
senātor, senātōris *m.*	Senator 2
sequī, sequor, secūtus sum *m. Akk.*	folgen 20
sermō, sermōnis *m.*	Gespräch 2
serva	Sklavin 2
servāre	retten, bewahren 5
servus	Sklave 2
sex	sechs 19
sī *Subj.*	wenn, falls 5
Sibylla	Sibylle
sīc *Adv.*	so; folgendermaßen 19
Sicilia	Sizilien
sīgnum	Zeichen; Feldzeichen 11
silva	Wald 5
sīn	wenn aber 20
sine *m. Abl.*	ohne 9
sinere, sinō, sīvī	lassen, zulassen 7, *15*
singulī, -ae, -a	einzeln; je ein 14
Sīrēnae, Sīrēnārum *f. Pl.*	Sirenen
situs, -a, -um	liegend, gelegen 20
socius	Gefährte; Verbündeter 16
sōl, sōlis *m.*	Sonne 15
sollicitāre	beunruhigen, erregen 13
sōlus, -a, -um	allein 17
solvere, solvō, solvī, solūtum	lösen, zahlen 20
somnus	Schlaf 20
soror, sorōris *f.*	Schwester 3
sors, sortis *f.*	Los, Orakel, Schicksal 11
speciēs, speciēī *f.*	Anblick, Aussehen 9
spectāre	betrachten, anschauen 4

spectātor, spectātōris *m.*	Zuschauer 7
spērāre	hoffen 6
spēs, speī *f.*	Hoffnung 6
spīritus, spīritūs *m.*	Hauch, Geist 14
stāre	stehen 10
statim *Adv.*	sofort 1
statua	Statue 1
stultus, -a, -um	dumm 4
sub *m. Abl.*	unter; unten an 15
subitō *Adv.*	plötzlich 2
sūmere, sūmō, sūmpsī	nehmen, zu sich nehmen 2, *15*
summus, -a, -um	der höchste, oberste, letzte 11
superāre	überragen, besiegen, übertreffen 7
superbus, -a, -um	stolz, hochmütig 11
surgere, surgō, surrēxī	aufstehen, sich erheben 7, *15*
suus, -a, -um	sein; ihr 6

T

tabula	Tafel, Schreibtafel, Gemälde 3
tacēre	schweigen 1
tam *Adv.*	so 12
tamen	trotzdem 8
tandem *Adv.*	endlich, schließlich 3
tangere, tangō, tetigī, tactum	berühren 4, *20*
tantum *Adv.*	nur 16
tantus, -a, -um	so groß; so viel 16
tardus, -a, -um	langsam 12
taurus	Stier 4
tēctum	Dach; Haus 17
tēlum	Waffe, Geschoss 17
templum	Tempel, heiliger Ort 11
tempus, temporis *n.*	Zeit 10
tendere, tendō, tetendī	spannen, ausstrecken, sich anstrengen 15
tenēre	haben, festhalten 11
terra	Erde 5
terror, terrōris *m.*	Schrecken 15
Tiberis, Tiberis *m.*	Tiber
timēre	fürchten, Angst haben vor 3
timidus, -a, -um	ängstlich 4
timor, timōris *m.*	Angst 18
tolerāre	ertragen 15
tot	so viele 9
tōtus, -a, -um	ganz, gesamt 9
trādere, trādō, trādidī, trāditum	übergeben, überliefern 8, *19*
trahere, trahō	ziehen, schleppen 10
trāns *m. Akk.*	über (… hin), jenseits 5
trēs, trēs, tria	drei 8
trīstis, -is, -e	traurig 16
triumphus	Triumph, Triumphzug 11
tū	du 3G4, *9G3*

tum *Adv.*	da, dann, damals 1
tumultus, tumultūs *m.*	Lärm, Aufruhr 20
turba	Lärm, Gewimmel, Menschen-menge 7
tūtus, -a, -um	sicher, geschützt 14
tuus, -a, -um	dein 6

ubi?	wo? 1
ubi *Subj.*	sobald, gleich nachdem 14
ubīque *Adv.*	überall 6
Ulixēs, Ulixis *m.*	Odysseus
ūnā *Adv.*	zusammen 17
unde	woher 18
ūnus, -a, -um	einer; ein einziger 8
urbs, urbis *f.*	Stadt 11
ut *(m. Indikativ)*	wie 19
uxor, uxōris *f.*	Frau, Ehefrau 2

vacāre *m. Abl.*	frei sein von 20
valdē *Adv.*	sehr 4
valēre	gesund sein, stark sein; gelten 8
varius, -a, -um	verschieden, vielfältig; bunt 9
vātēs, vātis *m./f.*	Seher; Seherin 18
velle, volō, voluī, –	wollen 16
vendere, vendō	verkaufen 8

venēnum	Gift 14
venīre, veniō, vēnī	kommen 1, *14*
Venus, Veneris *f.*	Venus
verbum	Wort 6
Vergīlius	Vergil
vērō	aber 15
vester, vestra, vestrum	euer 6
vestīgium	Spur 5
vestīs, vestis *f.*	Kleidung, Gewand 20
via	Straße, Weg 10
victor, victōris *m.*	Sieger 7
victōria	Sieg 11
vidēre, videō, vīdī	sehen 1, *14*
vīlla	Landhaus 4
vincere, vincō, vīcī, victum	siegen, besiegen 7, *17*
vir, virī *m.*	Mann 11
virgō, virginis *f.*	Mädchen, junge Frau; Jungfrau 20
virtus, virtūtis *f.*	Tapferkeit, Tugend; Leistung 16
vīs	Kraft, Gewalt 16
vīta	Leben 6
vitium	Fehler 20
vīvere, vīvō	leben 7
vix *Adv.*	kaum 18
vocāre	rufen; nennen 1
volāre	fliegen 5
volvere, volvō, volvī, volūtum	wälzen, rollen 12, *18*
vōs	ihr/euch 3G4, *9G3*
vōx, vōcis *f.*	Stimme; Wort 6
vulnus, vulneris *n.*	Wunde 12
vultus, vultūs *m.*	Gesicht, Gesichtsausdruck 11

Abkürzungsverzeichnis

Abl.	Ablativ
Aci	Accusativus cum infinitivo
Adj.	Adjektiv
Adv.	Adverb
Akk.	Akkusativ
Akt.	Aktiv
D	Deutsch
Dat.	Dativ
Dekl.	Deklination
E	Englisch
f.	feminin
F	Französisch
Fem.	Femininum
Fut.	Futur
Gen.	Genitiv
griech.	griechisch
Imp.	Imperativ
Imperf.	Imperfekt
Inf.	Infinitiv
KNG	Kasus–Numerus–Genus
Konj.	Konjugation
L	Latein
lat.	lateinisch
m.	maskulin
Mask.	Maskulinum
n.	neutrum
n. Chr.	nach Christus
Neutr.	Neutrum
Nom.	Nominativ
NüS	Nachdenken über Sprache
Pass.	Passiv
Pc	Participium coniunctum
Perf.	Perfekt
Pers.	Person
Pl.	Plural
Plpf.	Plusquamperfekt
PPA	Partizip Präsens Aktiv
PPP	Partizip Perfekt Passiv
Präp.	Präposition
Präs.	Präsens
S.	Seite
Sg.	Singular
Subj.	Subjunktion
Subst.	Substantiv
usw.	und so weiter
v. Chr.	vor Christus
vgl.	vergleiche
Vok.	Vokativ
z. B.	zum Beispiel

Abbildungsverzeichnis

S.10: Nicholas Wood, London NW 3 2TG

S.11 Institut f. Klass. Archäologie u. Antikenmuseum (Punctum/Peter Franke), Leipzig

S.36.o. Römisch-Germanisches Museum, Köln

S.36.Mi. AKG (Gerard Degeorge), Berlin

S.39.o. 2003, Photo Scala, Florenz/Fotografica Foglia

S.39.u. Europäische Zentralbank (LF), Frankfurt am Main

S.40 AKG, Berlin

S.47 http://medals.luxpub.com

S.50 1990, Vatican Museums, Vatikanstadt

S.56 The VRoma Project (www.vroma.org)

S.63 ECC Kohtes Klewes GmbH (Johnson & Johnson Pressebüro), München

S.64/65 Dr. Angela Steinmeyer-Schareika, Gau-Algesheim

S.67 Corbis, Düsseldorf

S.82 AKG, Berlin

S.83 aus Heinz, Römische Thermen, Sonderausgabe. Badewesen und Badeluxus im Römischen Reich, 1983.

S.84 Archäologischer Park, Xanten

S.90 Römerstadt Augusta Raurica, Augst

S.100/101 The Royal Collection (c) 2004, Her Majesty Queen Elizabeth II

S.102.o.li. u. o.Mi. Sammlung Niggeler, Nr. 1227, Universität Frankfurt am Main

S.102.o.re. Europäische Zentralbank, Frankfurt am Main

S.102 aus Annette Nünnerich-Asmus (Hg.): Traian. Verlag Philipp von Zabern, Mainz

S.109 Asisi, Yadegar, Berlin

S.110 AKG (Erich Lessing), Berlin

S.115 aus Alltag im Alten Rom von Karl-Wilhelm Weeber, Patmos Verlag GmbH & Co. KG, Düsseldorf

S.119 AKG, Berlin

S.120 Corbis, Düsseldorf

S.126 AKG (Erich Lessing), Berlin

S.129 AKG, Berlin

S.130 Museo Arqueológico Madrid, Madrid

S.137.o. AKG, Berlin

S.137.u. (c) Tate, London 2004

S.138 AKG, Berlin

S.144 The Walters Art Museum, Baltimore, Maryland 21201–5185

S.145 Museo Archeologico Nazionale di Parma, Centro Foto Cine, Parma

S.146 Michael Holford, Loughton, Essex

S.152.1–3 aus Hartmann Schedel: Weltchronik. Kolorierte Gesamtausgabe von 1493. Taschen Verlag, Köln 2001. Blatt XII. (Faksimile auf Grundlage des Exemplars der Stiftung Weimarer Klassik/Herzogin Anna Amalia Bibliothek; Sign. Inc 119)

S.153.o. AKG, Berlin

S.153.u. AKG (Erich Lessing), Berlin

S.155 Scala, Antella (Firenze)

S.163 AKG, Berlin

S.164 AKG (Rabatti - Domingie), Berlin

S.170 © Dombauarchiv Köln, Matz und Schenk

S.171 KNA-Bild (Barbara Beyer), Bonn

S.173 Scala, Antella (Firenze)

S.174 BPK, Berlin

S.180 AKG, Berlin

S.181 AKG, Berlin

S.182 AKG, Berlin

Artikel-Nr: 20808015

20808015

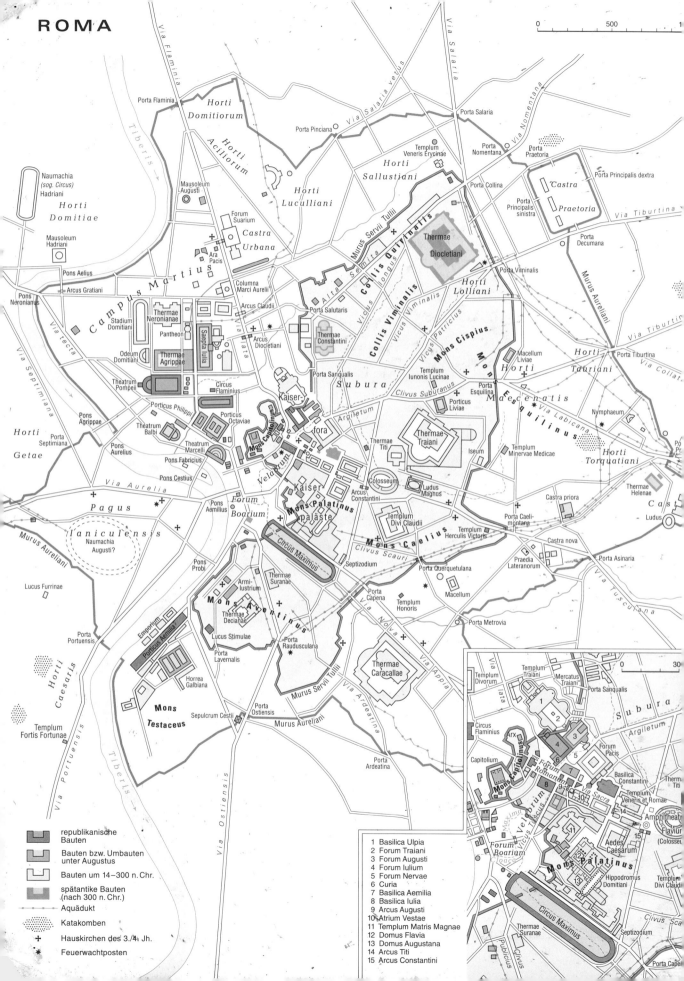

ROMA

0 500

Naumachia
(sog. Circus)
Hadriani

Horti
Domitiae

Mausoleum
Hadriani

Pons Aelius

Arcus Gratiani

Pons
Neronianus

Horti
Domitiorum

Horti
Acilliorum

Horti
Luculliani

Horti
Sallustiani

Porta Flaminia

Porta Pinciana

Porta Salaria

Templum
Veneris Erycinae

Porta
Nomentana

Porta
Praetoria

Castra
Praetoria

Porta Principalis dextra

Via Flaminia

Via Salaria

Via Nomentana

Via Tiburtina

Porta Collina

Porta
Principalis
sinistra

Porta
Decumana

Thermae
Diocletiani

Horti
Lolliani

Porta Viminalis

Murus Aurelianus

Via Tiburtina

Mausoleum
Augusti

Forum Suarium

Castra
Urbana

Ara Pacis

Campus Martius

Via Tecta

Pons
Agrippae

Horti
Getae

Porta
Septimiana

Via Septimiana

Horti
Caesaris

Templum
Fortis Fortunae

Lucus Furrinae

Columna
Marci Aurelii

Arcus Claudii

Thermae
Neronianae

Stadium
Domitiani

Pantheon

Odeum
Domitiani

Thermae
Agrippae

Saepta Iulia

Theatrum
Pompei

Porticus Philippi

Theatrum
Balbi

Porticus Octaviae

Theatrum
Marcelli

Pons Fabricius

Pons Cestius

Via Aurelia

Pagus
Ianiculensis

Naumachia
Augusti?

Pons
Aemilius

Murus Aurelianus

Porta
Portuensis

Via Portuensis

Emporium

Porticus Aemilia

Horrea
Galbiana

Mons
Testaceus

Sepulcrum Cestii

Porta Ostiensis

Via Ostiensis

Arcus
Diocletiani

Circus
Flaminius

Kaiser-

fora

Mons Capitolinus

Velabrum

Forum
Boarium

Pons
Probi

Armi-
lustrium

Thermae
Suranae

Thermae
Decianae

Lucus Stimulae

Porta
Lavernalis

Porta
Raudusculana

Mons
Aventinus

Murus Servii Tullii

Porta Salutaris

Thermae
Constantini

Porta Sanqualis

Subura

Argiletum

Kaiser-
paläste

Mons Palatinus

Circus Maximus

Templum
Iunonis Lucinae

Clivus Suburanus

Porticus
Liviae

Thermae
Titi

Arcus
Constantini

Templum
Divi Claudii

Septizodium

Templum
Honoris

Templum
Herculis Victoris

Mons Caelius

Clivus Scauri

Porta Capena

Thermae
Caracallae

Murus Servii Tullii

Via Appia

Via Nova

Via Ardeatina

Porta Ardeatina

Colosseum

Ludus
Magnus

Iseum

Templum
Minervae Medicae

Thermae
Traiani

Mons Cispius

Mons
Esquilinus

Macellum
Liviae

Horti
Tauriani

Nymphaeum

Horti
Torquatiani

Thermae
Helenae

Castra priora

Porta Caeli-
montana

Castra nova

Praedia
Lateranorum

Macellum

Porta Querquetulana

Porta Metrovia

Porta
Asinaria

Ludus

Via Labicana

Porta Esquilina

Via Collati

Porta Tiburtina

Porta Viminalis

Via Tiburti

Vicus Patricius

Collis Viminalis

Collis Quirinalis

Murus Servii Tullii

Vicus Longus

Alta Semita

Vicus Viminalis

Tiberis

Legend

Inset map

0 300

Templum
Divorum

Templum
Traiani

Mercatus
Traiani

Via Lata

Porta Sanqualis

Circus
Flaminius

Arx

Capitolium

Mons Capitolinus

Forum
Boarium

Ianua

Forum Iulium

Forum
Romanum

Vicus Tuscus

Velabrum

Clivus

Maximus

Subura

Argiletum

Forum
Pacis

Basilica
Constantini

Templum
Veneris et Romae

Via Sacra

Amphitheatrum
Flavium
(Colosseum)

Mons Palatinus

Aedes
Caesarum

Hippodromus
Domitiani

Templum
Divi Claudii

Thermae
Suranae

Circus Maximus

Septizodium

Clivus Sca

Publicius

Porta Cape

Therm
Titi

1
2
3
4
5
6
7
8
9 10
11
12
13
14
15